Das Adoptivkind

D1672832

Betrifft: Kindheit

Kinder und Jugendliche – kennen und verstehen.
Eine Informationsreihe herausgegeben von
Heinz Stefan Herzka

Annemarie Schütt-Baeschlin

1937 in Winterthur-Zürich geboren. Ausbildung zur
medizinischen Laborantin. 1963 – 67 Aufenthalt in
Johannesburg/Südafrika. Bis 1979 Hausfrau und
Mutter (2 Kinder) in Wädenswil/ZH. Dann Psycho-
logiestudium in Zürich und Wien. Während des
Studiums einzel- und gruppentherapeutische Selbsterfahrung. 1986 – 87 praktische Psychologin an der
Universitäts-Kinderklinik in Mainz/BRD. Seit 1988
eigene psychologische Praxis in Herisau/AR.

Heinz Stefan Herzka

Kinderarzt sowie Kinder- und Jugendpsychiater,
geboren 1935 in Wien. Leiter einer Tagesklinik und
Dozent für seelische Störungen im Kindes- und
Jugendalter an der Universität Zürich. Autor
verschiedener Veröffentlichungen zur Entwicklung
von Kindern und Jugendlichen und ihren Schwierigkeiten.

Annemarie Schütt-Baeschlin

DAS ADOPTIVKIND

Entwicklung -
Probleme -
Hilfestellungen

verlag pro juventute

Die vorliegende Arbeit wurde von der Philosophischen
Fakultät I der Universität Zürich im Wintersemester 1988/89
auf Antrag von Professor Dr. Heinz Stefan Herzka als Dissertation
angenommen.

ISBN 3-7152-0213-0

Wo aber Gefahr ist, wächst
das Rettende auch.

Friedrich Hölderlin

Inhalt

Entwicklung, Identitätsbildung und Psychopathologie des Adoptivkindes und der Adoptivfamilie

**Möglichkeiten der Prävention und Psychotherapie
psychischer Störungen von Adoptivkindern**

Beispiele aus der Praxis

EINLEITUNG

Zum Thema der Adoption ist bereits eine grosse Zahl von wissenschaftlichen Veröffentlichungen und populären Ratgebern erschienen. Die neueste Literatur zur Adoptionsproblematik stammt vorwiegend aus den USA und berichtet in einem höchst vielseitigen Spektrum über Ergebnisse wissenschaftlicher Untersuchungen, zu denen bei uns (Schweiz, BRD) erst Ansätze vorhanden sind. Die Legitimation, eine weitere Arbeit zum Thema der Adoption zu schreiben, liegt vielleicht darin, dass es sinnvoll sein dürfte, diese Literatur zu sichten, zu ordnen und zu gewichten, sie einem deutschsprachigen Publikum teilweise erst zugänglich zu machen.

Im Bereich der Adoption haben wir es vorwiegend mit emotionalen Sachverhalten und einer grossen Variabilität persönlicher Daten zu tun. In der Adoptionsforschung findet sich eine grosse Zahl von Einzelfalluntersuchungen und Beschreibungen einzelner Therapien. Sie helfen mit, die spezifische Problematik zu erarbeiten. Statistische Untersuchungen haben zwar den klaren Beweis erbracht, dass Adoption eine gute Lösung ist; trotzdem gibt es zahlreiche Adoptivfamilien, in denen die Beziehungs- und Kommunikationsfähigkeit massiv gestört oder das Adoptivkind schwer verhaltensauffällig ist. Ihnen nützt die statistische Tatsache der erfolgreichen Adoption wenig, ihnen muss geholfen werden aufgrund eines erprobten theoretischen Wissens über die besonderen Herausforderungen, die eine Adoption darstellt. Dieses Buch soll denjenigen, die sich mit der Adoption befassen, diese für ihre Arbeit nötigen, wissenschaftlich erhärteten theoretischen Grundlagen vermitteln. Dieses Grundwissen soll darüber hinaus helfen, klare Richtlinien für eine erfolgreiche Adoptionsvermittlung aufzustellen. Dabei soll es ein Anliegen bleiben, nicht alles festzulegen, sondern einen gewissen Raum offen zu lassen für das Unplanbare, Schicksalhafte. Auch eine ungünstig scheinende Adoption kann wider jedes Erwarten zum Wohle aller Beteiligten verlaufen. Das theoretische Wissen soll auch dazu führen, dass alle präventiven Möglichkeiten genutzt werden, um künftige, dann oft unlösbare Schwierigkeiten zu vermeiden.

Das zweite Kapitel beschäftigt sich mit dem für das Adoptivkind und die Adoptivfamilie zentralen Thema der Identitätsentwicklung. Hinweise auf Möglichkeiten der Entstehung psychopathologischer Auffälligkeiten in den verschiedenen Entwicklungsstufen sollen bereits gewisse Anhaltspunkte für präventives und psychotherapeutisches Handeln geben. Aufbauend darauf wird im dritten Kapitel auf Möglichkeiten verbesserter Prävention und auf psychotherapeutische Ansätze eingegangen. Psychotherapie des Adoptivkindes ist nichts wesentlich anderes als Psychotherapie jedes anderen Kindes. Um eine Psychotherapie erfolgreich durchführen zu können, ist es — neben den für jede Therapie erforderlichen Grundvoraussetzungen — nötig, dass der betreffende Therapeut den Problembereich der Adoption genau kennt.

Der zweite, praktische Teil zeigt mit Hilfe verschiedener Beispiele von Adoptivkindern und ihren Familien Methoden, Schwierigkeiten und Möglichkeiten in der Therapie auf und veranschaulicht das Vorangegangene. Diese Einzelfälle sind einerseits typisch für Problembereiche der Adoption, andererseits ist jedes Beispiel individuell und jedes Behandlungsergebnis vielfältig. Die beschriebenen Einzelfälle sollen in erster Linie der Veranschaulichung dienen und erheben keinen Anspruch, Hypothesen zu beweisen.

Viele Arbeiten im Bereich der Adoption beschäftigen sich weniger mit der Adoptionssituation und ihrer Besonderheit; sie benützen vielmehr diese als experimentelle Grundlage, die die Möglichkeit bietet, bei Untersuchungen anlagebedingte Einflüsse von Umwelteinflüssen klar zu trennen. Auf diese Weise sind viele Forschungsergebnisse zur Vererbung der Schizophrenie, des Alkoholismus usw. entstanden. Diese Arbeiten interessieren uns hier nur soweit, als sie das Adoptivkind betreffen und nicht nur in der Adoptionssituation eine günstige Voraussetzung zur Untersuchung finden.

Diese Arbeit beschäftigt sich vom Ursprung her mit schweizerischen Adoptivverhältnissen. Da sie zum Teil während meines Aufenthaltes in der BRD geschrieben wurde, sind viele Diskussionsbeiträge mit deutschen Kollegen eingeflossen, und auch die beschriebenen Adoptivkinder leben in Deutschland, so dass nebst schweizerischen auch bundesdeutsche Verhältnisse einbezogen und reflektiert wurden.

Die Adoption

Vorbemerkungen

Adoption heisst in unserer heutigen Gesellschaft «ein fremdes Kind als eigenes Kind annehmen», das heisst, das Kind eines Elternpaares wird im Normalfall mit der Einwilligung aller Beteiligten zum ehelichen Kind eines anderen Paares. Dieser Prozess ist vom Gesetzgeber klaren Regeln unterstellt. Die Adoption stellt ein rechtlich geschütztes Eltern-Kind-Verhältnis dar, wobei das Wohl des Kindes im Zentrum steht.

Im internationalen Rechtsbewusstsein ist heute anerkannt, was 1959 von der Vollversammlung der Vereinten Nationen in der «Declaration of the Rights of the Child» verabschiedet wurde, nämlich das Recht des Kindes auf seine Mutter und die Bereitstellung materieller Hilfen zur Erfüllung dieses Rechtsanspruchs. Dieser Forderung steht die Adoption grundsätzlich entgegen. Sie wird nur dadurch gerechtfertigt, dass das Scheitern an ihrem Erziehungsauftrag den Eltern als individuelles Versagen angelastet und der staatliche Eingriff ins Elternrecht mit dem Wohl des Kindes erklärt wird. Der Staat spart sich dadurch viel Kosten für die Unterbringung von Kindern in Heimen und Pflegefamilien. Heute ist aber eine Entwicklung in Gang gekommen, die vermehrt das Wohl der Familie ins Zentrum stellt, denn die Interessen von Eltern und Kindern hängen voneinander ab und sind untrennbar. Nur dort, wo der Familie als Ganzem trotz allem Einsatz nicht geholfen werden kann, darf an eine Fremdunterbringung des Kindes gedacht werden.

Adoption sollte immer eine Ersatzlösung sein, auch wenn Fachleute sie übereinstimmend als beste Lösung zur Versorgung elternloser Kinder erachten.

Es ist prinzipiell abzuklären, wie weit die heutige Adoptions-praxis diesen Forderungen entspricht und wie weit sie das Wohl-ergehen aller daran Beteiligten zu gewährleisten vermag. Nur wenn wir die Thematik der Adoption aus verschiedenartigen Perspektiven betrachten, können wir der Komplexität des Themas soweit gerecht werden, dass Risikofaktoren abgeschätzt und Folgerungen für die Praxis, für Prävention und Therapie gezogen werden können.

Die Adoption, wie wir sie heute kennen, ist zeit- und kulturab-hängig und das, was auf den folgenden Seiten beschrieben wird, schon von daher so zu relativieren, dass es nur für unsere Kultur der westlichen Industrienationen des 20. Jahrhunderts zu gelten vermag. Diese lässt sich charakterisieren durch Stichworte wie Kleinfamilie, erhöhte Migration, verstärkter Leistungsdruck, mangelnde soziale Unterstützung und Geborgenheit, Pluralismus auf allen Gebieten.

Die Adoption im Wandel der Zeit

Schon in Mythen und Märchen ist die Adoption ein vielfach auftretendes Thema. Es sei erinnert an Moses, der ausgesetzt und von einer ägyptischen Königstochter aufgezogen wurde, an Ödipus, dessen tragisches Schicksal immer wieder Menschen berührt, oder an Romulus und Remus, die von einer Wölfin ernährt wurden. Adoption war etwas Geheimnisumwobenes, und Adoptierte waren oft auserwählte und besondere Menschen.

Die Adoption ist keine Erfindung des Menschen. Schon Tiere zeigen auf verschiedenen Stufen der Evolution fürsorgliches Verhalten elternlosen Nachkommen gegenüber. Menschen haben verschiedene Möglichkeiten entwickelt, um Kinder zu versorgen und zu sociali-sieren.

Die Adoption erscheint schon in den Gesetzen des babylonischen Königs Hammurabi (1700 v. Chr.) und war auch im römischen Reich gängige Praxis. Bis zum Ende des 19. Jahrhunderts blieben die adoptionsrechtlichen Regelungen prinzipiell die gleichen, sie hatten den Sinn, in den ackerbauenden Gesellschaften Europas und Asiens die Besitzverhältnisse über Generationen hinweg zu wahren. Wo leibliche Erben fehlten, wurde ein Kind adoptiert. Die Adoption hatte nicht den Zweck, elternlose Kinder zu versorgen, sondern erfüllte «die Aufgabe, die ökonomische, soziale und kultische Kontinuität der Linie zu gewährleisten» (HUTH, 1982, S. 21). Auch im Mittelalter herrschte diese Praxis vor. Es gab zahlreiche Findelkinder, die froh sein mussten, wenn sie in den Augen eines wohlhabenden Bürgers Gnade fanden und adoptiert wurden. Die Bedingung dafür war, dass sie gesund und brauchbar waren, um später als billige Arbeitskräfte zu dienen. Sie waren ein Leben lang zu Dankbarkeit verpflichtet. Von daher dürften sich bis heute Forderungen nach genauer Untersuchung der Kinder vor Freigabe zur Adoption, im Sinne des Prüfens einer Ware, und Einstellungen gegenüber Adoptiveltern als selbstlosen Wohltätern erhalten haben.

Das erste moderne Adoptionsgesetz im westlichen Kulturkreis entstand in Frankreich Anfang des 19. Jahrhunderts. Es folgte dem alten römischen Recht und war aufgesetzt im Interesse wohlhabender, kinderloser Bürger, die einen Erben adoptieren wollten. Die ersten Adoptionsgesetze anderer Staaten in Europa und den USA folgten seinem Vorbild. In den USA entschieden fortan die Gerichte, ob ein Adoptionswilliger in der Lage sei, einem Adoptivkind Pflege und Erziehung zu gewährleisten. Nach Motiven wurde nicht gefragt; zu adoptierende Kinder waren im Überfluss vorhanden.

Im Laufe des 19. Jahrhunderts veränderte sich die Einstellung dem Kind gegenüber. Mit der Verbesserung der hygienischen Verhältnisse kam es zu einer Senkung der Kindersterblichkeit und zu einem gewissen Verständnis für die Belange des Kindes. Rousseau forderte die bessere Erfüllung der kleinkindlichen Bedürfnisse durch die Mütter, und auch Pestalozzi wies auf die wichtige Aufgabe der Mütter hin und forderte, dass sie besser geschult und auf ihre Aufgabe vorbereitet werden müssten (BADINTER, 1981). Kinder bekamen nun einen Wert an sich, die emotionalen Beziehungen in der Familie wurden wichtiger. Im 20. Jahrhundert wich bei der Adoption das Interessen- dem Schutzprinzip. Nun wurden für verlassene Kinder passende Eltern gesucht, die in der Lage waren, ihnen die besten Lebens- und Entwicklungschancen zu geben. Die Adoption wurde zu einer wichtigen Massnahme der Jugendhilfe. Die Adoptionsgesetze, die am Anfang des 20. Jahrhunderts entstanden, berücksichtigten vermehrt die Bedürfnisse des Kindes. Adoptionsvermittlungsstellen erhielten den Auftrag, abzuklären, ob Eltern von ihrer Persönlichkeit her in der Lage waren, ein Kind zu erziehen. Die Familienbande des Adoptivkindes zu seiner leiblichen Familie blieben aber teilweise bestehen (es blieb seiner Ursprungsfamilie gegenüber erbberechtigt und behielt seinen ursprünglichen Bürgerort), nur elterliche Rechte und Pflichten gingen voll an die Adoptiveltern über. Normalerweise konnten nur kinderlose Elternpaare Kinder adoptieren, und diese wurden leiblichen Erben noch nicht gleichgestellt. SCHECHTER(1966, S. 706) meint, dass man fürchtete, durch eine Gleichstellung illegitimer Kinder unmoralischen Lebenswandel zu begünstigen. Es bestand auch immer die Möglichkeit, Adoptionen rückgängig zu machen.

Inzwischen haben neue wissenschaftliche Erkenntnisse die Einstellung dem Kind und der Adoption gegenüber weiterhin verändert. Aufgrund der Ergebnisse der Deprivationsforschung wird gefordert, dass Kinder so früh wie möglich, vorzugsweise nach der Geburt, adoptiert werden sollen. GOLDSTEIN et al. (1984) vertraten mit Nachdruck die Meinung, dass das Wohl des Kindes in jedem Fall im Vordergrund zu stehen habe und ihm die Interessen der Eltern unterzuordnen seien. Dies führte soweit, dass heute Adoptionen auch ohne Einwilligung der leiblichen Eltern durchgeführt werden können, wenn diese ihren Pflichten gegenüber dem Kind nicht nachgekommen sind. Das Kind und sein gesetzlicher Vertreter müssen zudem mit der Adoption einverstanden sein. Das Adoptivkind muss mindestens 16 Jahre jünger sein als seine -eltern und ist in der Regel unmündig. Mündige Personen können nur in Ausnahmefällen (Behinderung z.B.) adoptiert werden.

Auch die Einstellung gegenüber der Familie hat sich entscheidend geändert. In der modernen Familie sind Intimität, gegenseitiges Verständnis, Entfaltung der Persönlichkeit und Erfüllung narzisstischer Bedürfnisse das zentrale Thema. Diese Entwicklung führte dazu, dass das Adoptivkind mit der Adoption ganz Teil seiner neuen Familie wird, die alten Bande werden zerrissen, die Adoptionen geheim vermittelt, und jede Adoption ist prinzipiell unauflöslich.

Mitte der fünfziger Jahre erreichten die Adoptionen in Westdeutschland ihren höchsten Stand (NAPP-PETERS, 1978); seither ist in allen Ländern ein kontinuierlicher Rückgang zu verzeichnen, der wiederum im Zusammenhang steht mit gesellschaftlichen Veränderungen (bessere Empfängnisverhütung, veränderte Einstellung unehelicher Mutterschaft gegenüber usw.). Die Hälfte der verlassenen Kinder wird zudem von Verwandten adoptiert. In der Schweiz stehen einem zu vermittelnden Kind acht (SICHEL, 1987), in der BRD sogar dreissig (MASUR, 1989) adoptionswillige Ehepaare gegenüber. Die viel höhere Zahl in der BRD lässt sich möglicherweise dadurch erklären, dass sich dort Ehepaare bei mehreren Jugendämtern anmelden. Hier wie dort betragen die Wartezeiten bis zu drei und mehr Jahre. Dies dürfte der Hauptgrund sein für die Zunahme der Adoptionen fremdrassiger, älterer und behinderter Kinder in den letzten Jahren. Die oft problematischen Adoptionen von ausländischen Kindern, oft eine Art Kinderhandel, verstärkt heute Diskussionen um die Adoption als solche. Alternativen werden in verstärkter Familienhilfe gesucht. HUTH meint (1982, S. 25), dass die Adoption zunehmend als eine von der Norm abweichende alternative Familienform verstanden und geschätzt wird, die einen Teil des kulturellen Feldes darstellt, in dem sich kindliche Entwicklung und Familienleben den Eltern als «Erlebnis» erschliessen.

Das Adoptivkind

Soziale Situation

Im Zentrum jedes heutigen Adoptionsgeschehens steht das Wohl des betreffenden Kindes. Dieses Wohl ist nach Anna FREUD (zit. nach SCHECHTER, 1966, S. 697) gewährleistet, wenn drei Bedürfnisse des Kindes erfüllt sind: emotionale Zuwendung, Stimulation und eine kontinuierliche menschliche Beziehung. Jedes Kind hat — wie oben angeführt — prinzipiell ein Recht auf seine eigenen Eltern, und der Staat soll alles tun, was in seiner Macht liegt, um dieses Recht zu gewährleisten.

Nach NAPP-PETERS (1978) sind 2,5 % aller Kinder adoptiert, die Hälfte davon von Verwandten. 16 % aller Kinder leben jedoch in Heimen oder Pflegefamilien, obschon diese Arten der Unterbringung erwiesenermassen Nachteile gegenüber der Adoption haben (BOHMAN et al., 1984). Der Grund dafür liegt darin, dass viele Eltern sich nicht zur Freigabe entschliessen können, weil sie die Hoffnung nicht aufgeben, ihre Kinder eines Tages wieder selbst versorgen zu können. Aus dem gleichen Grund werden in Deutschland nur 0,8 % aller Adoptivkinder nach der Geburt vermittelt; 33 % werden im Alter bis zu 6 Monaten, 27 % zwischen 6 und 18 Monaten, 22 % unter 3 $\frac{1}{2}$ Jahren, 18 % noch später adoptiert (NAPP-PETERS 1978). (Seit der Untersuchung von NAPP-PETERS aus der Zeit vor dem neuen Adoptionsgesetz in der BRD dürften die Frühestadoptionen zugenommen haben.)

Noch heute werden von den meisten Adoptionsvermittlungsstellen keine behinderten und älteren Kinder, keine mit Infektionskrankheiten, nur vereinzelt Kinder mit dunkler Hautfarbe oder von Prostituierten vermittelt. Allerdings sind in letzter Zeit ernstzunehmende Bestrebungen im Gang, für *jedes* Kind die passenden Adoptiveltern zu finden (vgl. «Der Zeitpunkt der Adoption»).

Schwierig zu vermittelnde Kinder kommen eher zu Eltern der unteren Sozialschichten (HOFFMANN-RIEM, 1985; SOROSKY et al., 1982; NAPP-PETERS, 1978), nach dem Grundsatz der Marktwirtschaft: «das bessere Kind für die besseren Eltern». So widersinnig und bedauerlich eine solche Vermittlungspraxis ist — ein schwieriges Adoptivkind stellt weit höhere Anforderungen an die Liebesfähigkeit, Belastbarkeit und soziale Kompetenz eines Ehepaares —, sie wird auch in der Schweiz noch heute in diesem Sinne gehandhabt: Bei Adoptionsvermittlungsstellen bestehen sogenannte Sonderwartelisten, auf der sich jene Adoptionsbewerber finden, welche die gestellten Bedingungen nicht ganz erfüllen, sich aber bereit erklärt haben, auch ein schwieriges Kind aufzunehmen (SICHEL, 1987).

Bei Adoptivkindern findet man mehr Frühgeburten und weniger operative Entbindungen (JUNGMANN, 1984). Ich werde später auf eventuelle Gründe dafür eingehen.

Geschlechtsunterschiede bei Adoptivkindern

Adoptiveltern wünschen sich im Gegensatz zu leiblichen Eltern häufiger Mädchen; sie sind demzufolge leichter zu vermitteln. KIRK (1964) hat folgende Erklärung dafür: Der Adoptionswunsch geht meistens von der Frau aus. Männer geben ihren anfänglichen

Widerstand nach einiger Zeit auf, wünschen sich aber — ohne Aussicht auf einen eigenen männlichen Erben — ein Mädchen, worin ihre Frauen ihnen nachgeben. Mädchen werden früher adoptiert als Knaben (7 gegenüber 29 Monaten) (SENIOR/HIMADI, 1985).

In einer Untersuchung hat FARBER (1977) nachgewiesen, dass adoptierte Mädchen mehr Betroffenheit über ihre Adoption zeigen als Jungen. Sie meint, dass Mädchen nach der ödipalen Phase mehr Schwierigkeiten haben, sich mit einer Mutter zu identifizieren, die keine Kinder gebären kann, und dass sie deshalb später häufiger als Jungen nach ihren biologischen Eltern suchen.

Genetische Voraussetzungen

Nachdem anschliessend an den Zweiten Weltkrieg genetische Einflussgrössen desavouiert wurden und die Anlage-Umwelt-Dialektik sich in Richtung der Umweltfaktoren akzentuierte, werden nun Anlagemerkmale wieder mehr betont. Anlage-Umwelt sind nach HERZKA (1981) dialogische Begriffe und nur sinnvoll, wenn der jeweils andere gleichzeitig und gleichwertig mitgedacht wird. Anlagemerkmale sind kein starres System. Gene sind nie alle gleichermassen aktiv und werden wiederum durch exogene oder ökologische Einflüsse moduliert, wobei das Ergebnis von der Intensität dieser Einflüsse und von der Modulierbarkeit der Gene abhängt (nach EINSIEDEL, 1983).

Für leibliche Eltern und für Adoptiveltern stellt die genetische Ausstattung ihrer Kinder ein Basisrisiko dar (THEILE 1985). Keine noch so «gute» Familie kann sicher sein, dass im Erbgut ihres Kindes nichts Negatives auftaucht, und ebenso wenig haben Adoptiveltern Grund, sich vor dem Erbgut ihres Kindes zu fürchten. Jedes Kind kann seine Eltern mit aussergewöhnlichen, unerwarteten Eigenschaften über-raschen. Alle Eltern brauchen diesbezüglich Offenheit und Toleranz, wollen sie die Entwicklung ihrer Kinder nicht hemmen. Sowohl das Erbgut wie auch die leiblichen Eltern gehören untrennbar zu einem Adoptivkind und müssen von den Eltern vorbehaltlos angenommen werden.

Vor einigen Jahren noch legten Adoptionsvermittlungsstellen viel Wert darauf, für Adoptiveltern das äusserlich und innerlich zu ihnen passende Kind und umgekehrt zu finden. Vielleicht ist es schwieriger, zu befriedigender Kommunikation und gegenseitiger Einfühlung zu kommen, wenn blutsverwandtschaftliche Beziehungen fehlen und Persönlichkeit und Temperament der Beteiligten sehr verschieden sind (HERZKA, 1977). Es ist viel schwieriger, nonverbale Reaktionen und Gefühlsregungen in einer fremden Physiognomie und Mimik zu verstehen. Ein asiatisches Gesicht zum Beispiel ist für uns Europäer verschlossen und undurchsichtbar. Da ist das gegenseitige Verständnis a priori nicht gegeben und muss von beiden Seiten mühsam erarbeitet werden. Dennoch ist man heute kritisch (Ausnahme: Spätadoptionen, s. «Der Zeitpunkt der Adoption»), ob es überhaupt möglich ist, durch unsere Art der Adoptionsvermittlung das «passende» Kind zu finden. Es wird auf das Aufstellen von Entwicklungsprognosen für das Kind verzichtet, wie sie noch vor einigen Jahren von Kinderpsychiatern gefordert wurden (SPIEL, 1964; HARBAUER et al., 1971). Diese haben sich meist als wenig verlässlich herausgestellt. ERNST/V. LUCKNER (1985) schreiben dazu: «Der EQ (Entwicklungsquotient) ist bei gesunden Kindern kein angemessener Selektionsfaktor in Hinsicht auf eine Adoption.« Die Adoptivfamilie soll ihr Kind so akzeptieren wie es ist und dafür bei Problemen nötige Hilfe und Begleitung jederzeit in Anspruch nehmen können.

Andererseits soll, wenn eine Erbkrankheit in der Herkunftsfamilie bekannt ist, erwogen werden, ob nicht der erwachsene Adoptierte darüber aufgeklärt werden soll, denn bei bestimmten Krankheiten kann nur über das Erfassen der Vorgeschichte eine wirksame Prophylaxe eingeleitet werden. Solche Krankheitsrisiken sind bei Kindern aus Verwandtenehen oder Inzest grösser und sollen ebenso wie die genetische Belastung der Adoptionsbewerber abgeklärt werden (THEILE, 1985).

Frühdeprivation

Adoptivkinder sind oft Risikokinder. Sie werden unter ungünstigen Umständen empfangen, ihre Mutter ist während der Schwangerschaft meist sehr belastet und lehnt das Kind bewusst oder unbewusst ab. Frühgeburten sind häufiger. Nur wenige Kinder werden sogleich adoptiert, die meisten verbringen ihre erste Lebenszeit, oft unter schwierigen materiellen und emotionellen Bedingungen, bei ihrer leiblichen Mutter oder in einem Heim und kommen erst nach einiger Zeit, wenn ihre Mutter jede Hoffnung auf Besserung aufgegeben hat, zu Adoptiveltern.

Die Vernachlässigung der frühkindlich existentiellen Bedürfnisse nach Versorgung, emotionaler Geborgenheit und Zuwendung (= Deprivation) kann zu zentralen körperlichen, psychischen und sozialen Beeinträchtigungen führen, die sich als geringe Belastungsfähigkeit, mangelndes Vertrauen, reduzierte Versagungs- und Versuchungstoleranz zeigen. WELLEK (1966) hat die daraus resultierende Ich-Schwäche als «Loch in der Struktur» bezeichnet. Auch wenn heute BOWLBYS Theorie (1972) von der Irreversibilität von Persönlichkeitsstörungen durch solche frühe Deprivationserlebnisse nicht mehr haltbar ist (ERNST/V. LUCKNER, 1985; KEILSON, 1979), stellen diese eine grosse Belastung für den Beziehungsaufbau in der Adoptivfamilie dar (vgl. «Michael», «Werner», «Roland»). CLOTHIER (1943) meint, dass das Ich des Adoptivkindes nebst den normalen Aufgaben, die es bewältigen muss, ständig diesen Verlust einer frühen Mutterbindung kompensieren muss und bezweifelt, dass das Adoptivkind die fehlende Bindung an die Mutter je ersetzen kann.

Von daher ist die Forderung nach Frühadoptionen (PECHSTEIN, 1972) heute uneingeschränkt gültig, wobei hier auch das Wohl der abgebenden Mutter berücksichtigt werden soll (vgl. «Die leiblichen Verwandten» und «Der Zeitpunkt der Adoption»).

Narzisstische Verwundung

Für jedes Adoptivkind stellt die Tatsache, dass es von seinen Eltern nicht gewollt und weggegeben wurde, eine tiefe narzisstische Verwundung dar, die dadurch nicht aus der Welt geschafft wird, dass Adoptiveltern ihren Kindern erzählen, wie sie sie auserwählt haben. Das Adoptivkind fühlt sich einerseits verlassen, abgelehnt, anderer- seits seinen Adoptiveltern zu immerwährender Dankbarkeit ver- pflichtet. Beide Tatsachen stellen insofern einen Spezialfall zu den Verhältnissen in der «normalen» Familie dar, als nicht eine Selbst- verständlichkeit des Sich-gegenseitig-Liebens, Sich-Akzeptierens und Füreinander-Daseins von Anfang an besteht. Der Adoptierte ist sowohl Auserwählter wie auch Geächteter. So schwankt er zwischen zwei Polen, entwickelt ein schwaches Selbstgefühl. Diese mangelnde Verwurzelung in sich selbst und seiner Vergangenheit beeinträchtigt auch seine zukünftige eigene Eltern- und Geschlechtsrolle (LIFTON, 1982; Kowal/SCHILLING, 1985).

Die Verpflichtung zu Dankbarkeit den Adoptiveltern gegenüber geht oft einher mit starken Schuldgefühlen beim Adoptivkind. Es passt sich oft übermässig an und kann sich dadurch zu einer gehemmten, unfreien und verschlossenen Persönlichkeit entwickeln.

Aufklärung über die Adoption

Fast alle Autoren sind sich einig, dass einem Adoptivkind alle Fragen, die seine Herkunft betreffen, von Anfang an ehrlich beantwortet werden sollen. Ich denke, es wäre wichtig, dass über ein solches Fragen hinaus die Tatsache der Adoption eine Adoptivfamilie ständig begleitet und dass mit dem Kind Gegebenheiten seiner Herkunft — selbst wenn es keine Fragen stellt — bei jeder angemessenen Gelegenheit besprochen werden. Es soll frühzeitig, auf jeden Fall vor Schuleintritt, von seiner Adoption erfahren, damit es nicht von Aussenstehenden durch unerwartete Eröffnungen schockiert werden kann. Alle Adoptionsvermittlungsstellen fordern heute von ihren Bewerbern diese Bereitschaft.

Die einzige Gegenmeinung kommt diesbezüglich von WIEDER (1978), der glaubt, dass ein kleines Kind, vor allem in der ödipalen Phase, nicht in der Lage ist, die nötigen Identifikationen mit seinen Eltern zu vollziehen, wenn es in diesem Moment durch eine solche Mitteilung verunsichert wird.

Die beiden Positionen sind gegeneinander abzuwägen. Wesentlich dürfte die Art der Aufklärung sein, wie natürlich und offen die Adoptiveltern mit diesem Thema umgehen können. Dies wiederum hängt vom Grad der Verarbeitung ihrer eigenen Problematik ab. Heutige Bestrebungen, für diesen Problembereich mehr begleitende Hilfe anzubieten, werden später diskutiert.

Phantasien

Die Tatsache der Adoption und des Vorhandenseins zweier Elternpaare begünstigen beim Adoptivkind mehr als bei jedem andern
Kind die Tendenz zur Phantasiebildung (KOWAL/SCHILLING, 1985). KELLER
(1985) fand, dass die Häufigkeit solcher Phantasien mit dem Grad des
Sich-angenommen-Fühlens durch die Adoptiveltern umgekehrt
korreliert.

In der Adoptionsliteratur wird in diesem Zusammenhang immer
wieder auf FREUDS «Familienroman» angespielt. FREUD (1966) be-
hauptet, dass Kinder in einem gewissen Alter, um sich von der
Autorität ihrer Eltern zu befreien und gewisse Enttäuschungen über
sie zu verarbeiten, die Vorstellung entwickeln, dass sie von anderen,
höhergestellten, mächtigen und besonders liebevollen Eltern ab-
stammten (dass sie ausgesetzte Königskinder o.ä. seien). Mit Hilfe
solcher Phantasien sollen sie in der Lage sein, aggressive und
sexuelle Rivalitätsgefühle gegenüber ihren Eltern abzuführen. Die
ödipale Phase bringt diesbezüglich einen Höhepunkt, aber auch in
anderen Lebensphasen beeinflussen solche Phantasien — zum Teil
unbewusst — unser Verhalten.

Für Adoptivkinder stellen zwei Elternpaare die Realität dar, ihre
Phantasietätigkeit wird erst recht in diese Richtung gehen. Sie haben
die Tendenz — und dies um so mehr, je grösser ihre Enttäuschung
über ihre emotionale Beziehung zu den Adoptiveltern ist — alle
bösen elterlichen Eigenschaften bei den Adoptiveltern zu sehen, alle
guten aber bei ihren unbekannten leiblichen Eltern. Dadurch kommt
es zu einem eigentlichen «splitting», einer Spaltung, was Adoptivkinder hindern kann, ihre Eltern, wie alle Menschen, als Personen mit
guten und schlechten Eigenschaften zu erkennen (vgl. dazu das
Borderline-Syndrom bei RHODE-DACHSER, 1979). Daraus entstehen
Unsicherheit, Verschwommenheit, Ängste und mangelhafte
Integrationsfähigkeit. Solche splitting-Tendenzen gibt es auch im
Adoptivkind selbst: Nur solange es lieb ist, wird es akzeptiert, wenn
nicht, kann es nicht das Kind seiner Adoptiveltern sein. Dadurch
ergeben sich Probleme mit der Integration guter und schlechter
Seiten in seine eigene Persönlichkeit.

LIFTON (1982) weist darauf hin, dass Adoptivkinder immer zwei
Doppelgänger haben: einerseits das nicht geborene Kind der Adop-

tiveltern als idealen Projektionsträger für deren Wünsche und Erwartungen, womit das Adoptivkind unbewusst immer wieder konfrontiert wird, und andererseits das Adoptivkind selber in einer möglichen anderen Umgebung, was erneut Anlass zu intensiver Phantasietätigkeit sein kann. Solche Doppelgänger beeinträchtigen ebenfalls die Entstehung eines klaren Ichgefühls und einer beständigen Ich-Kohärenz.

Inzestphantasien und -ängste können schon deshalb auftreten, weil die wenigsten Adoptivkinder ein klares Wissen über ihren Ursprung haben. In jedem Fremden, dem sie auf der Strasse begegnen, können sie einen potentiellen Bruder oder eine Schwester sehen.

Identitätsproblematik

Da Adoptivkinder zwar über ihre Adoption aufgeklärt werden, ihr Wissen über ihre leiblichen Eltern und deren Umstände aber meist rudimentär bleibt, stellt ihre Adoption eine Art zweite Geburt dar, mit der ihr eigentliches Leben erst beginnt. Was vorher war, liegt im Dunkeln und im Bereich der Phantasien. Das Adoptivkind spürt meist unbewusst, dass seine Adoptiveltern sich mit seiner Vergangenheit lieber nicht beschäftigen und stellt wenig oder keine Fragen. Dadurch fehlt ihm schon als Kind das Wissen um seinen Ursprung und die Verankerung, aus der heraus sich nur ein sicheres Identitätsgefühl entwickeln kann. Ein Adoptivkind wird einen solchen Mangel zunächst nicht bewusst spüren, sondern ihm nur in Form von Ängsten, Unsicherheiten und Fremdheitsgefühlen begegnen. Erst in der Pubertät, einer Zeit, da jeder gesunde junge Mensch vermehrt nach sich selbst und dem, was ihn geprägt hat, sucht, wird dieses Nichtwissen schmerzlich spürbar. TRISELIOTIS stellte 1973 die Behauptung auf, dass das in diesem Alter bei adoptierten Jugendlichen oft auftretende Bedürfnis, nach ihren leiblichen Eltern zu suchen, auf mangelhafter emotionaler Verwurzelung in der Adoptivfamilie beruht. Nach Sorosky et al. (1982) hängt diese Suche vom Zeitpunkt der Aufklärung über die Adoption ab. EBERTZ (1987) stellt aufgrund der Resultate ihrer Untersuchung die These auf, dass ein Jugendlicher nur dann den qualitativen Sprung zu einer längerfristigen «reunion» mit den leiblichen Eltern beziehungsweise der leiblichen Mutter vollziehe, wenn die Adoptiveltern-Kind-Beziehung basal gestört ist. Bestimmt hat die Art der Beziehung zwischen Adoptierten und ihren Eltern Einfluss darauf, ob eine Suche nach den leiblichen Eltern stattfinden kann oder nicht. Sie hängt davon ab, wie frei und sicher sich ein Jugendlicher fühlt, in welchem Mass akzeptiert von seinen Adoptiveltern, wie sehr er sich mit dieser Familie identifizieren kann oder nicht. Wird ihm die Suche ermöglicht und gelingt es ihm, durch den Zugang zu seiner Vergangenheit ein Stück Identität zu erobern, so wird die Beziehung zu den Adoptiveltern sich durch das gemeinsame Erlebnis der Suche verstärken; falls die Adoptiveltern sich dagegenstellen, wird der Jugendliche zusätzlich verunsichert durch starke Loyalitätskonflikte, die seine ohnehin schwache Identität noch mehr bedrohen. Für den Jugendlichen kann eine gefährliche genealogische Verwirrung entstehen. Wenn die Neugier auf die Vergangenheit unterdrückt wird, kommt es zu einer Einengung des Wahrnehmungsbezirks und zu einer Blockierung der Zukunft (LIFTON, 1982). Diese genealogische Verwirrung ist bei transkulturellen Adoptionen noch grösser. Sie kann zudem dadurch verstärkt werden, dass ein Adoptivkind die Auflösung der Ehe seiner Adoptiveltern erlebt und in eine Stieffamilie kommt. Kleinere Kinder wissen bei solch komplizierten Verhältnissen oft nicht mehr, zu wem und wohin sie gehören (vgl. «Torsten» und «Werner»).

FRISK (1964) stellte fest, dass Jugendliche, deren Suche verhindert wurde, oft ruheloses Herumstreifen zeigten.

Nach einer Untersuchung von KOWAL/SCHILLING (1985) suchen viel mehr weibliche Adoptierte nach ihren leiblichen Eltern. Der Grund dafür dürfte in der für Frauen grösseren Bedeutung der Familie liegen. Frauen pflegen Familienbande stärker und sind durch ihre biologische Rolle dazu bestimmt, das familiäre Erbe weiterzugeben. Oft tritt der Wunsch nach Kontinuität in der Familiengeschichte — wenn nicht schon in der Pubertät — bei wichtigen Ereignissen wie der Heirat oder der ersten Schwangerschaft deutlich auf.

Der Umgang mit seinem Adoptionsstatus kann für den Adoptierten mehr oder weniger schwierig sein und wird immer wieder die Entscheidung fordern, welche seiner Mitmenschen in das Wissen einzuweihen sind. Insofern bedeutet die Adoption für jeden Adoptierten im Sinne GOOFMANS (1975) ein Stigma, durch das er diskreditierbar wird und dessen Eröffnung oder Geheimhaltung Ambivalenz und Identitätsunsicherheit bewirkt. Dabei soll nicht vergessen werden, dass auch sogenannte «Normale», Nicht-Adoptierte, mit den verschiedensten, oft nur ihnen selbst bekannten Stigmata umzugehen haben.

Auf die mit einer nicht gelösten Identitätsproblematik verbundenen Schwierigkeiten von Adoptivkindern werde ich im zweiten Kapitel näher eintreten.

Trauerarbeit

Nicht nur für die leiblichen Eltern und für die Adoptiveltern ist ihre Trauerarbeit wichtig, sondern auch für das Adoptivkind ist es von zentraler Bedeutung, dass es schon während seiner Kindheit das mit jeder Adoption verbundene Trauma aufarbeiten kann. Eine liebevolle Begleitung dabei durch die Adoptiveltern kann verhindern, dass all das, was sich in seiner Phantasie mit seinen leiblichen Eltern und seiner Herkunft verbindet, zu einer unrealistischen, von Geheimnissen erfüllten Traumwelt wird, die beängstigend und verunsichernd wirkt, weil sie keinen Bezug zur Wirklichkeit hat.

Die Schwierigkeit, mit dieser Problematik offen umzugehen, besteht darin, dass das, was für das Kind besonders schmerzlich war — das Verlassenwerden durch seine Mutter — eng verbunden ist mit der Problematik der Adoptiveltern, keine leiblichen Kinder haben zu können.

Die leiblichen Verwandten

Die leibliche Mutter

Nach BIRCHER (1981) sind die Mütter der von ihm untersuchten Adoptivkinder im Durchschnitt 21 Jahre alt, mit schlechtem Beruf oder ohne Berufsausbildung. 12 % der Mütter haben mehr als ein uneheliches Kind. BOHMAN (1980) beschreibt die leiblichen Mütter als meist ledig, mit schlechten Einkommens- und Wohnverhältnissen und meist vom Vater ihres Kindes getrennt lebend. Nach SENIOR/HIMADI (1985) sind Mütter, die ihr Kind zur Adoption freigeben, labil, impulsiv, asozial, viele selbst aus unvollständigen Familien stammend. Wieweit in dieser letzten Beschreibung bereits eine Tendenz zur Stigmatisierung der leiblichen Mutter zum Ausdruck kommt, bleibe im Moment dahingestellt. Auch ältere Frauen, bei denen eine späte, unerwünschte Schwangerschaft eintritt, geben — oft auf Drängen ihres Mannes — ein Kind zur Adoption frei (SWIENTEK, 1982). «Die überwiegende Mehrheit der Mütter hat für mehrere Kinder zu sorgen. Nur 30 Prozent haben ausser dem gemeldeten Kind keine weiteren Kinder» (PECHEL u.a., 1980, zit. nach EBERTZ, 1987).

Zukünftige Adoptivkinder sind meist unerwünschte Kinder. Die Partnerschaft ihrer Eltern ist — soweit sie je bestand — sehr oft kurz nach der Zeugung auseinandergegangen. Die oft jungen, unreifen, vielleicht dadurch unrealistischen Mütter haben die mögliche Frist für eine Abtreibung verstreichen lassen und sich illusionären Hoffnungen hingegeben. Sie möchten gerne eine gute Mutter sein und suchen, oft alleingelassen von Partner, Eltern und Behörden, verzweifelt nach Lösungen, um sich und ihrem Kind eine Existenz zu ermöglichen.

Dass in einem solchen Klima der Unsicherheit, der Ängste, der Illusionen und Verzweiflung die Bedingungen für eine positiv verlaufende Schwangerschaft nicht gegeben sind, liegt auf der Hand. Eine werdende Mutter wird sich nur schwer dem in ihr wachsenden Leben liebevoll und aufmerksam zuwenden, wenn sie dieses ganze Geschehen im Innersten ablehnt; viel eher wird sie Hass- und Ablehnungsgefühle, die ihrer Enttäuschung über den Vater des Kindes entspringen, auf ihr Kind übertragen.

Nach DEUTSCH (1954) sind die psychologischen Voraussetzungen für eine «illegitime Mutterschaft» folgende:
- Die Mutter ist oft ein junges Mädchen, das Zärtlichkeit sucht, also eigentlich selbst noch eine Mutter braucht.
- Solchen jungen Müttern fehlt meist die nötige Ichstärke, sie werden später zu passiv-abhängigen Müttern.
- Die Schwangerschaft entsteht oft aus einer Selbstbestrafungstendenz heraus oder aus Rache an der Familie.

69 % der Mütter geben als Gründe, die zur Freigabe führten, äussere Umstände an — Widerstand der Familie, Druck durch Ärzte oder Sozialarbeiter, finanzielle Lage —, dagegen nur 14 % persönliche Gründe, wie unvollständige Ausbildung, jugendliches Alter, fehlende Bereitschaft für ein Kind (DEYKIN, 1984). BOHMAN (1980) und SWIENTEK (1982) behaupten, dass weniger wirtschaftliche Gründe als zum Beispiel die Reaktion der Umgebung, der Eltern und des Kindsvaters auf das Kind den Entschluss beeinflussten. Heute ist es weniger die mit einer unehelichen Mutterschaft verbundene Schande, die belastend wirkt, als vielmehr ein Gefühl des Verlassenwordenseins und der mangelnden Unterstützung, das zur Kapitulation führt. WAGNEROVA (1981) weist in diesem Zusammenhang auf die Problematik der überkommenen Frauenrolle hin, wo die Erziehung des jungen Mädchens auf den Mann ausgerichtet ist. Mit ihm steht und fällt das Selbstbewusstsein einer Frau. Die heutige Zeit zeichnet sich zudem aus durch das Fehlen eines sozialen Netzwerkes im nächsten mitmenschlichen Bereich; viele der zukünftigen Mütter sind aus ihrer Enttäuschung heraus deprimiert, ohne Selbstvertrauen und daher zuwenig in der Lage, staatliche Hilfe zu beantragen.

VINCENT (zusammengefasst nach BOHMAN, 1980, S. 38) fand, dass sozial und psychisch besser angepasste werdende Mütter ihre Kinder eher zur Adoption geben, und NAPP-PETERS (1978) bestätigt den höheren sozialen Status und das höhere Realitätsbewusstsein der abgebenden Mütter. Solche Mütter befinden sich zum Teil noch in Ausbildung.

Für Mütter, die ihr Kind zur Adoption freigeben, steht das Wohl des Kindes an erster Stelle, und sie verzichten, um ihrem Kind ein schweres Schicksal zu ersparen. Andere können sich dazu nie entschliessen, weil für sie in ihrem Kind ihre einzige Hoffnung liegt, es soll ihnen Liebe und Selbstbestätigung geben, die sie dringend brauchen.

Den Entschluss zur Adoption fassen nur 0,8 % der Mütter vor der Geburt, 20 % gleich nach der Geburt, und 80 % versuchen zunächst, ihr Kind auch unter schwierigen Umständen allein zu erziehen (NAPP-PETERS, 1978). Kinder der letzten Gruppe haben oft über Jahre hinweg ein wechselhaftes Schicksal mit verschiedenen Pflegeplätzen, bis sie schliesslich doch noch adoptiert werden.

Die Mutter, die sich schon vor oder gleich nach der Geburt zur Adoption entschlossen hat, wird ihr Kind nicht oder kaum zu sehen bekommen, um keine Beziehung zu ihm aufzubauen. In den neun Monaten der Schwangerschaft ist jedoch eine solche Beziehung längst entstanden: «Während der Schwangerschaft erlebt die Mutter ihr Kind in erster Linie als Teil ihrer selbst und besetzt es mit narzisstischer Liebe... Die Entbindung stellt einen Teilverlust des eigenen Selbst sowohl in körperlicher als auch in seelischer Beziehung dar. Wenn die Mutter unmittelbar und kontinuierlich die Möglichkeit hat, den Säugling zu halten und zu bemuttern, kann sie mit ihm verschmelzen, das heisst die körperliche Einheit mit ihm wieder herstellen und ihre narzisstische Liebe vom 'inneren' auf den 'äusseren' Säugling übertragen... Wenn der Säugling jedoch körperlich von der Mutter getrennt wird, muss diese sich, da es nicht zu einer Übertragung ihrer narzisstischen Liebe kommen kann, mit Hilfe psychischer Mechanismen von jenem Teil ihres Selbst distanzieren — ein Prozess, der mit dem des Trauerns verwandt, wenn auch nicht identisch ist.» (E. Furmann in Klaus/Kennel, 1983, S. 82) Die Mutter wird nach der Entbindung die Klinik kaum als unbeschriebenes Blatt verlassen und ihr Leben dort weiterführen, wo sie vor ihrer Schwangerschaft stand. Wenn in den Akten immer wieder die Eintragung «fehlende Beziehung zum Kind» erscheint, dürfte dies eher dem Wunsch nach Stigmatisierung der leiblichen Mutter, die die Adoption erst möglich macht, als Tatsachen entsprechen. Die in Swientek (1982, S. 82/3) beschriebenen Schicksale abgebender Mütter sprechen eine andere Sprache: «Sie sagt: Geholfen hat mir keiner. Ich habe auch niemanden um Hilfe gefragt. Ich werde damit auch kaum fertig. Seit Jahren trinke ich. Immer am Geburtstag meiner Tochter mache ich Selbstmordversuche — auch an den Tagen vorher und nachher. ... Und ich kam dann immer ins Krankenhaus zur Entgiftung. Da habe ich mich dann immer wieder entlassen lassen auf eigene Gefahr. Gesprochen hat dort keiner mit mir — auch nicht über dieses Problem...»

Früher war es vielleicht möglich, das Geschehen um die Adoption nur vom äusseren Standpunkt her zu betrachten und von daher zu entscheiden, dass das Arrangement für alle Beteiligten die beste Lösung sei. Seit Freud aber wissen wir, dass Erlebnisse und damit verbundene Gefühle sich zwar verdrängen lassen, dass sie aber vom Unbewussten her unser Leben immer wieder tangieren und zum Teil massiv stören.

Nach einer von Pfeiffer et al. (1980) referierten eigenen Untersuchung sehen die Hälfte der Adoptionsbewerber und drei Viertel der Adoptiveltern die Notwendigkeit weiterer Beratungshilfen für die leibliche Mutter ein, und ein Viertel der Bewerber und die Hälfte der Adoptiveltern befürworten deren Unterrichtung über das Wohlergehen des Kindes. Viele Mütter von weggegebenen Kindern erzählen, wie sie ihr Leben lang unter Schuldgefühlen litten und wie zukünftige Ehen und Schwangerschaften belastet wurden durch solch unverarbeitete Erlebnisse. Nach Deykin (1984) berichteten 60 % der befragten Frauen, die ein Kind zur Adoption freigaben, über gynäkologische, medizinische und psychiatrische Probleme, 40 % haben Depressionen; 17 % der Frauen wollten später keine Kinder mehr, und weitere 16,5 % waren später ungewollt unfruchtbar! Viele unterliegen in späteren Jahren dem Wahn, ihre Kinder suchen und finden zu müssen, der ihr ganzes weiteres Leben beeinträchtigt (Swientek, 1982).

Wenn Klaus und Kennel (1983) in ihrem Buch auf Hunderten von Seiten Programme entwickeln, wie Eltern frühgeborener, verstorbener oder behinderter Kinder geholfen werden kann, dann darf von Müttern, die ein Kind zur Adoption geben, nicht erwartet werden, dass sie nach der Geburt nach Hause gehen, als ob nichts gewesen wäre. Auch ihnen muss ermöglicht werden, intensive Trauerarbeit zu leisten, sich damit von Schuldgefühlen und Ängsten zu befreien, um eine für sie grundlegende Erfahrung in ihre Persönlichkeit integrieren zu können. Jernberg (1988, S. 163) schlägt «folgende vier Aufgaben vor, die einer Mutter, die ihr Kind zur Adoption freigeben will, bei ihrer Trauerarbeit helfen können:

- Schreibe dem Baby einen Brief, den es gern sein Leben lang bei sich tragen würde.
- Sag dem Baby, wie Du Dich ohne es fühlen wirst.
- Erlaube dem Baby, sein Leben auch ohne Dich zu geniessen.
- Verabschiede Dich von dem Baby.»

Der leibliche Vater

SWIENTEK (1982) schreibt, dass es oft der Vater ist, der die Abtreibung oder Adoption fordert und die Machtfrage «ich oder das Kind» stellt. Dagegen ist aus einer Untersuchung von MUSICK et al. (1984) bekannt, dass leibliche Väter die Freigabe ihres Kindes zur Adoption meist ablehnen. Sie empfinden das Kind als einen Teil von sich selbst, und seine Weggabe stellt für sie eine narzisstische Kränkung dar. Für die Betreuung dieses ihres Kindes fühlen sie sich aber nicht verantwortlich.

Von daher ist es verständlich, dass die Väter der zukünftigen Adoptivkinder meist völlig im Dunkeln bleiben. Die Mütter sind oft nicht willens, den Namen des Vaters zu nennen. Entweder kennen sie ihn nicht oder wollen ihn schonen, da er verheiratet ist. Oft spielen Rachegefühle eine Rolle: Jetzt, da sie schon keine Unterstützung zu erwarten haben, soll diesem Mann jede Einflussmöglichkeit genommen werden, sie wollen selbst über ihr Schicksal und dasjenige ihres Kindes entscheiden.

Daneben gibt es einige wenige Männer, die unter dem Verlust ihres Kindes sehr leiden (LIFTON, 1982).

Die leiblichen Grosseltern

Im Adoptionsgeschehen spielen oft die Grosseltern eine nicht unbedeutende Rolle, entscheiden sie doch vielfach darüber, ob ein zunächst unerwünschtes Kind in der Familie akzeptiert wird. Viele verzichten auf eigene Bequemlichkeit, um ihr Enkelkind in den ersten Jahren aufzuziehen. Andere lassen durch ihre strikte Ablehnung ihren Töchtern oft keinen anderen Weg als den der Freigabe zur Adoption. Dass diese Unterschiede viel mit der eigenen Sozialisation zu tun haben, ist selbstverständlich, und man beobachtet oft, dass es nicht nur im Leben des einzelnen Kindes zu einer sequentiellen Traumatisierung durch immer wieder auftretende Beeinträchtigungen der Lebensgeschichte kommt, sondern dass auch Familien über Generationen hinweg vom gleichen Schicksal ereilt werden.

COYLE/LYLE (1983) weisen darauf hin, dass bei der Adoption älterer Kinder die Beziehung zu den Grosseltern nicht vernachlässigt werden dürfe und fragen sich, ob es richtig sei, wenn die Rechte und Pflichten der Grosseltern zusammen mit denen der Eltern erlöschen.

Die leiblichen Geschwister

In der heutigen Vermittlungspraxis wird versucht, wenn irgendwie möglich leibliche Geschwister gemeinsam in Adoptivfamilien zu vermitteln.

Adoptivkinder, die nach langen Jahren ihre leiblichen Geschwister treffen, berichten von oft fast magischer Anziehung diesen gegenüber, aber auch inzestuöse Ängste sind — bei Nichtwissen über die eigene Herkunft — häufig, könnte das Adoptivkind doch jederzeit einem unbekannten leiblichen Geschwister begegnen, ohne es zu erkennen (LIFTON, 1982).

Die Adoptiveltern

Soziale Daten

Die folgenden Daten beziehen sich auf deutsche Adoptierte, sofern nichts anderes vermerkt ist: Adoptiveltern sind meist etwas älter, länger verheiratet und von höherem Sozialstatus als durchschnittliche Eltern. 62 % von ihnen wohnen in Mittel- oder Grossstädten. Sie sind meist konfessionell gebunden (NAPP-PETERS, 1978).

Die Adoptivmütter sind seltener berufstätig: 5 % gegenüber 38,7 % der Nichtadoptivmütter. 12 % der Adoptivmütter und 27 % der -väter haben Abitur. Schweizerische Adoptivmütter sind häufiger in kreativen Berufen tätig und -väter in leitender Stellung (BIRCHER, 1981). 25% der Adoptionsbewerber sind Lehrer (BACH, 1986).

95 % der Adoptiveltern leben in erster, 4 % in zweiter Ehe. 63 % sind bei der Adoption über 8 Jahre verheiratet. 66 % der Adoptivkinder sind das erste Kind in der Familie. 17 % der Adoptiveltern haben mehrere Adoptivkinder, 10 % haben auch eheliche Kinder (NAPP-PETERS, 1978).

32 % der Adoptivmütter sind über 40 Jahre alt (NAPP-PETERS, 1978). Schweizerische Adoptivväter sind 45,8 Jahre und rund 11 Jahre älter,

Adoptivmütter 43,8 Jahre und rund 9 Jahre älter als Durchschnitts-eltern (BIRCHER, 1981). Dieser Unterschied dürfte damit zusam-menhängen, dass in Deutschland nach dem neuen Adoptionsgesetz von 1977 schon 25jährige, in der Schweiz nach dem Gesetz von 1973 erst 35jährige oder Ehepaare, die mindestens fünf Jahre verheiratet sind, adoptieren dürfen.

JUNGMANN (1984) stellt fest, dass Adoptiveltern im Vergleich zu Nichtadoptiveltern

- weniger krank und häufiger Einzelkinder sind,
- häufiger in Einfamilienhäusern leben, seltener enge Wohn-verhältnisse haben und häufiger vollständige Familien sind.
- Das Milieu ist bei Adoptivfamilien besser, fördernder, bergender.
- Adoptiveltern sind jedoch etwas häufiger neurotisch gestörte oder überforderte Eltern als Nichtadoptiveltern.

Eine Untersuchung von HUTH (1978) ergab dagegen, dass Ad-optiveltern nicht häufiger psychisch gestört sind als Durchschnitts-eltern.

Die Problematik der Sterilität

KIRK (1964) weist darauf hin, dass Erwachsene, die kinderlos bleiben, in unserer Kultur depriviert sind, Frauen sehr viel stärker als Männer. Jeder erwartet, als Folge seiner eigenen Sozialisation in der biolo-gischen Familie, später Kinder zu haben. Kinder bereiten sich in Rollenspielen auf ihre zukünftige Aufgabe vor, und in der biologi-schen Schwangerschaft wird eine klare Rollendefinition vorbereitet. Kein Kind zu haben heisst, den Erwartungen der Familie, der Gesellschaft nicht zu entsprechen, und stellt primär eine massive narzisstische Verletzung dar.

Ein Ehepaar geht meist durch unbeschreibliche Höhen und Tiefen von Hoffnungen und Enttäuschungen und hat eine Vielzahl oft schwieriger und die Lebensqualität beeinträchtigender medizi-nischer Prozeduren hinter sich, bis die Sterilität der Ehe einigermassen feststeht. Was für Bewältigungsstrategien hinsichtlich einer solchen Deprivation gewählt werden, hängt wesentlich von der Persönlichkeit der Beteiligten, ihren Eltern und ihrer Sozialisation ab.

Neuere Untersuchungen (Stauber, 1979) bestärken die Vermutung, dass nicht organisch bedingte Sterilität (28,7 % aller Fälle) einhergeht mit einer unbewussten Ablehnung der Elternschaft. Die erhöhte Rate von gestörten Schwangerschaften bei künstlicher Befruchtung könnte ebenfalls darauf hindeuten. Auch die Geburten sind schwieriger, das Stillen nach der Geburt liegt unter dem Durchschnitt. Stauber schreibt, dass 90 % aller Frauen aus sterilen Ehen unter Menstruationsstörungen leiden, die heute als neurotisch bedingt gelten. Frauen, die sich vergeblich ein Kind wünschen, haben auch überdurchschnittlich häufig Orgasmusstörungen, selten Geschlechtsverkehr, leben depressiv und eingeengt in einer «symbiotisch-anklammernden» Ehe.

Helene Deutsch weist schon 1954 auf die Tatsache hin, dass gerade bei einem bewusst sehr starken Kinderwunsch unbewusste Ablehnung eine Schwangerschaft verhindern kann und meint, dass wirklich mütterliche Frauen bei organisch bedingter Sterilität sich mit der schweren Entbehrung, die sie zu erleiden haben, leichter abfinden, und andere Wege suchen, um eine volle, wenn auch indirekte Befriedigung für ihre Gefühle zu finden.

Männer sind oft wenig bereit, ihre Sterilität zu akzeptieren, die für sie eine noch stärkere narzisstische Kränkung darstellen kann, da sie gefühlsmässig mit fehlender sexueller Potenz verbunden ist. Die Ursache dafür wird oft nicht genau abgeklärt oder verdrängt, und das Sprechen darüber fällt schwer. So bleibt oft ein unverarbeitetes Trauma zurück, das die spätere Adoptivvaterschaft schwer belasten kann.

Es wäre wohl wichtiger und erfolgversprechender, wenn — wie dies zum Beispiel in Berlin geschieht — vor eingreifenden medizinischen Massnahmen wie künstlicher Befruchtung oder auch vor einer Adoption ein steriles Paar zunächst in einer Selbsterfahrungsgruppe eine diesbezügliche eventuelle Problematik aufarbeiten würde. Abgesehen von spontanen Geburten, die darauf häufiger stattfinden, wäre dies auch eine günstige Voraussetzung für eine spätere Adoption.

Ob eine Frau ein Recht auf ein Kind hat und Ärzte verpflichtet sind, ihr zu diesem Recht zu verhelfen, ist eine Frage der ethischen Wertmassstäbe. Gegen ein so postuliertes Recht der Mutter kann man dasjenige des Kindes setzen, seinerseits eine gesunde, ausgeglichene und starke Mutter zu haben (Bachmann, 1987, S. 20).

Die Persönlichkeit der Adoptiveltern

Bircher (1981) kommt beim Vergleich der Persönlichkeit der Adoptiveltern mit derjenigen der Eltern der Kontrollgruppe zu folgendem Persönlichkeitsbild: Die Adoptivväter sind sehr aktiv, fleissig, arbeitsam und tüchtig, korrekt, ruhig, eher introvertiert, gutmütig, verständnisvoll, einsichtig, überlegt, religiös, bemüht.

Die Adoptivmütter sind differenzierter, bemühter, zeigen mehr Schuldgefühle, sind häufiger selber in Psychotherapie, häufiger aus vollständigen Familien, häufiger aber auch Pflegekinder, seltener geschieden als Mütter der Kontrollgruppe.

Die Motivation zur Adoption

Die Gründe, die zum Wunsch nach einer Adoption führen, können verschieden sein. Die stärkste Motivation ist das Eigeninteresse der Adoptiveltern, sie möchten Eltern, die Frau vor allem, die oft in ihrem Beruf keine volle Befriedigung findet, möchte Mutter sein. Dieser Wunsch nach Bereicherung des emotionalen Lebens, nach Ausdehnung der Familie kann mit echtem sozialem Engagement gekoppelt sein.

Die persönliche Motivation eines Paares kann verstärkt werden durch den Druck, der von der Gesellschaft ausgeht: Nur Paare mit Kindern werden zur Familie und erfüllen damit die Rolle, auf die hin wir alle sozialisiert wurden. Wer kinderlos ist, bleibt hinter solchen Erwartungen zurück, erfüllt seine Pflicht gegenüber dem Staat und der Gesellschaft nicht.

Auch die Eltern eines Paares können einen solchen Erwartungsdruck verstärken. Sie möchten Enkel haben, ihre genealogische Linie soll weitergehen. Ihre Ambivalenz zeigt sich darin, dass sie oft nicht bereit sind, das Adoptivkind als «richtiges» Enkelkind anzunehmen.

Zudem gibt es junge Paare, die in Anbetracht der heutigen Weltlage (Überbevölkerung, hungernde Kinder, unsichere Zukunft) nicht mehr den Mut haben, ein eigenes Kind in die Welt zu setzen, und es vorziehen, einem elternlosen Kind gute Adoptiveltern zu sein.

So verstärkt sich der Druck zur Adoption von allen Seiten und führt bei dem verminderten Angebot an Kindern (vgl. «Die Adoption im Wandel der Zeit) zu einer schwierigen Situation (dazu «Die Adoptionsvermittlung»).

Ungünstige Motivationen kommen meist aus dem Bestreben, eigene persönliche Not zu lindern, vielleicht ein eigenes verstorbenes Kind zu «ersetzen», eine Ehe zu kitten oder einem Einzelkind ein Geschwister zu verschaffen. Die ungünstigen Motive zur Adoption sind häufig durch falsche Erwartungshaltungen bedingt, Symptome einer gestörten Persönlichkeitsentwicklung. Es handelt sich meist um Störungen in Form von neurotischen Einstellungen, Erwartungen und Nachholbedürfnissen, um Charakterschwächen oder gestörte Beziehungen zur Realität. Diese werden dann oft in einer verschlüsselten Weise von den Erziehern auf die Kinder übertragen. So bleibt zum Beispiel eine äusserlich erwachsene Frau immer noch in der Rolle eines Kindes stecken, weil ihr kindliches Grundbedürfnis nach einer stabilen Bezugsperson nie befriedigt wurde. Eine solche Frau wird ihr Adoptivkind zu dauernder Treue verpflichten und in ein bleibendes Abhängigkeitsverhältnis verwickeln. Falls das Kind sich trotz dieser ungünstigen Erziehungseinflüsse durchsetzt und selbständig wird, gilt es unter den gestörten Gesichtspunkten der Adoptiveltern als «das undankbare Kind, dessen wir uns angenommen haben».

Krankhaft geltungsbedürftige Eltern können ein Kind annehmen, um sich in ihm widerzuspiegeln. Sie wollen mit dem Kind wie mit einer schön gedruckten Visitenkarte repräsentieren oder einen Schwächeren haben, den man unterdrücken, besitzen und beherrschen kann.

Adoptivkinder brauchen aufgrund ihrer Vorgeschichte oft besonders viel Liebe, viel mehr, als sie selbst zurückgeben können. Ein Erzieher, der unter der gleichen emotionalen Störung leidet, wird mit dieser Aufgabe hoffnungslos überfordert sein. Der wichtigste Bestandteil der Motivation zur Adoption sollte das Bedürfnis sein, Liebe zu geben und Hilfe zu leisten. Diese Motivation, gekoppelt mit der Fähigkeit, Enttäuschungen zu ertragen und erneut Geduld aufzubringen, und die Bereitschaft, die Persönlichkeit des Kindes zu achten, sind die besten Garantien für das Gelingen des Adoptionsverhältnisses (zusammengefasst nach PREKOP, in JACOB/LUTZ, 1977, S. 107 ff.).

Die Motivation der Adoptionsbewerber abzuklären, ist nicht einfach, denn neurotische Überlagerungen von Motivationen, tiefliegende unbewusste Ängste und Einstellungen sind auch von Fachleuten manchmal erst nach längerer Untersuchung zu erkennen (vgl. "Torsten"). Da aber alle Eltern die Tendenz haben, eigene ungelöste Konflikte auf ihre Kinder zu projizieren (RICHTER, 1969), ist es wichtig, das Ausmass solcher Konflikte abschätzen zu können.

Die Anforderungen an Adoptiveltern

Heute werden passende Eltern für bestimmte Kinder gesucht, und da viel mehr adoptionswillige Eltern als zu vermittelnde Kinder da sind, werden Adoptionsbewerber einem Auswahlverfahren unterzogen.

SCHECHTER (1966) fragt sich, wieweit die Prüfung der Adoptionsbewerber durch die Vermittlungsstellen zum Ziel führt, und ob die Untersuchung und das Eindringen ins Privatleben nicht aufgegeben werden sollte zugunsten einer besseren und intensiveren Betreuung der Adoptivfamilie, sobald sie entstanden ist. Dies würde einhergehen mit einem Abschaffen der Probezeit und würde die Eltern-Kind-Beziehung von Anfang an stabilisieren helfen und unnötige Ängste vermeiden.

Da im Moment eine Auswahl der zu zahlreichen Bewerber stattfinden muss, sind eher die dabei anzuwendenden Kriterien zu diskutieren als die Auswahl an sich. Ich werde im Kapitel über die Adoptionsvermittlung näher darauf eingehen.

Abgelehnte deutsche Adoptionsbewerber sind nach NAPP-PETERS (1978) häufiger konfessionslos, haben eine schlechtere Bildung und gehören unteren sozialen Schichten an im Vergleich zu angenommenen Bewerbern. Viele der abgelehnten Bewerber wenden sich anderen Stellen zu (meist sind sie an vielen gleichzeitig angemeldet) oder bewerben sich um ein Kind aus der Dritten Welt, mit dem sie erst recht nicht fertig werden, wenn sie wirklich ungeeignete Eltern sind; denn ein älteres, fremdrassiges Kind aus einem anderen Kulturkreis zu adoptieren, bringt normalerweise sehr viel grössere Probleme mit sich.

Die Entstehung der Adoptivfamilie

Die Adoptivfamilie entsteht meist plötzlich durch die Ankündigung «wir haben ein Kind für Sie» und gleicht damit einer sozialen Sturzgeburt im Gegensatz zur biologischen Schwangerschaft. Die Angaben über das zu erwartende Kind sind verschieden ausführlich und werden von den Adoptiveltern in diesem Moment, der von allen als ausserordentliche Stresssituation empfunden wird, verdrängt.

Die Unsicherheit ist gross: Wie ist das Kind? Werden wir es annehmen und lieben können? Ein Säugling überwindet die bestehende Distanz schnell durch sein Dasein, seine Hilflosigkeit, mit der er eine Instinktregung hervorruft. Auch ein Kleinkind signalisiert noch Hilfsbedürftigkeit und drängt die Adoptivmutter schnell in ihre zukünftige Rolle. Mit älteren Kindern ist dieser Anfang viel schwieriger und muss besser und intensiver geplant und vorbereitet werden (vgl. «Der Zeitpunkt der Adoption»).

Die Adoptivmutter übernimmt ihre Mutterrolle, die für sie Ich-Identität garantiert, meist schnell und spontan. Adoptivväter sind langsamer, kritischer, aber auch hier gelingt der Beziehungsaufbau fast immer. Die Vorbereitungsprozedur und ein der Elternschaft bedürftiges Kind führen als Folge der Interaktionsgeschichte zur Familiengründung.

Die emotionale Normalisierung («es ist wie das eigene Kind») wird mit der Aufnahme eines Säuglings schnell erreicht, der erwünschte Normalfall ist damit eingeholt. Stark erschwert wird sie eventuell bei der Aufnahme eines älteren Kindes, wo anfängliche Krisen das Zusammenwachsen erschweren (vgl. dazu «Michael»), oder sie entsteht gar nicht, und das Adoptivkind wird immer als Fremdkörper in der Familie erlebt (zusammengefasst nach HOFFMANN-RIEM, 1985).

Die Erziehungshaltung von Adoptiveltern

Adoptiveltern stellen oft hohe Ansprüche an ihr Kind, das ihnen selbst und seiner Umwelt beweisen soll, dass sie gute oder bessere Eltern als Normaleltern sind. Das Kind reagiert auf solche Ansprüche, indem es sich besonders bemüht und neurotisch gehemmt wird, oder es kann solchen Ansprüchen nicht gerecht werden. Dann sind viele Adoptiveltern schnell bereit, das Versagen mit ungünstiger genetischer Ausstattung zu erklären (Herzka, 1977). Darauf folgt eine — oftmals unbewusste — Ausstossung des Kindes. Die Beziehung ist zu wenig tragfähig. Eltern zeigen ihre fehlende Loyalität zum Kind, indem sie ständig betonen, dass ihr Kind ein Adoptivkind sei. Andererseits können die Ansprüche an ein Adoptivkind besonders niedrig sein. Auch das ist ein Zeichen für eine fehlende Integration des Kindes in die Familie: man traut ihm nicht zu, dass es das Niveau der Adoptivfamilie erreichen kann.

Jungmann (1980) hat die Erziehungshaltung deutscher Adoptiveltern, deren Kinder in einer jugendpsychiatrischen Institution vorgestellt wurden, untersucht: Diese Adoptiveltern zeigten eine vermehrte Leistungsanforderung ihren Kindern gegenüber, sie waren überbesorgt, kontrollierend und einengend, emotional kühl, abweisend, voller Kritik den Kindern gegenüber, rigide, streng, autoritär, unsicher und ängstlich. Sie zeigten zudem eine verminderte Toleranz und die oben beschriebene Ausstossungstendenz.

Huth fand aufgrund seiner Untersuchung (1978), dass Adoptiveltern Problemen ihrer Kinder gegenüber ängstlicher sind und dass sie einen eher inkonsequenten Erziehungsstil haben, Adoptivväter sogar oft einen Laisser-faire-Stil.

Untersuchungen in den USA von Cunningham (1969, nach Weiss, 1984) ergaben, dass Adoptiveltern emotional weniger warm und kontrollierend waren, also eine zurückweisende Haltung zeigten, und Raleigh (1954, nach Weiss, 1984) fand, dass Adoptivmütter inkonsequenter waren und mehr Überbehütung und Ängstlichkeit zeigten.

Solche Ergebnisse sind mit Vorsicht aufzunehmen, da es sich bei diesen untersuchten Adoptiveltern um solche handelte, die Schwierigkeiten mit ihren Kindern hatten.

Die Offenheit gegenüber dem Adoptionsstatus

Kirk (1964) entwickelte im Verlauf seiner intensiven Adoptionsforschung die Theorie, dass Adoptiveltern in ihrer Elternrolle benachteiligt sind und dass diese Rollenbenachteiligung durch verletzende Fragen der Umgebung und durch die Abhängigkeit von den Vermittlungsstellen noch verstärkt wird. Sie streben einerseits mehr als andere Eltern nach Stabilität und Permanenz in ihrer Familie, müssen andererseits ihre Adoptivkinder aufklären, dass sie nicht ihre leiblichen Eltern sind. Auch wenn sie rational diese Aufgabe bejahen, haben sie oft grosse emotionale Schwierigkeiten damit, und die diesbezügliche Ambivalenz ist für sie immer wieder spürbar. Adoptiveltern haben zwei Bewältigungsmechanismen zur Verfügung: sie können den Unterschied zu normalen Eltern annehmen oder ablehnen. Kirk vertritt die Theorie, dass Adoptiveltern diesen Unterschied um so besser annehmen können, je mehr sie in der Lage sind, ihre eigene Kinderlosigkeit zu verarbeiten und die dafür nötige Trauerarbeit zu leisten. Dabei handelt es sich um einen lebenslänglichen Prozess, der nie abgeschlossen ist. Können sie den Unterschied akzeptieren, können sie auch offen mit Gefühlen umgehen, und ihre Kommunikationsfähigkeit und ihr Einfühlungsvermögen verbessern sich. Ein offenes Umgehen mit der Situation zeigt sich nicht nur in der Beantwortung von Fragen ihrer Kinder, die die Adoption betreffen, sondern sie werden das Schicksal der Adoption mit ihrem Kind teilen und das persönliche Bedürfnis des Kindes nach offener Beantwortung von Fragen einfühlend verstehen und ihm entgegenkommen. «Paare lernen nur dann, Adoptiveltern zu werden, wenn sie verlernen können, 'normale', das heisst leibliche Eltern sein zu wollen» (Huth, 1982, S. 17) und «they must be able to respect the dignity of their role while they understand and accept its reality» (Kirk, 1964, S. 32). Beide Zitate machen deutlich, dass das «Tun als ob man eine ganz normale Familie sei» Adoptiveltern daran hindert, offen zu sein für die Bedürfnisse ihrer -kinder, und erst die Annahme der Andersartigkeit ihnen ermöglicht, Konflikte, die in jeder Familie auftreten, einfühlend und flexibel anzugehen.

Hilfe in Anspruch nehmen

Adoptiveltern sind meist sehr engagierte und bewusst erziehende Eltern. Da ihre Fähigkeit zur Elternschaft nicht biologisch verankert und gewachsen ist, sind sie zunächst unsichere Eltern. Ihre eigene Kinderlosigkeit geht meist einher mit einem tiefsitzenden Minderwertigkeitsgefühl und Zweifeln an der Befähigung zur Elternschaft. Nun müssen sie sich selbst und ihrer Umgebung beweisen, dass sie gute Eltern sind, und stehen unter hohem Erwartungsdruck. Jedes auftretende Problem mit dem Kind — diese können vor allem bei der Adoption älterer Kinder am Anfang zahlreich sein —, jedes Zurückgewiesenwerden durch das Kind trifft sie besonders schwer (vgl. «Michael»). In dieser Zeit des Beziehungsaufbaus sind Adoptiveltern verletzlich und wären auf Unterstützung und Hilfe von aussen dringend angewiesen. Gerade diese Unsicherheit in bezug auf die eigenen Fähigkeiten hindert sie, solche Hilfe in Anspruch zu nehmen (vgl. «Werner»). Zahlreiche Untersuchungen (JUNGMANN, 1980; HUMPHREY/OUNSTED, 1963 usw.) haben ergeben, dass Adoptiveltern bei Problemen später Hilfe in kinderpsychiatrischen Einrichtungen suchen (die Kinder sind bei der Vorstellung im Durchschnitt älter), aber auch, dass solche Hilfe von Adoptiveltern eher häufiger als von andern Eltern in Anspruch genommen wird.

SWIENTEK (1986 a, S. 90) meint, dass Adoptiveltern mit dem Wissen, wieviel Kosten und Mühe sie dem Staat sparen, mit Selbstbewusstsein die vorhandenen sozialpädagogischen Ressourcen nutzen sollten.

Der Kontakt zu den leiblichen Eltern

Die Beschäftigung mit den leiblichen Eltern ihres Adoptivkindes stellt für fast alle Adoptiveltern ein Problem dar. Sehr oft wissen sie selbst wenig über diese Eltern, wollen möglichst nichts wissen, um sie nicht aus dem Dunkeln treten und Wirklichkeit werden zu lassen. Eine gewisse Tendenz zur Stigmatisierung der leiblichen Eltern ist insofern gegeben, als es für Adoptiveltern leichter ist, die Tatsache zu verarbeiten, dass sie ihnen ihr Kind «weggenommen» haben, wenn diese unfähig zur Erziehung und Beziehung waren. Adoptionen werden noch heute auch vom Gesetz her so gehandhabt, dass leibliche und Adoptiveltern keinerlei Kontakt zueinander haben sollen. Ich glaube, dass diesbezüglich ein Umdenken im Gange ist, und einige Versuche haben gezeigt, dass es für die leibliche Mutter wie für die Adoptiveltern eine grosse Erleichterung sein kann, einander zu kennen und mindestens über eine Drittperson einen gewissen Kontakt zu pflegen. Eine auch nur minimale Beziehung zu den leiblichen Eltern des Adoptivkindes fördert das Verständnis und verhindert die Projektion eigener abgelehnter Persönlichkeitsanteile auf diese Eltern. Dass dabei die elterlichen Rechte und Pflichten klar bei den Adoptiveltern bleiben müssen, ist selbstverständlich.

SWIENTEK (1986 a, S. 138/9) schreibt dazu: «Auch sollten sich Adoptiveltern ernsthaft prüfen, ob sie der Kindesmutter nicht anbieten könnten, einen losen Kontakt über Dritte (Verwandte, Jugendamt, Pfarrgemeinde ...) bei Wahrung des Inkognito zu pflegen. Die Mutter wird nicht vollständig von ihrem Kind abgeschnitten, sie kann 'aus der Ferne' seine Entwicklung nachvollziehen — und die Adoptiveltern können jederzeit ihrem Kind über die Mutter berichten, die dann auch ohne langwieriges Suchen für ein persönliches Kennenlernen zur Verfügung steht, wenn der Zeitpunkt gekommen ist. Solange unser Sozialsystem noch die Adoption zum Ausgleich sozialer Ungerechtigkeiten benötigt, wäre das eine Möglichkeit, diese Art der Fremdplazierung für alle Beteiligten zu humanisieren, indem sie transparent wird und 'niemand auf der Strecke bleibt' — zunächst nicht die Mutter, später nicht das entwurzelte Kind, das seine Herkunft und somit einen Teil seiner Identität nicht finden kann.»

Die Pubertät des Adoptivkindes

Eine besonders schwierige Zeit, auch für Adoptiveltern, ist die Pubertät ihrer Kinder. Unabhängigkeitsstreben und Abgrenzungstendenzen, die zu einer gesunden Entwicklung in diesem Alter gehören, müssen — auch — von den Adoptiveltern akzeptiert werden. Alle Eltern werden in dieser Entwicklungsphase von ihren Kindern in Frage gestellt. Nur wenn sie ein gesundes Selbstwertgefühl und eine über Jahre aufgebaute stabile Beziehung zu ihrem Kind haben, werden sie auf solche Kritik und Rückweisung nicht depressiv reagieren, sondern Freiheit gewähren und unterstützen und ihr Beziehungsangebot konstant aufrechterhalten.

Spätestens in der Pubertät wird ein gesundes Kind sich nach seinen leiblichen Eltern erkundigen, weil es in dieser Zeit seiner Entwicklung klar Bescheid wissen will über seine Herkunft und sein «Gewordensein». Die Frage und eventuelle Suche nach den leiblichen Eltern wird für Adoptiveltern viel weniger schmerzlich sein, wenn diese leiblichen Eltern schon vorher eine ernstzunehmende Tatsache waren, mit der in der Familie offen umgegangen wurde. Ein solch gemeinsames Problemangehen verstärkt zudem die Beziehung zwischen Adoptiveltern und -kind.

Adoptiveltern, die die leiblichen Eltern genauso wie das Kind akzeptieren, werden weniger Angst vor fremden Erbanlagen haben, die beim Kind eines Tages sichtbar werden können.

Die Adoptivfamilie als Minderheit

Sozialpsychologisch gesehen gehören Adoptivfamilien einer Minderheit an. Sie weichen klar von einem gesellschaftlich dominanten, als natürlich gedeuteten familialen Normalitätsmuster ab. Gerade auf dieser Einsicht müssen sie eine eigene Identität aufbauen. Adoptivfamilien erfahren immer wieder, «was es heisst, Mitglieder einer Minderheit zu sein, sie wecken Neugier und Faszination. Dieser Umgang mit der Adoption als besondere abweichende Eigenschaft muss allerdings als ein zweiseitiger Prozess gesehen werden, der nicht nur von Reaktionen, Stereotypen und Vorurteilen anderer abhängt, sondern auch von der Definition durch die Betroffenen selbst» (EBERTZ, 1987, S. 37). Auch sie haben ja das Bild von der «normalen» Familie verinnerlicht.

KIRK (1964) fordert von Adoptiveltern, dass sie für die Interessen dieser Minderheit eintreten und die Beziehungen zwischen ihren Adoptivkindern und anderen -familien fördern sollen.

Terre des Hommes und andere Vermittlungsstellen organisieren jährliche Treffen für die bei ihnen registrierten Adoptivfamilien, woran ein Teil der Familien regelmässig teilnimmt. Solche Treffen bilden ein unkompliziertes und effektives Forum, auf dem Informationen ausgetauscht und Probleme besprochen werden können, und sind von daher zu begrüssen.

Die Eltern der Adoptiveltern

In einer amerikanischen Untersuchung über Faktoren, die für den Erfolg oder Nichterfolg von Adoptionen bedeutsam sind, fand DUKETTE (1962) als wichtigste Bedingung die Beziehung, die die Adoptiveltern zu ihren eigenen Eltern haben. Auch BLUM (1983) meint, dass Adoptiveltern noch mehr als andere Eltern der Unterstützung durch ihre Eltern bedürfen, da sie als Verletzer der Filiationsregel besonders unsicher sind. Die Einstellung der Grosseltern und der weiteren Familie der Adoption und dem Adoptivkind gegenüber ist entscheidend. Sie beeinflusst stark das Identitätsgefühl des Adoptivkindes und seiner -eltern.

Die Adoptionsvermittlung

Das Adoptionsgesetz

Nach dem schweizerischen Adoptionsrecht läuft jede Adoption über die Vormundschaftsbehörde. Adoptionsvermittlungsstellen brauchen eine Bewilligung, die vom Kanton ad personam verliehen wird. Adoptionsvermittlungsstellen, die meist von ursprünglich privaten Organisationen betrieben werden, gehen in ihrer Tätigkeit verschieden weit: Einige machen dem zuständigen Amtsvormund verschiedene Vorschläge, aufgrund deren er die geeignetsten Adoptiveltern aussucht, andere machen nur einen Vorschlag, der normalerweise akzeptiert wird. Unabhängig von der Arbeit der Vermittlungsstellen kann jeder Amtsvormund von sich aus Adoptionen vornehmen. Die Vermittlungsstellen sehen das nicht gerne, da ihrer Meinung nach gründliche Abklärungen unter solchen Bedingungen (starke anderweitige berufliche Inanspruchnahme) nicht gewährleistet sind und Adoptionen oft «unter der Hand» erfolgen.

44

Wie weit daneben noch heute ein Schwarzmarkt für Adoptionen in Frauenkliniken und bei Gynäkologen besteht, ist schwer zu beurteilen. Es wäre bestimmt wünschenswert, wenn in der ganzen Schweiz einheitlichere Kriterien und Methoden bei der Abklärung und Auswahl der Adoptiveltern zur Anwendung kämen.

In der BRD laufen Adoptionen über die ca. 20 000 Adoptionsvermittlungsstellen der Jugendämter. Dazu gibt es in jedem Bundesland eine zentrale Adoptionsvermittlungsstelle, die für die Adoption ausländischer, behinderter und schwieriger Kinder verantwortlich ist. Gewöhnliche Adoptionen werden von Sozialpädagogen vermittelt, der Zentralstelle steht ein Team vor (1 Jurist, 1 Kinderarzt oder -psychiater, 1 Psychologe, einige Sozialpädagogen).

Die Adoption — Praxisfeld des Sozialarbeiters

Napp-Peters (1978) fand in ihrer Untersuchung, dass deutsche Adoptionsvermittler fast immer Sozialarbeiter sind, meist weiblich, im Durchschnitt über 40 Jahre alt und meistens Stadtmenschen.

Die Adoptionsvermittlung ist eine Aufgabe der Gesellschaft, und der Staat muss durch eine entsprechende Ausbildung der Sozialarbeiter dafür garantieren, dass sie adäquat gehandhabt wird.

Eine deutsche Vergleichsstudie (Napp-Peters, 1978), bei der Adoptionsvermittlern und einer entsprechenden Kontrollgruppe von — in anderen Bereichen tätigen — Sozialarbeitern schriftliche Akten von Adoptiveltern zur Beurteilung vorgelegt wurden, ergab keine grössere Übereinstimmung in der Beurteilung bei den Adoptions-Fachleuten als bei der Kontrollgruppe. Napp-Peters schliesst daraus, dass es wenig objektive Kriterien zur Beurteilung gibt und die Urteile beeinflusst sind von eigenen Erfahrungen des Sozialarbeiters. Für die Begründungen werden stark vereinfachte Bilder gebraucht, die eher auf praktischer Menschenkenntnis und öffentlichen Meinungen als auf beruflichen Standards beruhen.

Eine ähnliche Studie wurde 1981 von Pfeiffer et al. veröffentlicht. Dabei ergab sich eine etwas höhere Konsistenz in der Beurteilung durch die Vermittler, vor allem was eine Ablehnung der Bewerber anbetraf. Pfeiffer et al. ziehen daraus die Folgerung, dass es einen allgemein gültigen Kriterienkatalog für Bewerber nicht geben könne, sondern dass ein praxisorientiertes Handlungswissen zur Verfügung stehen müsste, um damit psychologische Motivation und psychische Prädisposition besser beurteilen zu können.

Vielleicht muss hier betont werden, dass der entscheidende persönliche Eindruck bei diesem schriftlichen Material fehlte. Ich selber hatte in meinen Gesprächen mit Adoptionsvermittlern den Eindruck, dass sie bei den Entscheidungen stark ihrer eigenen Intuition, ihrem Gefühl und ihrer langjährigen Erfahrung vertrauen. Auch wenn ich solche Fähigkeiten nicht gering schätze, bin ich doch der Meinung, dass es heute im Bereich der psychologischen Diagnostik zusätzliche Instrumente gäbe, die eine Prüfung auch unbewusster Anteile der Persönlichkeit ermöglichen oder mindestens Hinweise liefern könnten. Es drängt sich dabei die Frage auf, ob nicht gerade die Adoptionsvermittlung durch einen stärkeren Beizug von Psychologen effektiver werden könnte.

Ein Beispiel dafür ist die Vermittlungspraxis von Terre des Hommes. Zusätzlich zur Beurteilung der Bewerber durch den Sozialarbeiter vom Jugendamt werden diese bei Terre des Hommes von Beratungseltern (= erfahrene Adoptiveltern) eingeladen und von einem Psychologen drei bis fünf Stunden besucht, der dann ein ausführliches Gutachten erstellt. Die Berichte der Begutachter werden von einem vierköpfigen Entscheidungsgremium beurteilt.

Die Adoptionsvermittlung ist gekennzeichnet durch ein Machtgefälle zwischen Vermittler und Bewerber, das für beide Seiten ungünstig ist. Die Bewerber (und gerade solche, die sich im übrigen als erfolgreich und vielleicht eher als «Macher-Typen» erleben) fühlen sich benachteiligt und ausgeliefert und sind versucht, sich so darzustellen, wie sie glauben, dass es für sie günstig sei. Dass diese Situation eine offene Kommunikation und Selbstdarstellung verhindert, ist einleuchtend. Andererseits ist der Vermittler in einer übermässigen Machtposition, die von ihm nur dann nicht missbraucht wird, wenn er gelernt hat, in einem intensiven Selbsterfahrungsprozess damit reflektiert umzugehen. Von daher kann kaum eine echte Beziehung zwischen Vermittler und Adoptiveltern entstehen, die allein eine hilfreiche spätere Unterstützung und Begleitung ermöglichen würde. Mit Sichel (1987) ist zu fragen, ob so wichtige Entscheidungen nicht auch in der Schweiz besser durch ein Team von Fachleuten als durch eine Einzelperson getroffen würden. Mindestens müsste eine ständige Supervision bestehen und der Kontakt zu Fachleuten ausgebaut werden.

Der Vorgang der Adoptionsvermittlung

Zunächst nimmt die Adoptionsvermittlerin Kontakt mit der leiblichen Mutter auf, meist schon vor der Geburt des Kindes. Alternativen zur Adoption werden besprochen, und es findet eine gründliche Beratung statt. Wenn die Mutter den Entschluss zur Adoption gefasst hat — in der Schweiz frühestens sechs Wochen vor der Geburt (in der BRD acht Wochen), widerrufbar bis sechs beziehungsweise acht Wochen nach der Geburt —, kann die leibliche Mutter im Gespräch mit der Vermittlerin Wünsche betreffend die Adoptiveltern äussern, die nach Möglichkeit befolgt werden. Nach der Geburt verbleibt das zu adoptierende Kind zunächst in Spitalpflege oder kommt an einen Übergangspflegeplatz. Wünschenswert wäre, dass es — wie bei Frühplazierungen möglich — gleich von seinen Adoptiveltern betreut wird, die allerdings bei einem Widerruf durch die leibliche Mutter mit einem Pflegeabbruch rechnen müssen.

In der Schweiz findet das erste Gespräch mit den Adoptiveltern im Büro der Adoptionsvermittlerin statt. Mit Hilfe von Referenzen und ausführlichen Lebensläufen wird die Eignung zudem abgeklärt. Nach zirka einem Jahr Wartezeit macht die Vermittlerin einen Hausbesuch, darauf folgt eine kürzere oder längere Wartezeit. Für die künftigen Adoptiveltern besteht während dieser Zeit die Möglichkeit, an einer Selbsterfahrungsgruppe für kinderlose Ehepaare und an der alle $1^1/_2$ Jahre stattfindenden Tagung für wartende Adoptiveltern teilzunehmen. Die Teilnahme daran ist nicht Bedingung. Die Adoptionsvermittlerin bleibt über diese lange Zeit hinweg nur in sehr losem Kontakt zu den Bewerbern (nur telephonisch) und überlässt dessen Intensität ihnen, wobei sie durchaus festhält, wer wann und wie oft anruft.

In Deutschland werden zu einem ersten Informationsgespräch fünf bis sieben Bewerberpaare eingeladen und mit den Tatsachen konfrontiert:

- Es gibt zu wenig zu adoptierende Kinder.
- Nicht für die Eltern wird ein Kind, sondern für die Kinder werden Eltern gesucht.
- Die soziale Elternschaft weist psychologische Besonderheiten auf.
- Die Vermittlungsstelle trägt die Verantwortung für die Auswahl geeigneter Eltern.
- Das Verfahren mag langwierig und umständlich scheinen und verlangt von Bewerbern Geduld und Einfühlungsvermögen (EBERTZ, 1987, S. 19).

Dabei wird auch auf die Möglichkeit der Adoption eines älteren oder behinderten Kindes aufmerksam gemacht. HOFFMANN-RIEM (1985) meint, dass der mit der Adoption verbundene Wettbewerb zwischen den Bewerbern eine offene Kommunikation mit der Vermittlungsstelle oft verhindert; jedes Ehepaar muss bestrebt sein, sich so darzustellen, wie es hofft anzukommen. Darauf folgt ein Hausbesuch und etwas später ein «Abschlussgespräch», in dem über die prinzipielle Adoptionseignung entschieden wird.

Für viele der Adoptionsbewerber beginnt nun eine Wartezeit, die drei und mehr Jahre dauern kann, wobei es auch möglich ist, schon nach sechs Monaten ein Kind zu erhalten.

Im Vorfeld der Adoptionsvermittlung kann es im Rahmen der «sachdienlichen Ermittlungen» zu Interaktionen zwischen Adoptionsvermittlungsstelle und medizinisch-psychologischen Institutionen kommen (PFEIFFER, 1980).

Kein adoptionswilliges Ehepaar wird direkt abgewiesen. Für ungeeignete Bewerber findet sich einfach kein Kind; sie müssen so lange warten, bis sie sich nach anderen Möglichkeiten umsehen. Adoptionsvermittler meinen, dass eine offene Ablehnung eine zu grosse Kränkung für die Bewerber darstelle und ihre Stelle nicht in der Lage sei (personell und finanziell), weitere Begleitung und Hilfe anzubieten. Terre des Hommes mildert diese unmenschliche Praxis, indem dort abgelehnten Bewerbern dies deutlich erklärt und von einigen Psychologen Hilfe geboten wird beim Entwurf alternativer Lebensperspektiven (H. STAPELMANN, mündliche Mitteilung, 1987). Oft geht die Beziehung zum Psychologen weiter; auch angenommene Adoptiveltern suchen bei ihm Hilfe bei Erziehungsschwierigkeiten.

Adoptionen werden noch heute meist inkognito vermittelt, das heisst, der Name der Adoptiveltern wird der leiblichen Mutter nicht bekanntgegeben. Die amerikanische Praxis der versiegelten Geburtsurkunde (SOROSKY et al., 1982), die einem Adoptivkind verunmöglichte, über seine Herkunft Näheres zu erfahren, ist heute soweit geändert, dass jedes Adoptivkind mit Einwilligung seiner Adoptiveltern oder bei Volljährigkeit ein Recht darauf hat, etwas zu erfahren. 100 % der Adoptionsvermittler, 80 % der Adoptiveltern und 61 % der Adoptionsbewerber finden die Aufklärung über die Herkunft ausnahmslos erforderlich (PFEIFFER, 1980). Es ist also auch diesbezüglich eine Entwicklung zu mehr Offenheit in Gang gekommen (vgl. «Die Adoptiveltern»).

Auswahlkriterien

Heute ist man davon abgekommen, die zu vermittelnden Kinder zu testen. Um so mehr Wert wird auf die Auslese der Eltern gelegt. «Die meisten Untersuchungen legen den Schluss nahe, dass das Wesentliche und Entscheidende für die Entwicklung des Kindes die Persönlichkeit der Eltern und ein gutes häusliches Milieu mit warmherzigen, stabilen Familienbeziehungen ist. Es hat sich jedoch als schwierig herausgestellt, mit einem grösseren Grad von Sicherheit vorauszusehen, welche von den Familien, die Kinder adoptieren wollen, in der Tat diese Eigenschaften entwickeln werden ...» (BOHMAN, 1980, S. 45).

Da, wie oben beschrieben, objektive Kriterien zur Beurteilung fehlen, spielen ausser Intuition und Gefühl des Vermittlers immer auch äussere Faktoren eine Rolle. Ehepaare aus oberen sozialen Schichten, vor allem Akademiker und in pädagogischen Berufen Tätige, erhalten eher ein Adoptivkind. Solche Personen fühlen sich meist prinzipiell eher akzeptiert, und es ist ihnen von daher eine Ich-Identitätsdarstellung und eine offene Kommunikation mit Äusserung eigener Wünsche und eventuell Probleme eher möglich, was wiederum vertrauenerweckender wirkt. Trotzdem frage ich mich, wie sinnvoll eine solche Vermittlungspraxis ist, bei der die gebildeteren, von ihrer Erziehung her über mehr Bewältigungsstrategien verfügenden Bewerber die unproblematischeren Kinder bekommen, während unfähigere Eltern sich mit all den Problemen von Pfleg-schaftsverhältnissen auseinandersetzen müssen. Diese eigenartige Praxis wurde mit Hilfe einer kontrollierten Untersuchung von ZWIMPFER (1983) bestätigt. Von den meisten Adoptionsvermittlungs-stellen werden wegen Mangels an Adoptivkindern nur kinderlose Ehepaare berücksichtigt.

Die weitere Begleitung der Adoptivfamilie

Sowohl in Deutschland wie in der Schweiz kommen zukünftige Adoptivkinder zunächst als Pflegekinder in ihre neue Familie und können erst nach einem beziehungsweise zwei Jahren definitiv adoptiert werden. Ob eine solche Probezeit für die Entstehung der Eltern-Kind-Beziehung günstig ist, ist diskutabel. SPIEL (1976) ist der Meinung, dass eine Elternschaft auf Probe ein Unsinn sei. Es sei besser, definitive Entscheidungen zu treffen, dann aber bei Unsicher-heit und Krisen Hilfe und jeden erdenklichen Schutz zu bieten. Auch GOLDSTEIN et al. (1984) vertreten diese Ansicht.

In beiden Ländern hört normalerweise die Betreuung der Adoptivfamilie nach der definitiven Übergabe des Kindes auf. Einerseits will man damit betonen, dass es von diesem Moment an keinen Unterschied mehr gibt zur normalen Familie. In der Schweiz ist der Vormund für das Wohlergehen des vermittelten Kindes verantwortlich. Er hat aber keine Beziehung zur Familie, ist meist überlastet und nicht in der Lage, konkrete Hilfe bei auftretenden Problemen zu leisten. Adoptiveltern werden sich zudem in dieser Probezeit hüten, Probleme anzumelden, da sie den Beweis zu erbringen haben, geeignete Eltern zu sein. Auch deutsche Vermittlungsstellen, inklusive Terre des Hommes, machen diesbe-züglich keinen Unterschied. «Es fehlen weiterhin gesetzlich formu-lierte Kriterien, wie man den notwendigen Beratungsprozess orga-nisiert und welche Hilfen der Familie gerade auch in medizinischer und psychologischer Hinsicht angeboten werden sollten» (EBERTZ, 1987, S. 21).

Ich könnte mir vorstellen, dass es für Adoptiveltern eine spürbare Entlastung vom Leistungszwang gäbe, wenn sie regelmässige Ge-spräche mit einer ihnen vertrauten Fachkraft führen könnten, zu der aber ein echtes Vertrauensverhältnis bestehen müsste. Gerade wenn die Auswahl der Bewerber erwiesenermassen schwierig ist, muss um so mehr Gewicht auf die nachherige Betreuung und Unterstützung solcher Familien gelegt werden.

Dass im Bereich der Nachbetreuung und Begleitung immer noch ein Defizit besteht, wird von allen in der Praxis stehenden Fachleuten beklagt; die praktische Umsetzung dieser theoretisch akzeptierten Forderung stösst überall auf grosse Schwierigkeiten.

Kritik an der Adoptionsvermittlung

NAPP-PETERS (1978, S. 325 ff.) übt massive Kritik an der bundesdeutschen Vermittlungspraxis: Sie meint, dass

- es viel zu sehr zu einer Individualisierung (Bearbeitung des Einzelschicksals), statt zur Wahrnehmung politischer und sozialer Verursachungsbedingungen kommt,
- die unterprivilegierte Situation der leiblichen Mutter missachtet wird und zu wenig Hilfen für sie mobilisiert werden, weil die Adoption im Interesse des Staates liegt,
- die Rolle der Adoptiveltern als die natürlicher Eltern interpretiert wird und die Schwierigkeiten, die in der Situation der Adoption liegen, weitgehend verdrängt werden,
- die Mehrheit der Adoptionsvermittler zahlreiche andere Aufgaben und damit zuwenig die Möglichkeit hat, die Komplexität der Adoption wahrzunehmen. Ihre Arbeit findet meist isoliert statt, ohne Teamwork und Arbeitsteilung; die gleiche Person ist für die leibliche Mutter wie für die Adoption zuständig, was zu einem gewissen Interessenkonflikt führen kann. Die Belastung durch übermässig viel administrative Arbeit geht auf Kosten der menschlichen Beziehungen,
- das Erfahrungswissen des Vermittlers zwar beträchtlich sein kann, aber zu wenig reflektiert wird,
- er zudem beeinflusst ist durch das soziale System seiner Dienststelle, die weltanschauliche Ausrichtung seines Anstellungsträgers, vorhandene Hilfsprogramme und vor allem durch seine eigene Schichtzugehörigkeit,
- das einseitige Abhängigkeitsverhältnis zu beklagen ist.

Kɪɴᴢɪɴɢᴇʀ (1985) fordert aufgrund gleicher Erkenntnisse einen Supervisor für Adoptionsvermittler.

Kᴀᴅᴜꜱʜɪɴ/Sᴇɪᴅʟ (1971) stellen in einer Untersuchung fest, dass 50 % der Adoptivkinder, bei denen eine erste Adoption scheiterte (2,8 % wurden während des Probejahres zurückgegeben), nachher erfolgreich vermittelt wurden, und fordern von daher eine noch grössere Sorgfalt bei der Auswahl der Adoptiveltern.

Transkulturelle Adoptionen

Die transkulturelle Adoption unterscheidet sich prinzipiell nicht von der Adoption eines Kindes aus dem eigenen Land. Nur verstärkt sich in ihrem Fall die ohnehin vorhandene Problematik, die bewusster wahrgenommen werden muss:

- Die körperlichen Unterschiede zwischen Adoptivkind und -eltern sind grösser und für jeden Aussenstehenden sofort erkennbar.
- Nicht nur die genetische Ausstattung, sondern auch die kulturelle Prägung kann sehr verschieden sein; Kommunikationsmuster und Ausdrucksverhalten werden dadurch gegenseitig nicht a priori verstanden.
- Adoptivkinder aus der Dritten Welt zeigen oft grosse Verhaltensauffälligkeiten, weil sie meist erst in fortgeschrittenerem Alter und nach frühkindlichen Deprivationserlebnissen adoptiert werden.
- Die Identitätsproblematik tritt verstärkt auf, da diese Kinder zwischen zwei Welten stehen. Adoptierte Jugendliche haben mühsame Integrationsprozesse vor sich, da sie ihres fremdländischen Aussehens wegen zunächst als Fremde gelten.

Die bei einer solchen Adoption vor allem in den ersten Monaten auftretenden Schwierigkeiten sind oft so gravierend, dass sie zu einer fast unerträglichen Belastung für die Adoptivfamilie werden (Kʟɪɴɢᴇɴʙᴇʀɢ, 1977. vgl. «Michael»). Eine Familie mit einem fremd aussehenden Kind erfährt solange das Kind klein und herzig ist, viel Interesse und Bewunderung, später aber — in dörflicher Umgebung besonders — viele negative Reaktionen. Vom Fremden, Andersartigen geht für Menschen, die selbst unter einer unsicheren Identität leiden, eine besondere Bedrohung aus. Da ist es wichtig, dass

Adoptiveltern mit Anfeindungen dieser Art umgehen und ihr Adoptivkind vor solchen zum Teil massiven Identitätsbeschädigungen schützen können (EBERTZ, 1987).

Aus all dem geht hervor, dass an Adoptiveltern, die ein solches Kind adoptieren wollen, höhere Erwartungen gestellt werden müssten als an andere. Diese Eltern müssen emotional stabil und besonders belastungsfähig sein, und sie sollten verfügbare Hilfen rekrutieren können. Leider ist dies nicht immer der Fall. Wie bereits erwähnt, wenden sich viele abgewiesene Adoptionsbewerber an Organisationen, die Kinder aus der Dritten Welt vermitteln, oder sie reisen in jene Länder, um sich — oft illegal — selber ein Kind zu «verschaffen». Oft sind darunter sozial engagierte Menschen, die unorthodox handeln und überzeugt sind, das Richtige zu tun. BACH (1986) meint, dass sie oft die Komplexität der Zusammenhänge nicht erkennen und aus einem solchen Vorgehen grosse Schwierigkeiten und unverantwortliche Situationen entstehen können.

BACH (1986) prangert in seinem Buch vor allem die Praktiken unseriöser Organisationen an, die einen eigentlichen «Babyhandel» mit Kindern aus der Dritten Welt betreiben. Von daher ist zu begrüssen, dass viele Regierungen solche Adoptionen mehr und mehr unterbinden. Die betroffenen Kinder sind oft die Leidtragenden, da zu ihrer Rettung in den eigenen Ländern keine Mittel zur Verfügung gestellt werden. Seriöse Organisationen vermitteln nur Kinder, die garantiert keine Eltern mehr haben und denen im eigenen Land nicht geholfen werden kann, und Terre des Hommes (BRD) hat im Moment sämtliche Adoptionen gestoppt (STAPELMANN, mündliche Mitteilung, 1987).

Beunruhigt über derartige Missstände und ungenügende rechtliche Handhaben regte Ende 1983 die Konferenz der kantonalen Jugendamtsleiter in der Schweiz eine Revision der eidgenössischen Verordnungen über die Aufnahme von Pflegekindern und über die Adoptionsvermittlung an, damit das Kindesinteresse gegenüber den Interessen der Adoptionswilligen vermehrt in den Vordergrund gestellt werde. Eine vom Bundesamt für Justiz eingesetzte Arbeitsgruppe erarbeitete für die Vernehmlassung einen Revisionsentwurf, dessen zentrale Forderungen sind:

- Bessere Vorbereitung der zukünftigen Adoptiveltern.
- Eine Behörde des Herkunftslandes muss bestätigen, dass das Kind legal adoptierbar ist.
- Erleichtert soll die Aufnahme eines Kindes aus dem Ausland dadurch werden, dass zukünftige Pflegeeltern bei Erfüllung bestimmter Voraussetzungen eine Bewilligung bekommen, bevor die Identität des Kindes feststeht.

Im Vernehmlassungsverfahren fand der Vorentwurf ein positives Echo. Die zahlreichen kritischen Stimmen dazu sollen nun angehört und überprüft werden, bevor die Revision in der zweiten Jahreshälfte 1988 verabschiedet werden soll. Unabhängig davon soll untersucht werden, ob mit Staaten aus der Dritten Welt eventuell bilaterale und internationale Abkommen über die Adoption von Kindern abgeschlossen werden könnten (NZZ, 12.4.1988).

Adoptiveltern fremdrassiger Kinder werden oftmals nicht nur ungenügend ausgesucht und vorbereitet, sie erhalten vor allem anschliessend nicht die Begleitung und permanente Unterstützung, die nötig wären.

Über den Adoptionserfolg solch transkultureller Adoptionen wurden ebenfalls verschiedene Untersuchungen durchgeführt:

Eine Nachbefragung erwachsener Adoptivkinder durch Terre des Hommes (zit. nach BACH, 1986) ergibt, dass der Adoptionserfolg bei in höherem Alter adoptierten Kindern geringer ist. Kritik wird geäussert an der Vermittlungspraxis, an der mangelnden Vorbereitung und — vor allem — an der fehlenden Nachbetreuung. Es wird auch hier die Forderung nach noch sorgfältigerer Auswahl der Adoptiveltern gestellt. Ungünstig ist, wenn
- das adoptierte Kind nicht das älteste Kind ist,
- das Adoptivkind nur mit einem leiblichen Kind zusammen aufwächst,
- der Abstand zum nächsten Adoptivkind zu gering ist.

Langjährige Untersuchungen aus Holland (zit. nach BACH, 1986) ergeben, dass zwei Drittel solcher Adoptionen positiv verlaufen. Dies deckt sich mit einer Untersuchung aus Schweden (ebenfalls nach BACH, 1986). Ein Drittel dieser Adoptivkinder haben Störungen, die zu erheblichen Belastungen führen. Häufig sind bei diesen

Kindern Sprachbehinderungen, mangelhaftes Selbstvertrauen, Angst vor unbekannten Situationen.

1 % (bei Terre des Hommes, mündliche Mitteilung STAPELMANN, 1987) bis 2 % (BACH, 1986) der legalen Drittwelt-Adoptionen scheitern völlig, das heisst, es kommt zu einer Umplazierung des Kindes. Auch hier finden wir die Problematik solcher Untersuchungen: Betroffene mit negativen Erfahrungen antworten seltener, und solche, die ihr Kind auf illegalem Weg bekommen haben, werden nicht erfasst.

Von SCHREINER (1984) gibt es eine Untersuchung über die Unterschiede zwischen Adoptiveltern nicht-europäischer Kinder und solchen, die deutsche Kinder adoptiert haben:
- Adoptiveltern fremdrassiger Kinder adoptieren eher aus einer humanitären Einstellung heraus als aus eigenem Bedürfnis,
- sie haben oft besonderes Interesse an der Dritten Welt,
- sie sind von der herrschenden Ausländerfeindlichkeit betroffen,
- sie sind gebildeter und gehören meist der oberen Mittelschicht an.

Dies ergibt ein sehr positives Bild, das vielleicht nicht ganz objektiv ist, da es sich bei der Untersuchung um eine direkte Befragung dieser Eltern handelte.

Die Adoptionsvermittlung älterer und behinderter Kinder

Jede Vermittlungsstelle vermittelt auch behinderte oder ältere Kinder, wenn sich dafür geeignete Adoptiveltern finden.

Da heute viel zu wenig Säuglinge zur Adoption vorhanden sind, verstärkt sich die Tendenz, für ältere Kinder aus Heimen Eltern zu finden. Dass dabei wesentlich intensivere Vorbereitungen und spätere Hilfen nötig sind, versteht sich von selbst: es soll in «Der Zeitpunkt der Adoption» näher auf solche Projekte eingetreten werden.

Behinderte Kinder sollten nur an entsprechend geschulte und belastungsfähige Eltern vermittelt werden, die einigermassen abschätzen können, worauf sie sich dabei einlassen.

Heute, wo das Wohl des Kindes im Vordergrund steht, können Adoptionen gegen den Willen der leiblichen Eltern erfolgen, wenn diese nicht in der Lage sind, sich um ihre Kinder zu kümmern. Solche Zwangsadoptionen sollten nur in Notfällen erfolgen (dies wird in der

Praxis so gehandhabt), denn aus ihnen entstehen oft konfliktreiche und dramatische, für alle Beteiligten sehr schwierige Situationen. Zudem erinnern Zwangsadoptionen an abzulehnende Praktiken extremer politischer Machtstrukturen (z.B. Nationalsozialismus: Projekt «Lebensborn», Argentinien, Türkei), die sich anmassen, die Umwelt eines Kindes so zu manipulieren, dass das für ihre Ziele «richtige Menschenmaterial» entsteht. Vor jeder Zwangsadoption sollte einer Familie jegliche notwendige Hilfe (Begleitung durch Familienhelfer, Unterstützung durch Institutionen, finanzielle Hilfe) geboten werden. Die Erfahrungen aus der Praxis zeigen leider, dass dies trotz hohem Einsatz der Beteiligten unter den gegebenen Bedingungen nicht immer zum Ziele führt. Nur bei hoffnungslosen Zuständen wird gegen den Willen der Eltern gehandelt und das Sorgerecht etappenweise entzogen.

Der Zeitpunkt der Adoption

Frühadoptionen

Noch heute sind die meisten Autoren der Meinung, dass ein Kind so früh wie möglich, also gleich nach der Geburt, adoptiert werden soll. Die Meinung von CLOTHIER (1943), dass bei einer frühen Adoption die Identifizierung mit den Adoptiveltern stärker sei und Eltern und Kind mehr zusammenwachsen, dürfte noch heute Bestand haben. Auch die Meinung von HARBAUER et al. (1971), dass ein adoptionswilliges Ehepaar das Risiko einer eventuell auftretenden leichten Behinderung bei ihrem Adoptivkind tragen soll, bleibt unbestritten. Ein Adoptivkind ist keine Ware, die bei Nichtgefallen zurückgegeben werden kann. Aus dieser Sicht ist die Forderung von GOLDSTEIN et al. (1984) nach früher und definitver Adoption zu unterstützen.

Die Untersuchungen von ERNST/V. LUCKNER (1985) und KEILSON (1979) haben zwar die Tatsache von der Irreversibilität traumatischer frühkindlicher Deprivationserlebnisse weitgehend widerlegt; es bleibt aber unbestritten, dass wechselnde Bezugspersonen und unstabile äussere Verhältnisse in den ersten Lebensjahren für jedes Kind eine starke Belastung darstellen, die wenn irgend möglich vermieden werden muss. Hassenstein (1973, S. 124) dürfte auch heute Zustimmung finden, wenn er schreibt: «Die Vorsorge ist so intensiv zu gestalten, als wäre kein Heimschaden wieder gutzumachen, und doch muss man jedem einzelnen verhaltensgestörten Heimkind mit der inneren Gewissheit gegenübertreten, dass nichts an seinen Störungen unwiderruflich sei.» Die Forderung nach Frühadoption bleibt also bestehen.

Dagegen setzt Bosshardt (1987, mündliche Mitteilung) die Meinung, dass die leibliche Mutter den Verlust ihres Kindes nicht verarbeiten kann, wenn es ihr in der Klinik schon weggenommen wird. Sie schlägt einen Übergangspflegeplatz für die ersten Monate vor, in denen sich die Mutter mit ihrer Entscheidung auseinandersetzen und sich langsam von ihrem Kind lösen kann, zu dem sie während neun Schwangerschaftsmonaten und mit dem intensiven Geburtserlebnis eine Beziehung aufgebaut hat.

Ich denke, dass hier die Interessen von Adoptivkind und leiblicher Mutter gegeneinander stehen. Wenn wir die Forderung nach dem Wohl des Kindes, das im Vordergrund stehen soll, ernst nehmen, müssen wir weiterhin für die Frühestadoption sein. Dies dürfen wir aber nur dann, wenn wir gleichzeitig alles tun, um der leiblichen Mutter zu helfen. Sie darf in der für sie sehr schwierigen Situation nicht allein gelassen werden. Sie bedarf der Betreuung und Begleitung durch eine erfahrene Persönlichkeit, damit sie ihren Trauerprozess bewusst verarbeiten kann und nicht in ihrer zukünftigen Frauen- und allfälligen Mutterrolle für immer beeinträchtigt ist. Wenn wir die leibliche Mutter ebenso ernst nehmen wie alle andern an der Adoption Beteiligten, können wir niemals eine Forderung wie «Adoption statt Abtreibung» stellen, die in letzter Zeit von Männern (Pechstein, 1972) manchmal aufgestellt wird. Schwangerschaft und Geburt sind für eine Frau derart prägende Erfahrungen, dass nicht leichthin über sie hinweggegangen werden kann.

Spätadoptionen

Die heutige Situation mit sehr viel mehr adoptionswilligen Elternpaaren als zu adoptierenden Kindern verstärkte den Ruf nach Adoption älterer Kinder, die in grosser Zahl (6,5 % aller Kinder nach

Napp-Peters, 1978) in Heimen leben. Dabei handelt es sich oft um Kinder, deren Eltern nicht in der Lage sind, sich um sie zu kümmern, die aber hoffen, sie «später einmal» zu sich nehmen zu können und deshalb nicht bereit sind, sie zur Adoption freizugeben.

Westphal (1978) beschreibt, wie viele Defizite Heimkinder haben, wie begrenzt ihre Möglichkeiten des Erlebens und ihre Sinnes-wahrnehmungen sind, wie wenig sie das Entstehen von Dingen verfolgen und Sinnzusammenhänge erkennen können. Auch wenn sich in Heimen in den letzten Jahren vieles verändert hat, Familienstrukturen und überschaubare Verhältnisse geschaffen wurden, ist es für ein Kind dennoch besser, in einer stabilen, liebevollen Familie heranwachsen zu können. Auch neuere Forschungsergebnisse (Tizard, 1977; Bohman/Sigvardsson, 1984) zeigen deutlich, dass Kinder in Heimen und in ungünstigen Familien sich weit schlechter entwickeln als Adoptivkinder (vgl. "Roland").

Von daher ist zu begrüssen, dass nach Einführung des neuen Adoptionsgesetzes in Deutschland 1977 neue Projekte auftauchten, die bewirkten, dass in Heimen — die solche Kinder anfangs nicht gerne meldeten, da sie um ihre Belegung fürchteten (Pohl, S. 79 in Jacob/Lutz, 1977) — nach Kindern gesucht wurde, die für eine Adoption in Frage kamen. Mantel-Bondy (in Pechstein, 1972) be-schreibt den Versuch «Freigegeben zur Adoption», bei dem schon 1968 mit Erfolg Adoptiveltern für noch nicht vermittelte ältere oder leicht behinderte Kinder gesucht und gefunden wurden. Das Land Rheinland/Pfalz entwickelte 1980 ein psychologisches Arbeitsmodell (Pfeiffer, 1980) zur Rekrutierung geeigneter Adoptiveltern für ältere und behinderte Kinder. Dieses bestand aus einer Informationsphase und einer daran anschliessenden intensiven Betreuungs- und Beratungsphase. Es gelang, die Motivation vieler Bewerber so umzupolen, dass sie sich entschlossen, ein schwierig zu vermittelndes Kind zu adoptieren. In den letzten 10 Jahren wurden so 100 Kinder vermittelt, von denen nicht eines umplaziert werden musste. Bei einigen Kindern wurden nicht Adoptions-, sondern Dauerpflege-verhältnisse geschaffen, um den Eltern finanzielle Beiträge für zum Beispiel aufwendige Operationen ausrichten zu können. Das Jugendamt Frankfurt a.M. startete 1982 eine aufwendige ähnliche Kampagne, mit der in allen Medien Adoptiveltern für bestimmte ältere Kinder gesucht wurden, und auch in München wurde ähnlich vorgegangen (Masur, 1981).

In der Schweiz gibt es nur bei wenigen Adoptionsvermittlungsstellen Sonderwartelisten, in die sich Familien eintragen können, die die Fähigkeit und das Interesse spüren, eventuell ein behindertes Kind zu adoptieren. Behinderte oder ältere, schwierige Kinder werden diesen Stellen von Amtsvormundschaft, Jugendsekretariaten usw. gemeldet. Viele Adoptionsvermittler in der Schweiz sind jedoch der Meinung, dass die Vermittlung älterer oder behinderter Kinder, die in Heimen leben, nicht möglich sei wegen fehlender Einwilligung durch die leiblichen Eltern oder weil eine solche Adoption für die Adoptiveltern unzumutbar sei. Die Untersuchung von Sichel (1987) zeigt deutlich, dass diesbezüglich bei den schweizerischen Vermittlern noch viel Skepsis besteht: «Das grösste Problem ist» — so eine der Befragten —, «dass die Eltern zwar sehr bereit sind, ein behindertes Kind aufzunehmen, aber auch allzu schnell enttäuscht sind und das Kind wieder abschieben möchten» (S. 77). Nach den eindeutigen Erfolgen mit Spätadoptionen in der BRD wäre es wünschenswert, dass diese auch in der Schweiz systematisch projektiert und in ähnlicher Art durchgeführt würden. Allgemein müsste in der Gesellschaft die Möglichkeit der Adoption behinderter Kinder mehr bekannt und propagiert werden. Die bestehenden Adoptionsstellen wären wohl nur dann in der Lage, solche Adoptionen zu vermitteln, wenn ihre Vermittler von spezialisierten und erfahrenen Fachleuten darauf vorbereitet und dabei begleitet und unterstützt würden.

Ernst/v. Luckner (1985, S. 80) stellen fest, dass Kinder, die erst spät adoptiert werden, oft leicht behinderte oder schwierige Kinder sind, die meist aus belasteten Familien stammen. Durch Milieuwechsel und Heimaufenthalte sind ihre Probleme meist noch akzentuiert worden.

Verschiedene Autoren beschreiben, wie gross die Probleme bei der Aufnahme eines älteren, meist verhaltensgestörten Kindes sein können. Solche Kinder haben oft eine lange Vorgeschichte, die durch Entbehrungen, Verluste und Trauer gekennzeichnet ist. Sie liess gewisse ungünstige Charakterzüge entstehen: verminderte Beziehungsfähigkeit, Verdrängung von Problemen, Misstrauen, fehlender Glaube an Veränderungsmöglichkeiten (Boyne, 1978).

Beim Eintritt in die Adoptivfamilie erleidet das Kind eine Art Kulturschock. Gewisse, hier übliche soziale Techniken wurden nie gelernt (Boyne, 1978). Das Familienleben ist während der ersten Zeit nach der Aufnahme in seiner Balance verschoben, die ganze Familie in Aufruhr.

Pfeiffer (1985) beschreibt, wie nach einer Phase der Anpassung und Orientierung das Kind sich so zeigt, wie es ist, nämlich verhaltensauffällig. Sein Verhalten ist nicht pathologisch, aber Flexibilität fehlt, das Verhalten ist fixiert, eng, schlecht angepasst (Boyne, 1978). Das Kind möchte so angenommen werden, wie es ist. Es testet damit die Tragfähigkeit der Beziehung. Es hat meist grosse Verlustängste und traut der neu entstandenen Beziehung noch nicht. Dies ist meist eine kritische Phase, und Pfeiffer meint, wie wichtig es sei, dass die Adoptiveltern bejahen können, dass dieses ältere Kind schon eine Geschichte hat. Sie sollen versuchen, mit den Augen des Kindes zu sehen, seine Verhaltensauffälligkeiten verstehen zu lernen, sie nicht zu bewerten. Diese lassen sich viel eher von seiner Geschichte her als mit seinen Erbanlagen erklären (vgl. «Michael»).

Gill (1978) beschreibt, wie auf diese erste und zweite Phase eine dritte Phase der Integration in die Familie folgt, die gekennzeichnet ist durch immer wieder auftretende Regressionsphasen. Auch sie meint, dass es wichtig sei, dass die Adoptiveltern verstehen, was vorgeht. Sie müssen ihrerseits frustrationstolerant und von ihrer Persönlichkeit her nicht darauf angewiesen sein, dass sie vom Kind sofort geliebt werden. Zudem müssen sie bereit sein, dem Kind den Kontakt zu Personen zu ermöglichen, zu denen es früher intensive Beziehungen hatte.

Von den Adoptiveltern wird viel Flexibilität und Geduld erwartet. Die auftretenden Schwierigkeiten lassen sie an den eigenen Fähigkeiten zweifeln. Vom Kind werden sie trotz ihrer Anstrengungen immer wieder abgelehnt. Alle Schwierigkeiten treten gleichzeitig auf, was zu einer Überforderung der Eltern führt. Die Belastungen wirken sich auch ungünstig auf die eheliche Beziehung aus. Oft geht das Kind einen Bund mit einem Elternteil ein, was zu Eifersucht zwischen den Eltern statt zu gegenseitiger Unterstützung führt (Gill, 1978). Dieser Eingewöhnungsprozess dauert meistens ungefähr ein Jahr (Jewett, 1978).

Bei der Adoption älterer Kinder ist es wichtig, dass die Persönlichkeiten des Kindes und der Eltern zusammenpassen. Der Vermittler muss deshalb die zu vermittelnden Kinder wie die zukünftigen Eltern sehr gut kennen. Die Kontaktanbahnung erstreckt sich über eine lange Zeit, während welcher einerseits mit den Kindern Schwierigkeiten aufgearbeitet werden (die sie aufgrund früherer Erlebnisse haben), andererseits die Eltern auf möglicherweise auftretende Probleme vorbereitet werden. Der Vermittler muss während einer langen Zeit ständig erreichbar und auch über die jahrelange Nachbetreuungsphase hinweg in Kontakt mit den Eltern bleiben.

Weil bei Spätadoptionen massivere Probleme auftreten, wurden in den USA, aber auch in Europa sowohl für die zukünftigen Adoptivkinder als auch für die -eltern viele Vorbereitungsprogramme für die Adoption entwickelt. In «Möglichkeiten der Prävention und Psychotherapie psychischer Störungen von Adoptivkindern» sind solche Programme ausführlich beschrieben.

Die Adoptionssituation

Speziell oder nicht?

LIFTON, selbst eine Adoptivtochter, schreibt 1981, dass jeder Adoptierte, der nicht um seinen Ursprung weiss, sich wie ein Behinderter fühlen muss und fragt sich von daher, ob Adoption nicht wie eine Kategorie innerhalb psychiatrischer Krankheiten behandelt werden müsste. Im Gegensatz dazu stehen die Meinungen der Adoptionsvermittler, dass mit der Übergabe des Kindes an seine Adoptiveltern ihre Aufgabe erfüllt und die Adoptivfamilie von da an gleich zu behandeln sei wie eine natürlich gewachsene Familie.

Ob psychopathologische Auffälligkeiten von an Kliniken vorgestellten Adoptivkindern auch unabhängig von der Adoptionssituation auftreten würden oder ob sie im Zusammenhang stehen mit Belastungen, die aus der Eltern-Kind-Beziehung resultieren, ist trotz vieler dazu erschienener Untersuchungen so monokausal keinesfalls zu entscheiden.

Gibt es ein Adoptionssyndrom?

Von einigen Autoren (HERZKA, 1977; BIRCHER, 1981) werden die mit der Adoptionssituation verbundenen Besonderheiten in einem Adoptionssyndrom zusammengefasst. Unter einem Syndrom verstehen wir einen Symptomenkomplex oder eine Gruppe von gleichzeitig auftretenden Krankheitszeichen (PSCHYREMBEL, 1986). Demnach können wir — falls wir die Adoption als medizinische Kategorie definieren — wichtige, mit der Adoption verbundene und immer wieder auftretende Risikofaktoren durchaus in einem sogenannten Adoptionssyndrom unterbringen. HERZKA (1977) fasst unter diesem Begriff folgende Trias zusammen:

1. Eine hohe Erwartungshaltung bei den Adoptiveltern. Das Kind soll die Erziehungsfähigkeit der Eltern bestätigen. Das Kind spürt den Leistungsdruck und verhält sich überangepasst und in der Folge gehemmt, oder die Anpassung gelingt nicht, und das Kind wird abgelehnt.
2. Die Identitätsproblematik des Adoptivkindes. Verwirrung durch das Vorhandensein zweier Elternpaare. Das Fehlen blutsverwandtschaftlicher Beziehungen erschwert Kommunikation und Identifikation.
3. Erhöhtes Risiko für prä- und perinatale Schädigungen und eventuell Frühdeprivation durch häufigen Pflegeplatzwechsel beim Kind.

BIRCHER (1981) stellt aufgrund seiner Untersuchungsergebnisse folgendes Adoptionssyndrom zusammen (zusammengefasst nach S. 111):

1. Die Eltern der Adoptiveltern sind meist sehr streng und tüchtig.
2. Die Adoptivväter sind bemüht, fördernd, nicht aggressiv, aber auch überfordert, einengend, zeigen gelegentlich Schuldgefühle.
3. Die Adoptivmütter sind differenziert, unsicher, warmherzig, nicht berufstätig, weniger einfühlend, überfordert. Beide Eltern bieten schlechtere Identifikationsmöglichkeiten. Ihre Heirat war eine Wunschheirat, und Scheidungen kommen selten vor.
4. Das Adoptivkind zeigt folgende neurotische Reaktionen besonderer Prägung: Identitätsproblematik, übermässige Hemmungen,

v.a. im Umgang mit aggressiven Impulsen, Überforderungsgefühle, frühkindliche affektive Deprivation und entsprechende Problematik.

KADUSHIN (1962, 1971), VODAK et al. (1969) und SENIOR et al. (1985) weisen zudem auf eine familiäre Belastung hin, die bei spätadoptierten Kindern stärker nachzuweisen ist als bei frühadoptierten.

WAGNEROVA (1981) betont, dass jede Adoptivfamilie besonderen Reaktionen von seiten ihrer Umgebung ausgesetzt ist, die mit negativen Erwartungen dem Heimkind begegnet.

So betrachtet unterscheidet sich das Adoptionssyndrom beträchtlich von anderen bekannten Syndromen. Es ist nicht ein Krankheitsbild, das ein Patient zeigt, sondern an ihm sind viele Personen beteiligt, die in vielfältigen Beziehungen und Interaktionen zueinander stehen. Um die Problematik der Adoption ganzheitlich zu erfassen, müssen wir von einer allzu statischen Betrachtungsweise wegkommen und mehr die Dynamik solcher Beziehungsgeflechte zu erkennen versuchen. Wenn wir den Begriff «Syndrom» allerdings im Sinne HERZKAS mehr als Muster, als Konstellation von Bedingungen, als Risikosituation benützen, ist die Bezeichnung «Adoptionssyndrom» durchaus brauchbar und anschaulich.

Aspekte der Familiendynamik

Es gibt neuere Untersuchungen, die diesen Aspekt konsequent verfolgen, zum Beispiel die Arbeit von HUTH (1982), einem Psychoanalytiker, der mit Hilfe eingehender Gespräche und Analysen die Dynamik zu verstehen sucht, die in einer Familie zwischen Adoptivkindern, leiblichen Kindern und Eltern abläuft. Er vertritt die These, dass an und für sich von der Adoption unabhängige pathologische Prozesse auf die Adoptionssituation übertragen und ihr zugeschrieben werden. Die Adoption oder das Adoptivkind werden dadurch zum Symptom oder zum Symptomträger und sind Ausdruck grösserer Konflikte, die dahinter stehen und auch in «normalen» Familien vorkommen können. Er zeigt am Beispiel einer Adoptivfamilie, wie die Geburt eines leiblichen Kindes wesentlich die Sicht und die Beziehung zu den Adoptivkindern verändert. Entscheidend sind in jeder Adoptivfamilie unbewusste Erwartungen

und Ängste. Das Adoptivkind bietet sich zudem mehr als Projektionsträger an als ein leibliches Kind, und die Adoptiveltern sind dadurch
weniger zur Arbeit an sich selbst bereit.

In einer Untersuchung über Bedingungen, die den Adoptions-
vorgang beeinflussen, kam HUTH 1977 zum Schluss, dass die Ver-
fassung der Adoptivfamilie als Ganzes eine Rolle spielt, das heisst die
Gesamtheit ihrer Kommunikations- und Beziehungsstrukturen. Diese
für den Erfolg der Adoption bedeutsame Struktur entsteht erst im
Moment der Adoption; sie kann also vorher von Adoptionsvermittlern
nicht untersucht werden.

TALEN/LEHR (1984) kommen aufgrund einer kontrollierten Untersuchung von 34 Adoptivfamilien zum Schluss, dass die Interaktion
zwischen dem Adoptivkind und seinen -eltern am meisten von zwei
Faktoren beeinflusst wird, einerseits von der Verletzlichkeit, die die
Familie gegenüber der Adoptionsthematik zeigt, andererseits von
der Empfindlichkeit des Adoptivkindes auf Belastungen aller Art.

Auch TRISELIOTIS (1973) ist der Meinung, dass die Adoption einen
Entwicklungsprozess darstellt, der begleitet, aber nicht im voraus
untersucht werden kann.

Weitere Forschungsergebnisse —
Der Erfolg von Adoptionen

Seit langer Zeit sind sich die Autoren aller durchgeführten Untersuchungen darüber einig, dass die Adoption eine erfolgreiche und
gute Lösung zur Betreuung elternloser Kinder ist. Da es trotzdem
immer wieder missglückte Adoptionsverhältnisse gibt, wurden spe-
zifischere Untersuchungen dazu vorgenommen, welche Faktoren
den Erfolg einer Adoption beeinflussen.

DUKETTE (1962) fand in den USA, dass für den Erfolg von
Adoptionen wesentlich ist, ob die Vermittlung durch eine befähigte
Adoptionsvermittlungsstelle erfolgte. Bei solchen waren 76 % der
Adoptionen erfolgreich im Vergleich zu nur 46 % bei anderen
Vermittlungsarten. Der Erfolg hing auch von der Beziehung der
Adoptiveltern zu ihren eigenen Eltern ab und war höher, wenn die
Adoptivväter unfruchtbar waren und nicht die -mütter.

CASIMIR (1972) untersuchte in der BRD missglückte Adoptionen und stellte fest, dass
- bei solchen oft äussere Faktoren bei den Adoptiveltern über-berücksichtigt wurden,
- keine Prüfung der Motivation und Vorbereitung der Adoptiveltern erfolgte,
- ihre Belastbarkeit und ihre Eignung nicht untersucht wurden,
- die Familienkonstellation zu wenig berücksichtigt wurde,
- auf eventuell auftretende Schwierigkeiten nicht aufmerksam gemacht wurde,
- keine nachfolgende Hilfe stattfand,
- Laienvermittlungen sich weniger bewährten.

TIZARD (1977) verglich in Grossbritannien eine Gruppe von Kindern, die mit 4 1/2 Jahren adoptiert wurden, mit Kindern, die im gleichen Alter zu ihren leiblichen Müttern zurückkamen. Die erste Gruppe entwickelte sich weit positiver, wobei der entscheidende Faktor die Eltern-Kind-Bindung war. TIZARD fragt sich angesichts dieser Tatsache, warum nicht viel mehr Kinder zur Adoption vermittelt werden.

ZWIMPFER, Neuseeland, (1983) verglich 80 erfolgreiche mit 80 erfolglosen Adoptionen und stellte fest, dass bei erfolglosen Adoptionen
- die Adoptivmütter jünger sind (<27),
- die Ehedauer kürzer ist (<3 Jahre),
- die Adoptiveltern unteren Sozialschichten angehören und öfters eigene Kinder haben,
- die Ehen häufiger gemischtrassig sind,
- die Motivation der Adoptiveltern häufiger unüblich ist,
- die Anzahl bedenklicher Faktoren bei den Adoptiveltern erhöht ist,
- die Wartefristen kürzer waren.

Zudem stellte auch sie fest, dass von der Norm abweichende Adoptiveltern meistens schwierigere Kinder erhalten. Die Sozialarbeiter, die die Adoptivfamilie während der Probezeit supervisierten, waren nicht in der Lage, auftretende Probleme, die später zu einem Abbruch führten, zu erkennen. ZWIMPFER meint, dass Sozialarbeiter allgemein eine Tendenz haben, solche Probleme nicht sehen zu wollen, da sie angsterregend und konfliktauslösend sind.

Verschiedene Autoren untersuchten, ob es Persönlichkeitsunterschiede zwischen adoptierten und nichtadoptierten Kindern gibt:

AUSTAD und SIMMONS (1978) fanden in den USA keine bedeutsamen Unterschiede bei 33 an einer Klinik vorgestellten Adoptivkindern gegenüber nichtadoptierten Kindern, stellten aber fest, dass Adoptiveltern sich von leiblichen Eltern insofern unterscheiden,

- als ihre Beurteilung der Kinder von der der Lehrer sich häufiger unterschied,
- sie häufiger betroffen waren, wenn ihre Erwartungen bezüglich ihrer Kinder sich nicht erfüllten,
- sie weniger Schuldgefühle hatten als leibliche Eltern,
- sie etwas als «schlechtes Verhalten» bezeichneten, was für dieses Entwicklungsalter normales Verhalten war,
- sie solches Verhalten beängstigender fanden als Eltern Nichtadoptierter,
- ihre Probleme oft auf interpersonale Beziehungsprobleme hindeuteten.

Die Autoren meinen, dass solche Probleme auf eine erhöhte Schwierigkeit beim Aufbau der Eltern-Kind-Beziehung hinweisen könnten.

BRODZINSKY et al. (1984) fanden in einer kontrollierten amerikanischen Untersuchung von 130 Adoptivkindern, dass diese mehr Verhaltensprobleme, weniger soziale Kompetenz und weniger Schulerfolg haben als eine gematchte Vergleichsgruppe von Nichtadoptierten. Dabei gibt es weder Geschlechts- noch Altersunterschiede. Die Autoren schliessen daraus, dass Adoptivkinder empfindlicher sind, mehr emotionale Probleme haben und deshalb schwieriger zu erziehen sind. Die mit der Adoption verbundenen Anpassungsprobleme sind allgemeiner als bisher gefunden; sie sind aber nicht schwerwiegend und sprechen nicht gegen die Adoption an sich.

UNGER (1984) fand in seiner Dissertation, dass in der Schweiz adoptierte Kinder gegenüber nichtadoptierten

- häufiger Einzelkinder sind,
- sich in ihrer Persönlichkeit nicht unterscheiden,
- als Erwachsene seltener bei ihren Eltern wohnen,
- eine schlechtere Schulbildung haben,
- häufiger den Arbeitsplatz wechseln und vermehrt rauchen.

- nicht häufiger bei Kinderpsychiatern vorgestellt und keine signifikanten Unterschiede bezüglich IQ und Symptomatik zeigen. Marquis und Detweiler (1985) untersuchten in den USA die Unterschiede in der Meinungsbildung (attribution) erwachsener Adoptierter gegenüber Nichtadoptierten und fanden, dass
- Adoptierte sich positiv von Nichtadoptierten unterscheiden:
- sie mehr den Eindruck haben, ihr Leben selbst in der Hand zu haben,
- sie mehr Vertrauen in ihre eigene Urteilskraft haben und andern Menschen positiver gegenüberstehen.

(Dieses positive Resultat kann dadurch beeinflusst sein, dass nur freiwillig sich meldende Versuchspersonen befragt wurden, die vielleicht eine positive Auslese darstellen.)

Bohman (1980) untersuchte in Schweden eine repräsentative Gruppe von Adoptivkindern und ihren Familien und stellte sie einer Kontrollgruppe gegenüber. Er fand einen Zusammenhang zwischen Schwangerschafts- und Geburtskomplikationen und Lese-/Rechtschreibschwäche bei Adoptivkindern, eine schwache Tendenz bei Kindern mit längerer Heimvergangenheit zu stärkerer Symptombildung, keinen Zusammenhang zwischen Schulbildung der Adoptiveltern und -kinder, eher leicht gegenteilige Tendenz, erhöhte Anpassungsschwierigkeiten bei adoptierten Knaben und bei männlichen Einzelkindern, bei weiblichen Adoptivkindern eher, wenn sie Geschwister hatten. Mädchen werden von Adoptiveltern vorgezogen. Erhöht sind die Anpassungsschwierigkeiten bei Adoptivkindern, die nicht das gewünschte Geschlecht haben. Die Anpassung des Kindes hängt auch signifikant zusammen mit der Zufriedenheit der Mutter mit ihrer Ehe und ihren ausserhäuslichen Kontakten. Eine Korrelation zeigt sich auch zwischen den erhöhten Erwartungen der Eltern und der Auffälligkeit von Jungen. Es zeigen sich keine Zusammenhänge zwischen Schulbildung, Alkoholismus, Kriminalität, Fehlanpassung allgemein der leiblichen Eltern und den Schul- und Anpassungsleistungen der Adoptivkinder. Bohman schliesst daraus, dass die Adoption die beste Möglichkeit darstellt, um einen Teufelskreis zu unterbrechen, und genetische Faktoren keinen entscheidenden Einfluss haben dürften. Andererseits bestätigt auch diese Untersuchung, dass sich Adoptivkinder trotz besserer

Sozialisationsbedingungen nicht besser entwickeln als Nicht-adoptivkinder.

Über die Entwicklung von Adoptivkindern gibt es eine deutsche Untersuch von Jungmann (1984), der die Adoptiveltern von 51 Kindern befragte und sie einer Kontrollgruppe gegenüberstellte. Er fand, dass Adoptivkinder häufiger aggressiv, Kontrollkinder hingegen häufiger gehemmt waren. Adoptivkinder zeigten Konzentrations- und Ausdauerprobleme, sie hatten mehr psychosomatische und psychomotorische Störungen, während bei den Kontrollkindern das emotionale Verhalten auffälliger war. Adoptiveltern waren mit der Entwicklung ihrer Kinder zufriedener als die Kontrollgruppe. Bohman/Sigvardsson (1984) fanden in ihrer Längsschnittstudie über adoptierte, bei ihren leiblichen Eltern aufwachsende Kinder und Pflegekinder, dass die Adoption wegen ihrer grösseren Sicherheit sehr viel besser ist als ein Pflegeverhältnis. Auffallend ist, dass Adoptivkinder sich trotz des höheren Status ihrer Eltern nicht besser entwickeln als die Kontrollgruppe. Ob der Grund dafür in einem schlechteren «sozialen Erbe», in der Frühdeprivation vieler dieser Kinder oder in Schwierigkeiten liegt, die das Adoptivverhältnis mit sich bringt, ist nicht leicht zu entscheiden. Auch hier dürfte es keine einfachen monokausalen Erklärungen geben.

Eine neue Befragung von erwachsenen schweizerischen Adoptierten über ihre Einstellung zu ihrer Adoption (Keller-Thoma, 1985) brachte hohe Korrelationen zwischen der Offenheit der Adoptiveltern und einer guten Eltern-Kind-Beziehung und zwischen der Offenheit der Eltern und einer positiven Einstellung zur Adoption beim Adoptivkind. Sich sehr angenommen fühlende Adoptivkinder hatten weniger Phantasien über leibliche Eltern. Weibliche Adoptivkinder suchten mehr nach der Mutter, männliche mehr nach dem Vater. 61 % der Befragten nahmen eine positive Haltung der Adoption gegenüber ein, 29 % eine ambivalente, 10 % lehnten sie ab. Die Einstellung den leiblichen Eltern gegenüber war meist sehr positiv. Keller-Thoma plädiert aufgrund ihrer Ergebnisse für einen verstärkten Bewusstwerdungsprozess bei den Adoptiveltern, der der Adoption vorangehen soll, für grössere Offenheit dem Adoptivkind gegenüber, was seine leiblichen Eltern anbetrifft, für bessere Nachbetreuung der leiblichen Mutter, für Frühadoption und für ein erhöhtes Engagement der Vermittlungsstellen in der Beratung von Adoptierten und bei der Organisation von Selbsthilfegruppen.

Eine andere Nachbefragung von 202 erwachsenen Adoptivkindern wurde durch Terre des Hommes (BRD) durchgeführt: Von den Antwortenden waren 84 % der Jugendlichen und 81 % ihrer Eltern mit der Adoption zufrieden. Allerdings sah $^1/_5$ der Befragten ihre Eltern-Kind-Beziehung als gestört an. $^3/_4$ der Eltern sahen keinen Unterschied in der Beziehung zu ihrem Adoptivkind gegenüber derjenigen zwischen leiblichen Eltern und Kindern. Der Adoptionserfolg ist bei spät angenommenen Kindern kleiner. Mangelnde Vorbereitung der Adoptiveltern und fehlende Nachbetreuung wurden von 30 % kritisiert, und eine strengere Auswahl von Adoptiveltern wurde gefordert. Ungünstig war, wenn das Adoptivkind nicht das älteste oder jüngste Kind war oder wenn es nur mit leiblichen Kindern zusammen aufwuchs.

RAYNOR (1980) verglich in den USA Familien, die ein langjähriges Pflegekind schliesslich adoptierten, mit Familien, die von Anfang an adoptierten, und fand keine prinzipiellen Unterschiede, wohl aber erhöhte Unsicherheit und Ängste bei Pflegesituationen. Vier von fünf der Adoptierten zeigten sich mit ihrer Adoption zufrieden. RAYNOR fordert aufgrund dieser Ergebnisse von Anfang an definitive und unauflösliche Adoptionen.

Synthese

Auf den vorangegangenen Seiten habe ich versucht, möglichst viele Aspekte der Adoption aufzuzeigen und deutlich zu machen, dass sie sich für die an der Adoption direkt Beteiligten sehr verschieden darstellen können. Es sind in letzter Zeit mehr Bestrebungen im Gange, so weit als möglich all diese Bedürfnisse zu berücksichtigen.

Zum Schluss soll versucht werden, das nach dem heutigen Erkenntnisstand meiner Meinung nach Wesentliche und für die Adoptionssituation Typische zusammenzufassen. Ich habe es zusätzlich im Anschluss an diesen Abschnitt in einem Modell dargestellt: Ich denke, die Adoptionssituation ist nicht als psychopathologische Kategorie einzuführen — dazu gibt es viel zu viele erfolgreiche Adoptionen —, aber sie lässt sich als Risikosituation bezeichnen.

Eine Risikosituation kann einerseits zur Krise und damit zum Scheitern führen (mit diesem Tatbestand ist jeder klinische Psychologe bei der Adoption oft genug konfrontiert), sie kann aber auch bewältigt und damit zu einem Gewinn für alle Beteiligten werden.

Das Risiko bei der Adoption liegt zunächst darin, dass alle an der Adoption direkt Beteiligten mehr oder weniger Deprivierte sind: Das Adoptivkind ist von seinen Eltern und der Gesellschaft im Stich gelassen worden, die leiblichen Eltern haben mit ihrem Kind einen wichtigen Teil ihrer selbst verloren, die Adoptiveltern sind verurteilt zur Kinderlosigkeit und können ihre soziale Rolle nicht erfüllen. Für alle geht diese Deprivation mit einer massiven narzisstischen Verwundung einher, sie alle sind damit nicht grundlegend in sich selbst und in ihrem weiteren sozialen Umfeld verankert und haben von daher die Tendenz, diesen Mangel irgendwie zu kompensieren.

Auch die Identitätsproblematik ist ihnen allen gemeinsam. Am schwerwiegendsten ist sie für das Adoptivkind, ihm fehlt, wie oben ausgeführt, die Kontinuität seiner Geschichte. Aber auch die Adoptiveltern müssen ihre Identität neu definieren, wenn sie nicht in der Lage sind, die von ihnen erwartete soziale Rolle zu erfüllen und das familiäre Erbe weiterzugeben. Die leiblichen Eltern geben mit ihrem Kind einen Teil ihrer Identität auf und machen als Folge davon eine tiefe Identitätskrise durch.

All diese Verletzungen können aus dem Bewusstsein verdrängt, eventuell kompensiert und damit scheinbar bewältigt werden. Sie werden vom Unbewussten her trotzdem weiter wirksam bleiben und in gewissen Momenten krisenhaft aufsteigen und zu massiven Ängsten führen. Ein Grossteil der zur Verfügung stehenden Energie des Individuums wird darauf verwendet, die damit verbundenen schmerzlichen Gefühle im Unbewussten zu halten; dies geht immer mit einem Verlust an Vitalität und Spontaneität einher und blockiert die Entwicklung der Persönlichkeit.

Der andere Weg besteht darin, die nötige Trauerarbeit zu leisten, die Herausforderung, die das Schicksal bietet, anzunehmen und dadurch die Chance zur Persönlichkeitsentwicklung und zur Bewusstseinserweiterung wahrzunehmen.

Manchmal kann eine Bewältigung erst über eine tiefgreifende Krise und entsprechende Persönlichkeitsveränderungen erfolgen, oder eine oberflächliche Art der «Bewältigung» der Situation wird durch Verleugnung scheinbar erreicht. Eine Familie mit fehlender oder verdeckter Kommunikation, in der Adoption immer als «ganz normal» etikettiert und in ihrer Problematik niemals thematisiert wird, vermeidet jeglichen Kontakt zu den leiblichen Eltern des Adoptivkindes und lehnt ebenso Begleitprogramme von Adoptionsvermittlungsstellen ab. Im Gegensatz dazu bejaht die Adoptivfamilie, die sich mit ihrer eigenen Besonderheit ernsthaft auseinandersetzt, die Aufnahme solcher Beziehungen und nimmt Hilfe eher in Anspruch.

Dem Adoptionsvermittler kommt in diesem Rahmen meiner Meinung nach viel mehr die Aufgabe zu — dafür sollte er vor allem geschult werden —, bei den Adoptiveltern auf solche Entwicklungs- und Bewältigungsfähigkeiten zu achten und sie soweit als möglich zu fördern. Adoptiveltern, die selber auf einem solchen Wege sind, werden hilfreiche Begleiter für ihre Adoptivkinder sein, wenn es darum geht, Probleme anzugehen, die sich für diese stellen.

Daneben sollte auch den leiblichen Eltern Hand geboten werden bei der Aufarbeitung ihrer Problematik.

Der Schwerpunkt dieser Arbeit liegt denn auch darin, nach präventiven Programmen für Hilfe und Begleitung zu suchen; Therapie soll nur am Ende einer Kette fehlgeschlagener Versuche als letztes Mittel zur Anwendung kommen. Ich werde mich in «Möglichkeiten der Prävention und Psychotherapie psychischer Störungen von Adoptivkindern» detailliert damit befassen.

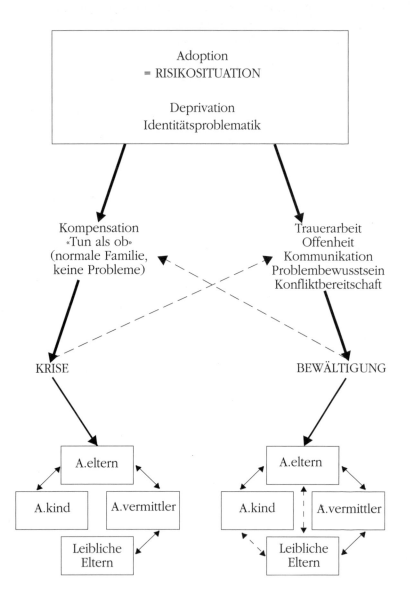

Adoption
= RISIKOSITUATION

Deprivation
Identitätsproblematik

Kompensation
«Tun als ob»
(normale Familie,
keine Probleme)

Trauerarbeit
Offenheit
Kommunikation
Problembewusstsein
Konfliktbereitschaft

KRISE

BEWÄLTIGUNG

A.eltern

A.kind

A.vermittler

Leibliche
Eltern

A.eltern

A.kind

A.vermittler

Leibliche
Eltern

Entwicklung, Identitätsbildung und Psychopathologie des Adoptivkindes und der Adoptivfamilie

Vorbemerkungen

Im vorhergehenden Kapitel wurde ausgeführt, wie bestimmend frühkindliche Deprivationserlebnisse und die Art der Identitätsbildung für die Entwicklung des Adoptivkindes sind. Das Augenmerk soll auch in diesem Teil der Arbeit auf diese beiden Problembereiche gerichtet sein.

Ein Grundwissen der auf Ergebnissen neuerer Forschungsarbeiten beruhenden allgemeinen Entwicklungspsychologie wird hier vorausgesetzt, und es wird nur so weit darauf eingegangen, als es unabdingbar ist für das Verständnis der speziellen Entwicklung des Adoptivkindes und für die Entstehung möglicher psychopathologischer Auffälligkeiten. Dabei wird vom momentanen Wissensstand ausgegangen; auch diese Grunderkenntnisse werden dauernd wieder in Frage gestellt und neuen empirischen Untersuchungen angepasst.

Schwangerschaft und Geburt

Die Schwangerschaft bringt für jede Frau grosse körperliche und seelische Veränderungen mit sich. Die zukünftige Mutter ist ganz auf das werdende Kind eingestellt, auf das der Grossteil der Kräfte in diesen Monaten gerichtet ist. Diese Haltung geht einher mit einem gewissen Rückzug aus der Aussenwelt.

Verschiedene Autoren beschreiben das Gefühl der Ambivalenz, das mit einer Schwangerschaft verbunden ist: Da ist einerseits der starke Wunsch nach dem Kind, eine Vorstufe der Mütterlichkeit, die zugleich masochistisch liebendes Geben und mütterlich zärtliche

Identifizierung ist; auf der andern Seite wird der Parasit auch abgelehnt (DEUTSCH, 1954). BIBRING et al. (1961) meinen, dass es erst über eine Akzeptanz dieser Ambivalenz zu einer Akzeptanz des Kindes und dann zu einer Akzeptanz des Abschiednehmens vom früheren Zustand und zur Vorbereitung der Familie kommt.

BIBRING et al. (1961) schreiben auch, dass die Schwangerschaft (wie Pubertät und Klimakterium) eine Zeit der Krise sei, die mit grossen Veränderungen einhergehe. Die Veränderungen während der Schwangerschaft und die Art ihrer Bewältigung beeinflussen die Mutter-Kind-Beziehung und damit die Entwicklung des Kindes.

Die Schwangerschaft einer Mutter, die ihr Kind später zur Adoption freigibt, verläuft fast immer unter erschwerten Bedingungen (vgl. «Die leiblichen Verwandten, Die leibliche Mutter»). DEUTSCH (1954) meint, dass unter problematischen Lebensumständen, bei denen die Mutter selbst nicht genug Liebe bekommt und sich nicht aufgehoben fühlt, die Bereitschaft zum Geben sich nicht entwickeln kann und verstärkte psychosomatische Reaktionen (wie starkes Erbrechen, übermässige Ausstossungstendenzen) einen unbewussten Widerstand gegen das Kind aufzeigen.

Mutter und Fötus sind zunächst eine Einheit. Und doch ist dieses werdende Kind für die Mutter auch von Anfang an Objekt: es ist das Kind des Sexualpartners, und alle Gefühle, die diesem gelten — sie werden bei der Mutter des Adoptivkindes oft negativ sein —, werden auf dieses Kind übertragen. Die Zukunft ist voller Drohungen; Realängste, Sorge, Hass, trotzige Ablehnung überwiegen, und die Mutter wird sich dem werdenden Kind kaum positiv zuwenden können.

KLAUS/KENNEL (1983) stellten in ihrer Untersuchung fest, dass Stressbelastung während der Schwangerschaft den Vorbereitungsprozess und die spätere Bindung an das Kind beeinträchtigt.

Wichtige Untersuchungen über das Leben vor der Geburt hat MACFARLANE (1977) durchgeführt: Sie stellte fest, dass der Fötus seinen Schlafrhythmus auf den seiner Mutter einstellt. Wenn die Mutter emotional erregt ist, ist auch er aktiver und umgekehrt. Mütter der unteren sozialen Schichten — das sind die Mütter der zukünftigen Adoptivkinder (vgl. «Die leibliche Mutter») zum grossen Teil — bringen mehr tote Babys zur Welt, ihre Säuglinge haben ein geringeres Geburtsgewicht und mehr Anomalitäten. Die Entwicklung des Kindes wird durch weitere soziale Faktoren beeinflusst wie uneheliche Geburt, Empfängnis vor der Heirat, das Alter der Mutter, ihre Kinderzahl, ihre Gesundheit, Rauchen, Drogen, Stress, Schock, schlechte Ernährung der Mutter usw.

Ein Kind, das schon während der Schwangerschaft solch negativen Einflüssen ausgesetzt ist, wird später oft ein unruhiges Baby und schreit viel. Wir müssen auch annehmen, dass Anfänge des Urvertrauens (ERIKSON, 1981), das eine Voraussetzung für eine positiv verlaufende Identitätsbildung darstellt, schon während der Schwangerschaft entstehen und dass dessen Entwicklung unter solchen Umständen ebenfalls beeinträchtigt wird.

SMITH/SHERWEN (1984) betonen, wie wichtig es ist, dass die spätere Mutter-Kind-Beziehung schon während der Schwangerschaft mit Hilfe von Phantasien über das zukünftige Kind vorbereitet wird. Eine Mutter, die daran denkt, sich von ihrem Kind zu trennen, kann solche Phantasien nicht entwickeln und blockiert vermutlich auch von daher die Entstehung einer solchen Beziehung.

Während der Schwangerschaft auftretende Ängste sind normal, können jedoch unter ungünstigen Umständen so stark werden und mit massiven Schuldgefühlen einhergehen, dass es zu einer eigentlichen Schwangerschaftsdepression kommen kann, die meist bis ins Wochenbett anhält. Eine depressive Mutter kann sich erst recht nicht auf ihr Kind einstellen.

Zusammenfassend ist zu sagen, dass die Schwangerschaft für die leibliche Mutter des Adoptivkindes wohl in den meisten Fällen eine sehr belastende Zeit ist, die sie oft ganz allein durchstehen muss. Die Wechselbeziehung zwischen Mutter und Kind ist — wie wir gesehen haben — so eng, dass die Belastung der Mutter auch zur Belastung für das künftige Adoptivkind wird. Diese stellt möglicherweise schon eine erste Deprivation in dem Sinne dar, als die Bedürfnisse des Kindes während dieser Zeit nur zu einem kleinen Teil erfüllt werden.

Die Geburt eines Kindes wird von den Müttern ganz verschieden erlebt. Ihr Verlauf und das Ausmass der mit ihr verbundenen Schmerzen hängen sehr von der Einstellung der Mutter und von der Geburtsvorbereitung ab.

DEUTSCH (1954) meint, dass auch bei der Geburt die psychische Entwicklungsgeschichte der Frau eine entscheidende Rolle spiele. Die körperliche Belastung am Ende der Schwangerschaft bereite die Geburt vor, und die Polarität Ich-Du verstärke sich. Negative Tendenzen führten oft zu einer Frühgeburt. Dagegen werde ein Kind übertragen, wenn ein starkes narzisstisches Einheitsgefühl vorherrsche oder die an und für sich normalen Ängste vor der Zeit danach übermässig stark würden. Solche normalen Ängste könnten durch Realängste — wie sie leibliche Mütter von Adoptivkindern erleben — so verstärkt werden, dass sie durch den normalerweise auch bestehenden Optimismus zu wenig ausgeglichen werden könnten.

Die Geburt kann ein ekstatisches Erlebnis sein und mit einem Triumphgefühl einhergehen. Die daraus entstehende seelische Energie strömt dann voll dem Kind zu. Geburten bei äusserlich schwierigen Situationen können jedoch auch leicht und umgekehrt sein, denn entscheidend dafür sind unbewusste Einstellungen (DEUTSCH, 1954).

Die Geburtsvorgänge beeinflussen den späteren Beziehungsaufbau. Nach MACFARLANE (1977) wird der Beziehungsaufbau erleichtert, wenn die Mutter während der Geburt aktiv war (wenig Medikamente bekam), und nach SMITH/SHERWEN (1984), wenn ihr das Kind gefällt und vor allem, wenn sie von ihrer Umgebung vielfache Unterstützung erhält. Die Anwesenheit des Vaters begünstigt den Geburtsverlauf und erleichtert die spätere Beziehungsaufnahme (MACFARLANE, 1977). Auch diesbezüglich sind viele Mütter der Adoptivkinder benachteiligt, da sie tatsächlich oft ganz allein gelassen werden.

Wie gross das Geburtstrauma für das Kind ist, hängt vom Geburtsverlauf ab. Bei schwierigen Geburten, die bei zukünftigen Adoptivkindern häufig sind, kann es zu einer Asphyxie kommen, die zu einer leichten Funktionsbeeinträchtigung bis hin zu einer schweren Hirnschädigung führen kann. Der Geburtsverlauf hängt auch von der Reife des Kindes (und damit wieder vom Verlauf der Schwangerschaft) ab.

Viele zukünftige Adoptivkinder sind Frühgeburten und müssen manchmal gleich nach der Geburt von der Mutter getrennt werden. Ihre Pflege ist besonders heikel und schwierig, ihre Entwicklung verläuft oft langsamer, und es besteht ein zusätzlich erhöhtes Risiko für Hirnschädigungen.

So ist zu befürchten, dass auch die Geburtserlebnisse für das künftige Adoptivkind besonders traumatisch sind und die erste Lebenszeit mit weiteren Deprivationen verbunden ist.

Phasen des Kleinkindalters

Die orale Phase

Die normale autistische Phase (bis zirka 2. Lebensmonat)

Die Mutter sollte gegen Ende der Schwangerschaft und nach der Geburt einen Zustand erreichen, der sich durch erhöhte Sensibilität für die Bedürfnisse des Kindes auszeichnet. Dieser Zustand der «primären Mütterlichkeit» (WINNICOTT, 1960) ist gekennzeichnet durch die Hingabe an ein Instinktverhalten und durch den Rückzug von der äusseren Welt. Eine so befähigte Mutter ist imstande, die Körperbedürfnisse ihres Kindes optimal zu erfüllen und die zeitliche Organisation der basalen biologischen Funktionen beim Neugeborenen nach der Geburt wiederherzustellen («initial regulation» nach SANDER, 1976). Wenn diese körperlichen Bedürfnisse des Neugeborenen adäquat erfüllt werden, kommt es langsam zum Aufbau eines Körper-Ichs, das den eigentlichen ursprünglichen Kern des Selbst bildet (MAHLER et al., 1978). ERIKSON (1981) meint, dass dadurch ein frühestes und undifferenziertes Ichgefühl entstehe.

Nach DEUTSCH (1954) spielt sich nach der Geburt in der Mutter eine Art Kampf zwischen der Liebe zu sich selbst und der Sorge um das Kind ab, der im positiven Falle, bei genügender Ichstärke der Mutter, so abläuft, dass das persönliche Ich der Mutter zurücktritt und sie ihre Befriedigung über das Kind bekommt. Vom Ausgang dieses Kampfes hängt auch die Stillfähigkeit der Mutter ab. Mit dem Stillen gibt die Mutter dem Kind psychische Energie. Kann sie nicht stillen, entzieht sie sich dem Kind und schützt es damit vor ihren eigenen Aggressionen.

Die Frage stellt sich nun, wieweit die leibliche Mutter eines künftigen Adoptivkindes bereit und fähig ist, solche Bedürfnisse zu erfüllen. Hat sie sich zur Adoption entschlossen, wird sie sich emotional auf ihr Kind nicht richtig einlassen und das Entstehen einer intensiven Beziehung verhindern. Im günstigen Fall einer Frühestadoption kann die Adoptivmutter ihr zukünftiges Kind schon in der Klinik besuchen und pflegen, im schlechteren Fall wird das Kind zunächst bei seiner leiblichen Mutter bleiben oder an einen Übergangspflegeplatz kommen, um dann später adoptiert zu werden.

Ein Wechsel der Bezugsperson stellt auch in dieser frühesten Phase des primären Narzissmus, in der das Kind sich und die Mutter als noch nicht getrennt erlebt, eine grosse Belastung für das Kind dar; statt die zuverlässige Erfüllung seiner Bedürfnisse erfährt es Chaos und Verwirrung und kann kein gutes Körper-Ich aufbauen, das die Vorstufe eines zukünftigen Identitätsgefühls ist.

Wenn in der frühesten Kindheit auf die Gesamtheit und Kontinuität dieses Kern-Selbst nicht einmal mit minimal effizienter Spiegelung reagiert wird, ist dieses Kern-Selbst später nicht kohärent, es entstehen strukturelle Mängel, die später in schweren Fällen zu Psychosen oder zu narzisstischen Störungen, Suchtproblematik usw. führen können (MENTZOS, 1984). Das Kind reagiert in dieser ersten Lebenszeit immer ganzheitlich: Spannungen drücken sich körperlich aus: das Kind entwickelt sich nicht befriedigend, weint viel, trinkt schlecht oder zeigt Hautausschläge.

Es ist anzunehmen, dass mütterliches Verhalten zu einem grossen Teil durch Beobachtung erlernt wird. RUTTER (1978) hat nachgewiesen, dass ein Zusammenhang besteht zwischen einer belasteten Kindheit (Trennung, Ablehnung, unharmonische Beziehung der Eltern) und späteren Schwierigkeiten mit der mütterlichen Rolle.

KLAUS/KENNEL (1983) postulieren für den Aufbau der Mutter-Kind-Beziehung eine sogenannt sensible Phase gleich nach der Geburt. Wenn in diese Zeit eine Trennung falle, sei der Beziehungsaufbau später sehr erschwert. Eine solche sensible Phase wird von SLUCKIN et al. (1986) überzeugend widerlegt, die meinen, eine intensive Mutter-Kind-Beziehung könne noch später entstehen. Eine so kurze sensible Phase nach der Geburt, in der die Bindung der Mutter an das

Kind im Sinne einer «Prägung» erfolgt, ist ihrer Meinung nach eine zu einfache Erklärung für die Entstehung der mütterlichen Bindung. Zur mütterlichen Bindung trägt eher das ständige, Vertrautheit erzeugende Zusammensein bei. Dabei ist es einerseits die Freude, die die Mutter durch ihr Kind erlebt, andererseits sind es auch die für das Kind erbrachten «Opfer», die die Bindung an das Kind verstärken.

Eine Befragung von Müttern (MACFARLANE, 1977) über die Entstehung ihrer Liebe zum Kind ergab ganz verschiedene Antworten, die ebenfalls Hinweise geben, dass es sich dabei eher um einen langsamen Prozess als um ein plötzliches Ereignis handelt.

Möglicherweise geht der Beziehungsaufbau zwischen der Adoptivmutter und ihrem -kind langsamer und weniger spontan vor sich, da gemeinsame intensive Schwangerschafts- und Geburtserfahrungen fehlen und die Kommunikationsmuster anfänglich weniger selbstverständlich übereinstimmen. Trotzdem zeigt die Erfahrung, dass auch zwischen Adoptiveltern und ihren -kindern innige Beziehungen bestehen können, ohne dass eine solche «Prägung» unmittelbar nach der Geburt hätte stattfinden können. SLUCKIN et al. (1986) meinen, dass für die Entstehung dieser Bindung das sehnsüchtige Verlangen der Adoptiveltern nach einem Kind, die Tiefe ihres emotionalen Erlebens zur Zeit der Adoption, das Temperament des Kindes, die vielen Jahre des gemeinsamen Erlebens und andere Faktoren von Bedeutung seien.

Auch SMITH/SHERWEN untersuchten 1984 das Zustandekommen dieses Bindungsprozesses bei 117 Adoptivmüttern. Sie stellten fest, dass die Mutter-Kind-Beziehung leichter entstand, wenn sie durch die Umgebung (Adoptivvater, Grosseltern, Verwandte und Freunde, Adoptivelterngruppen, die weitere Gesellschaft, die Adoptionsvermittlungsstelle) unterstützt wurde. In solchen Fällen war auch die Interaktion zwischen Mutter und Kind lebhafter. Positiv beeinflussende Faktoren waren weiter das Nähren, die physische Nähe des Kindes und gemeinsame Unternehmungen (bei älteren Kindern). Negativ wirkte sich destruktives Verhalten des Kindes oder Ablehnung durch das Kind aus, und allgemein war die Entstehung der Mutter-Kind-Beziehung schwieriger bei transkulturellen Adoptionen. Die Autoren schliessen aus den Ergebnissen ihrer Untersuchung, dass die Entstehung der Beziehung bei leiblichen und Adoptivmüttern ähnlich verläuft und in beiden Fällen durch günstige Umstände gefördert wird.

Zusammenfassend lässt sich sagen, dass die erste Lebenszeit für das zukünftige Adoptivkind recht problematisch verläuft. Aus entwicklungspsychologischer Sicht ist zu fordern, dass Kinder, die zur Adoption freigegeben werden sollen, sofort nach der Geburt von ihrer zukünftigen Adoptivmutter betreut werden, auch wenn im schlechtesten Fall (keine Einwilligung zur Adoption oder deren Rückzug) das Kind wieder zurückgegeben werden muss und ihm dann ein Wechsel der Bezugsperson bevorsteht.

Die symbiotische Phase (3. bis 6. Monat)

Am Anfang des zweiten Monats verschwindet die Reizschranke, die dem Kind bis jetzt Schutz geboten hat. Das rudimentäre Ich des Kindes wird durch die emotionale Verbindung mit der Mutter ergänzt. Das Kind befindet sich nun in einem Zustand der Symbiose (Mahler et al., 1978) mit der Mutter: es kann Ich noch nicht von Nicht-Ich unterscheiden und Innen und Aussen erst allmählich als verschieden wahrnehmen.

Das erste unspezifische Lächeln (der erste Organisator der Psyche nach Spitz, 1959) steht am Anfang der symbiotischen Phase und leitet eine intensive und lustvolle Interaktion zwischen Mutter und Kind ein, wobei das Kind nun viel mehr Aktivität zeigt. Die Handlungsbeiträge des Kindes zur Organisation der Interaktionen sind direkt auf die Handlungen und Aktivitäten der Mutter bezogen und noch keine zielgerichteten Handlungsschemata («reciprocal activation» nach Sander, 1976). Das Urvertrauen wird sicherer, wenn Wünsche und Bedürfnisse des Kindes erfüllt werden.

Allmählich — nur wenn ein psychophysisches Gleichgewicht erreicht werden kann — beginnt das Kleinkind lustvolle, gute Erfahrungen, gefolgt von Befriedigung, und schmerzliche, schlechte Erfahrungen mit einzelnen Teilen des Selbst und des Objekts zu verbinden. Damit kommt es zu einer ersten Triebdifferenzierung: Libido und Aggression differenzieren sich in Übereinstimmung mit einzelnen guten oder schlechten Teilbildern von der Mutter oder vom Selbst (Barwinski, 1983).

80

Eingeübte Reflexe werden nun erweitert durch eigene motorische Erfahrungen, die zunächst körperbezogen (primäre Kreisreaktionen nach PIAGET, 1975), später mehr objektbezogen sind (sekundäre Kreisreaktionen). Körpererfahrungen von Lust und Unlust bilden die Grundlage des Körperschemas. Als wichtiger Entwicklungsschritt findet jetzt eine Verschiebung vom Körperinnern auf die -oberfläche statt. Es entsteht eine erste Körperrepräsentanz als Vorstufe der Selbstrepräsentanz.

MAHLER et al. (1978) beschreiben, wie wichtig es ist, dass diese symbiotische Phase befriedigend verläuft. Wenn die Mutter stark ambivalent oder unberechenbar ist, oder wenn sie depressiv und gleichgültig ist, kann das Kind keine normale symbiotische Phase und später keine Loslösung und Individuation durchmachen. Grenzen zwischen Ich und Du bleiben in der symbiotischen Psychose verschwommen.

Ich denke, diese Gefahr besteht für das Adoptivkind. Bleibt es in dieser Zeit noch bei der leiblichen Mutter, wird sich diese unter den gegebenen schwierigen Umständen nicht in dem Mass auf ihr Kind einstellen können, wie das nötig wäre. Auch eine vorübergehende Pflegemutter wird sich nie ganz auf die Beziehung zu einem Kind einlassen, von dem sie sich bald wieder trennen muss. Der Übergang von einer Pflegeperson zur anderen auf dem Höhepunkt der symbiotischen Phase muss unbedingt vermieden werden, weil es sonst später zu schweren psychischen Beeinträchtigungen (Psychose, Sucht) kommen kann. Erneut ist deshalb im Interesse der gesunden Entwicklung des Adoptivkindes eine Frühestadoption zu fordern.

Die Differenzierungsphase (6. bis 10./12. Monat)

Mit zirka sechs Monaten beginnt das Kind langsam seine Mutter zu erkennen und sie von andern Personen zu unterscheiden. Das «Fremden» oder die «Achtmonatsangst» des Kindes ist ein Zeichen für diese neu entstehende Fähigkeit der Differenzierung. Sie wird von SPITZ (1959) als zweiter Organisator der Psyche bezeichnet. MAHLER et al. (1978) meinen, dass die Stärke des «Fremdens» umgekehrt korreliert zur Stärke des Urvertrauens. ERIKSON (1966, S. 70) schreibt dazu: «Vertrauen als Allgemeinzustand besagt nicht nur, dass man gelernt hat, sich auf die Versorger aus der Umwelt zu verlassen, ihre Gleichheit und Beständigkeit, sondern auch, dass man sich selber und der Fähigkeit der eigenen Organe, mit den Triebimpulsen fertig zu werden, vertrauen kann; dass man sich als genügend vertrauenswürdig betrachten darf, so dass die Versorger nicht auf ihrer Hut zu sein brauchen oder einen verlassen müssen.»

Die Modalität des «Bekommens» wechselt nun allmählich zur Modalität des «Nehmens». Das Kind wird aktiver bei der Nahrungsaufnahme, sucht sich die Brustwarze selber.

Die Identitätsbildung wird durch gegenseitige Spiegelung begünstigt. Die Mutter antwortet selektiv auf verschiedene Verhaltensweisen des Kindes und schafft sich dadurch «ihr Kind», wobei sie das nur in dem Masse kann, als das Kind dies von seiner Persönlichkeit her zulässt.

Erworbene Handlungsschemata werden nun koordiniert und auf neue Situationen angewendet. Das Kind beginnt, Subjekt und Objekt, Innen und Aussen zu unterscheiden. Dadurch stärkt sich sein Selbstgefühl, und Anfänge von Objektbeziehungen werden möglich.

Der primäre Narzissmus, der dadurch gekennzeichnet war, dass das Kind die Mutter nicht als Vermittlerin wahrnehmen konnte, weicht nun dem sekundären Narzissmus. Die Mutterliebe wird gleichsam inkorporiert und so zur persönlichen Erfahrung und inneren Wahrnehmung des Kindes gemacht (BARWINSKI, 1983).

Die Beziehung zwischen Mutter und Kind ändert sich nun insofern, als das Kind selbständiger wird und von sich aus eine gewisse Distanz zur Mutter sucht. Seine Aufmerksamkeit ist nun mehr und mehr auch auf die übrige Umwelt gerichtet («Period of Initiative or Early Directed Activity» bei SANDER, 1976). Voraussetzungen für die Integration dieser frühen gerichteten Aktivitäten des Kindes in das Mutter-Kind-Interaktionssystem sind die geglückte Adaptation in der Vergangenheit und günstige Umweltbedingungen, denn das Kind ist schon jetzt ständig damit beschäftigt, bestehende Regulationsdefizite zu beheben. ERIKSON (1981) meint, dass dieses erste Sich-Distanzieren von der Mutter, das bei dieser oft ambivalente Gefühle hervorruft, auch für das Kind mit Trauer verbunden ist. Solche Anteile von Urmisstrauen sollten aber durch das bis jetzt entstandene Urvertrauen wettgemacht werden können.

BOWLBY (1972) hat dazu wichtige Untersuchungen durchgeführt mit der Fragestellung, wie sich die Bindung des Kindes an die Mutter entwickelt: Instinktive Verhaltensweisen des Säuglings (Weinen, Lächeln, Anklammern, Nachfolgen) rufen ebenfalls instinktive Reaktionen bei der Mutter hervor. Im Verlauf des ersten Lebensjahres werden allmählich alle diese Nähe stiftenden Verhaltensweisen auf die Person der Mutter zentriert. Unter der Voraussetzung von deren konstanter Gegenwart und angemessener Reaktion integrieren sie sich zur seelischen Bindung an die Mutter, zum «attachment». Dies geschieht nach BOWLBY im Sinn einer «Prägung», erfolgt an nur eine Person und kann nicht nachgeholt werden.

Letzteres wurde durch andere Untersuchungen unterdessen vielfach widerlegt; die Tatsache bleibt aber bestehen, dass eine Trennung von der Mutter in der frühen Kindheit ein traumatisches Erlebnis für das Kind ist. BOWLBYS hypothetische Folgerung, dass das Fehlen einer Mutterbeziehung unweigerlich zu einer dauernden späteren Bindungsunfähigkeit führt, kann nicht aufrechterhalten werden. Andere Autoren (SCHAFFER, 1971; RUTTER, 1972; HUNT, 1979) haben festgestellt, dass die «Deprivationssituation» mehrere Komponenten hat:
- die Trennung von der Mutterfigur,
  aber ebenso wichtig:
- ein Defizit an sensorischer und motorischer Stimulation,
- einen Mangel an emotionellem Kontakt und dadurch an sprachlicher Anregung,
- die Verhinderung einer Dauerbeziehung.

Die Folgen davon sind — je nach Konstitution des Kindes und späteren Entwicklungsbedingungen — verschieden. Schwerwiegender als eine einmalige Trennung von der Mutter sind für spätere Verhaltensstörungen, Delinquenz und Soziopathie andauernde Schwierigkeiten und Belastungen (Keilson, 1979; ERNST/V. LUCKNER, 1985).

Falls das spätere Adoptivkind zu diesem Zeitpunkt noch bei der leiblichen Mutter oder in einem Heim lebt, dürften die oben beschriebenen Belastungen in kleinerem oder grösserem Ausmass unausweichlich sein. Ungelöste Konflikte dieser Phase können dazu führen, dass «ein oraler Pessimismus dominant wird und andere

Haltungen ausschliesst und infantile Ängste, wie die, ‹leergelassen› oder gar ‹verlassen zu werden›, aber auch die, in seinem Reizhunger ungestillt zu bleiben, in den depressiven Formen des ‹Leerseins› und ‹zu nichts gut Seins› diagnostiziert werden» (ERIKSON, 1981, S. 103).

KEILSON (1979) hat in seiner Untersuchung über die Spätfolgen bei jüdischen Kindern, die während des Zweiten Weltkrieges verfolgt und von ihren Eltern getrennt wurden, gefunden, dass die Folgen für diejenigen Kinder am schwersten waren, die von ihren Müttern getrennt worden waren, nachdem sie eben eine erste Objektbeziehung aufgebaut hatten (0 bis 18 Monate). Umplazierungen des Kindes zu diesem Zeitpunkt sollten also möglichst vermieden werden. Bei einigen der untersuchten Kinder gab es aber ungestörte Entwicklungen. Von entscheidender Bedeutung für den Ausgang ihres Schicksals war die sogenannte dritte traumatische Sequenz, die Zeit nach dem Krieg, die soziale Rehabilitation und die Art, wie das damalige Pflegemilieu auf die Bedürfnisse dieser Kinder antwortete. Diese Ergebnisse untermauern die Erfahrung, dass ein günstiges späteres Milieu in der Adoptivfamilie in der Lage ist, solch frühe Traumatisierungen aufzufangen.

Möglicherweise ist zu diesem Zeitpunkt das Adoptivkind schon längst in seiner neuen Familie. Auch dann können gewisse Probleme auftreten. Die zunehmende Aktivität des Kindes und eine gewisse Distanzierung können bei der Mutter ambivalente Gefühle hervorrufen. Die Art der Beziehung muss sich verändern, und nur eine Mutter, die bereit ist dazu, wird ihrem Kind die nötige Freiheit geben, sich diesbezüglich zu entwickeln. Adoptivmütter sind — wie wir im ersten Kapitel gesehen haben — oft selbst narzisstisch bedürftig und haben daher besondere Mühe, jede Form von Ablehnung oder Zurückgestossenwerden zu akzeptieren.

BRINICH (1980) meint, dass es für die leibliche Mutter natürlich sei, ihr Kind mit sehr viel narzisstischer Libido zu besetzen; der Adoptivmutter falle dies viel schwerer, weil das Adoptivkind sie ständig an ihre Unfruchtbarkeit erinnere. Dieses Problem finde seinen Ausdruck darin, dass die Adoptivmutter unfähig sei zu ertragen, dass ihr Kind Instinktverhalten zeige (Einnässen, sexuelles Interesse, Aggression gegen die Adoptiveltern). Sie habe die Tendenz, solches Verhalten als ein Zeichen von schlechten Erbanlagen bei ihrem Kind zu sehen. Die mentale Repräsentanz ihres Kindes werde dann aus zwei getrennten Teilen bestehen, einem akzeptierten und einem abgelehnten, was nicht ohne Einfluss auf die Entwicklung ihres Kindes bleiben werde. Die psychologischen Probleme vieler Adoptiveltern mit Sexualität, Reproduktion und Elternschaft wirken sich auch auf ihr Selbstbild aus. Daher fürchten viele, dass ihr Kind sie eines Tages verlassen könnte, und haben schon in dieser Entwicklungsphase Mühe, ihm diese erste nötige Distanzierung zu erlauben.

Die Übungsphase (10./12. bis 16./18. Monat)

Die Übungsphase ist nach der Differenzierungsphase die zweite Subphase im Loslösungs- und Individuationsprozess nach Mahler et al. (1978). Sie ist gekennzeichnet durch die gesteigerte Besetzung der Übung autonomer Funktionen, zunächst des Kriechens und Kletterns, später der freien, aufrechten Fortbewegung. Das Kind ist nun körperlich in der Lage, sich von der Mutter wegzubewegen. Es erforscht die Objekte, macht sich damit mit einem grösseren Teil der Welt vertraut und kann die Mutter aus weiterer Entfernung wahrnehmen. Wie diese neue Welt erlebt werden kann, hängt in unserer Kultur weitgehend von der Mutter ab. Sie muss das Kind loslassen können und seine Schritte in die Welt gleichzeitig freudig begleiten. Für das Kind bleibt sie auch jetzt der Mittelpunkt der Welt; das Kind kann sich nur solange von ihr wegbegeben, als sie sich in Sichtweite befindet oder es ihre Stimme hört. Die Mutter muss auch emotional verfügbar sein, das heisst, das Kind muss jederzeit die Möglichkeit haben, zu ihr zurückzukehren, um im Körperkontakt mit ihr wieder auftanken zu können.

Das Kind versucht nun, die Mutter zu manipulieren, indem es sie dazu bringen will, etwas Bestimmtes zu tun. Dabei ist es wichtig, dass die Mutter ihr Kind versteht und adäquat auf es eingeht.

Von seinen neuen Fähigkeiten ist das Kind wie berauscht. Der Narzissmus ist auf dem Höhepunkt. Mahler et al. (1978) meinen, dass diese gehobene Stimmung nicht nur mit der Erprobung der Ich-Apparate zusammenhängt, sondern auch mit der übermütigen Flucht aus der Verschmelzung mit der Mutter, der Verschlingung durch sie. Die Mutter, und der Vater, der nun an Bedeutung gewinnt, freuen sich über die neuen Fähigkeiten ihres Kindes und fördern damit seine Autonomie und seine Selbstachtung. Die Bewunderung der Eltern fördert die Selbstliebe des Kindes, und es erlebt dadurch ein phasenzugehöriges grandioses Selbst.

Wenn das Kind die Abwesenheit der Mutter bemerkt, kommt es zu einem Stimmungsabfall. Das Kind vermisst die Mutter, erlebt Sehnsucht und Trennungsangst. Durch erste Internalisierung mütterlicher Funktionen gelingt es dem Kind, sich für kurze Zeit selbst zu trösten. Dabei hilft ihm ein sogenanntes Übergangsobjekt (Winnicott, 1960). Später übernehmen mentale Strukturen im Kind solche Funktionen, und je mehr die Internalisierungen fortschreiten, desto länger kann das Kind die Mutter entbehren.

Der Vater dient nun als zusätzliche Basis, wenn das Kind von der Mutter wegzulaufen versucht. Ist er erreichbar, kann die Angst vor Objektverlust eher überwunden werden.

Für das Adoptivkind, das sich zu dieser Zeit noch bei der leiblichen Mutter oder in einem Heim befindet, ist wahrscheinlich seine Hauptbezugsperson nicht voll und in der Qualität verfügbar, wie das Kind sie jetzt brauchen würde. Eine solch ambivalente Verfügbarkeit führt zu einer Dramatisierung der Mutter-Kind-Beziehung, und eine adäquate Interaktionsstruktur kann nicht ausgebildet werden. Das heisst, es gelingt dem Kind nicht, seine Mutter als ganze Person zu manipulieren, sie bleibt ein gespaltenes Objekt, und auch die folgenden Objektbeziehungen bleiben fragmentarisch (Sander, 1976).

Das Kind kann auch, da ihm die emotionale Sicherheit fehlt, seine motorischen Fähigkeiten nicht erproben und üben. Dadurch wird sein Selbst nicht libidinös besetzt, und es kommt zu Beeinträchtigungen der weiteren Entwicklung.

Keller-Thoma (1985) meint bestimmt zu Recht, dass diese Zeit von den Adoptiveltern sehr lustvoll erlebt werden kann. Das Kind gedeiht und bestätigt sie in ihren Elternfähigkeiten. Aus der damit gewonnenen Sicherheit heraus werden sie ihre Spiegelfunktion in optimaler Weise erfüllen. Ein gegenseitiges lusterfülltes Geben und Nehmen ist die Folge. Aus dieser Erfahrung heraus wird den Adoptiveltern auch das Loslassen ihres Kindes eher gelingen, und das Vertrauen in die eigenen elterlichen Fähigkeiten nimmt zu. ERIKSON (1966) schreibt in diesem Zusammenhang, wie wichtig es ist, dass Eltern von der Richtigkeit dessen überzeugt sind, was sie tun und dass ihnen dies eher gelingt, wenn sie in einer Tradition der Kinderaufzucht verankert und überzeugt davon sind, dass man es nur so und nicht anders machen könne. Dies führt zu einem Plus der Vertrauensbildung beim Kind.

Die anale Phase (15. bis 30. Monat) oder

Die Wiederannäherungsphase (15. bis 24. Monat)

Die Fähigkeit der aufrechten, freien Fortbewegung und das ungefähr zur gleichen Zeit erreichte Stadium des Übergangs von der sensomotorischen zur vorstellenden Intelligenz, das PIAGET (1975) als Beginn der begrifflichen Intelligenz betrachtet, ermöglichen dem Kleinkind das Erreichen einer ersten Identitätsstufe: Es nimmt sich nun als von der Mutter getrennte individuelle Einheit wahr und gibt damit die Illusion auf, eine Zweieinheit mit der Mutter zu bilden.

ERIKSON bezeichnet die wichtigsten Errungenschaften dieser Altersstufe mit Autonomie gegen Scham und Zweifel. Autonomie zeigt das Kind deutlich in der Trotzphase, wo es dem Willen der Mutter ein deutliches Nein (dritter Organisator der Psyche nach SPITZ, 1959) entgegensetzt. Auseinandersetzungen mit der Mutter spielen sich oft auf dem Gebiet der Sauberkeitserziehung ab, wo sich am besten die für diese Phase bestimmende Modalität des Festhaltens und Loslassens zeigt. Die dabei entstehenden Frustrationen (Scham und Zweifel) sind für die Entwicklung des Kindes von zentraler Bedeutung, wird doch die dabei entstehende aggressive Energie neutralisiert und dem Ich zur Strukturbildung zugeführt. Grenzen mit der Mutter werden ausgehandelt. Das Kind macht die ersten Ich-Erfahrungen, spricht nun von seiner Person mit «Ich».
Wichtige Individuationsmerkmale sind in dieser Phase:
- die Sprachentwicklung,
- Verinnerlichungsprozesse (Identifizierungen mit den Eltern, Verinnerlichung von Vorschriften),
- das symbolische Spiel (MAHLER et al., 1978).

SANDER (1976) ist der Ansicht, dass um den 18. Monat qualitativ andersartige Funktionen zunehmend wirksam werden: «sekundär-prozesshafte» Aktivitäten, Sprachvermögen, die im kommunikativen Prozess zu einem ersten Selbstwahrnehmen und in der Folge zur Selbstkonstanz führen. Dies ist die Zeit der Entstehung des Selbst. Dieser selbstorganisierende Kern, der zuvor in der Regulation der Interaktionen direkt wirksam war, tritt nun ins Blickfeld des Kindes. Die Entwicklung des Bewusstseins setzt ein. Nachdem die ersten 18 Lebensmonate unter dem Aspekt der Verhaltensorganisation gesehen werden müssen, gehören die folgenden 18 der Persönlichkeits-organisation an.

Kinder dieses Alters sind zwar zunehmend in der Lage, sich in ihre jeweilige Beschäftigung zu versenken, vor allem wenn die inneren Objektrepräsentanzen gut entwickelt sind. Dennoch werden sie sich mehr als vorher der schmerzlichen Aspekte des Getrenntseins von der Mutter bewusst. Sie zeigen auch diesbezüglich Frustration und Wutanfälle und fangen an, aktiv Widerstand zu leisten gegen die Trennung von der Mutter. Dadurch entsteht eine sogenannte Ambitendenz (MAHLER et al., 1978): die Kinder schwanken zwischen extremer Annäherung an die Mutter und heftiger Aggression oder Abwendung. Diese Ambitendenz überträgt sich auf die emotionale Befindlichkeit; die Kinder zeigen viel Stimmungsschwankungen. Ihre Ambivalenz drückt sich im manchmal gleichzeitigen Wunsch nach Nähe und Selbständigkeit aus. Die Emotionalität der Kinder wird reicher und differenzierter. Es kommt erstmals zu einer Aufspaltung der Objektwelt. Ersatzpersonen für die Mutter sind «böse», auch die abwesende Mutter ist «böse». Um besser mit der Entbehrung der Mutter fertig zu werden, wird das Gefühl für die Mutter auf zu ihr gehörende Gegenstände übertragen (Übergangsphänomen nach MAHLER).

Wie das Kind die Ambivalenz zur Mutter meistert, hängt auch von seiner Beziehung zum Vater und von der Beziehung der Eltern zueinander ab. Der Vater, der Vertreter der äusseren Welt, hilft dem Kind, die Lösung von der Mutter, von seinem primären Objekt, zu bewerkstelligen. Dieser Prozess, während dessen das Kind der spezifischen Mutter-Vater-Beziehung gewahr wird, bezeichnet ABELIN (1971) als Triangulation. BLANCK und BLANCK (1981, S. 95) sind der

Meinung, «dass die Ich-Organisation besser in der Lage ist, mit den Schicksalen der ödipalen Krise umzugehen, wenn die Objektbeziehungen, die ihr vorausgehen, jener nächsten Stufe sichere Unterstützung zuteil werden lassen».

Am Ende der Wiederannäherungsphase erreicht das Kind die Fähigkeit der Objektkonstanz. Die Voraussetzung dazu ist eine beständige, positiv besetzte innerliche Mutterimago.

So ist es auch in dieser Phase wichtig, dass Adoptiveltern ihr Kind loslassen können. Die hohe Erwartungshaltung sich selbst und dem Kind gegenüber führt oft zu einer verfrühten Reinlichkeitserziehung. Das Kind kann dadurch in einen Zustand doppelter Rebellion und doppelter Niederlage geraten; machtlos seinen körperlichen Funktionen gegenüber, machtlos auch nach aussen, kann es nur durch Regression oder einen Scheinfortschritt sein Gleichgewicht suchen (ERIKSON, 1981).

Adoptiveltern sollten ihrem Kind eine gewisse Selbstbestimmung zugestehen und es nicht zu ihrem Produkt machen. Das Urvertrauen des Kindes bleibt nur dann bestehen und verstärkt sich, wenn ihm zugestanden wird, «zeitweise seinen Willen durchzusetzen, sich etwas fordernd anzueignen und trotzig von sich zu stossen» (ERIKSON, 1981). Dem Kind soll aber nicht alles erlaubt werden im Sinne einer «Laisser-faire-Haltung», sonst verfällt es dem Chaos und der Anarchie.

Wenn dem Kind das Erforschen der Welt versagt bleibt und ihm zu viel Grenzen gesetzt werden, richtet sich sein Drang gegen sich selbst, es wird übermässig selbstkritisch und entwickelt ein frühreifes Gewissen. Es darf nicht spielend erproben und wird schliesslich besessen von seinem eigenen Wiederholungszwang. Durch solche Zwangsrituale, möglicherweise Vorläufer von Zwangsneurosen, erzielt es eine gewisse Macht über seine Erzieher.

Um ihrem Kind das geben zu können, was es jetzt braucht, müssen die Adoptiveltern selber einen adäquaten Prozess der Persönlichkeitsentwicklung durchgemacht haben: «Die Art und der Grad von Autonomie, den die Eltern ihren kleinen Kindern zu gewähren imstande sind, hängt von dem Selbstgefühl und dem Gefühl persönlicher Unabhängigkeit ab, das die Eltern aus ihrem eigenen Leben beziehen ...» (ERIKSON, 1966, S. 84).

Gelingt in dieser Phase die Integration der positiven und negativen Anteile sowohl der Objekt- als auch der Selbstrepräsentanz nicht, kann sich ein solcher Strukturmangel später in einem Borderline-Syndrom manifestieren. Ein schwaches Ich des Adoptivkindes, das mit der narzisstischen Verletzung des Verlassenwerdens nicht fertig geworden ist, wird in Analogie dazu nicht damit fertig werden, ambivalente Gefühle in den Personen der Adoptiveltern zu verbinden und wird «gute» Eigenschaften den unbekannten leiblichen Eltern, «böse» aber den Adoptiveltern zuschreiben. Das Adoptivkind hat dann oft die Tendenz, sich in seiner «Schlechtigkeit» mit den leiblichen Eltern zu identifizieren. Sein Selbstkonzept erhält dadurch eine negative und gleichzeitig depressive Komponente (KAYE, 1982).

Am Ende der Wiederannäherungsphase probiert das Kind bewusst durch eigeninitiierte, destruktive Handlungen Zusammenstösse mit der Mutter aus. Damit zerbricht die Übereinstimmung mit ihr, und auch das im adaptiven Gleichgewicht mit ihr konsolidierte Selbst ist beeinträchtigt. Wesentlich ist deshalb die Möglichkeit der Wiederherstellung der vorherigen Übereinstimmung mit der Mutter durch eigene Initiative oder durch Aufnahme einer Versöhnungsinitiative der Mutter. Die Erfahrung, dass die eigene Kohärenz wiederhergestellt werden kann, vermittelt dem Kind das Erlebnis der Reversibilität. Diese Phase ist notwendig, um dem Kind die Erfahrung zu vermitteln, eine entgegengesetzte Position zur Mutter einnehmen zu können. Zwei Pole entwickeln sich durch Selbsterfahrung: derjenige des koordinierten geförderten Selbst und derjenige des abgelehnten, nicht koordinierten Selbst. Je leichter Übergänge von einem Selbsterfahrungsbereich in den andern stattfinden können, um so eher findet aggressives Verhalten eine adäquate Adaptation und Integration im Mutter-Kind-System. Deshalb sind die Reaktionen der Mutter auf die aggressiven Aktionen des Kindes sehr wichtig. Sie muss vor allem in der Lage sein, bei der Wiederherstellung des harmonisierten Selbst dem Kind zu helfen. SANDER (1976) meint, dass für diesen Lernprozess nur eine kurze Zeitspanne vom 20. bis 36. Monat möglich ist. Nachher wird das Kind von sich aus antizipieren, was auf seine spontanen Wünsche und Äusserungen seines Befindens erfolgt. Es kann sie zurückhalten, wenn es erfahren hat, dass sie nicht akzeptiert werden. Bald werden sie ihm selbst nicht mehr zugänglich sein. Hier erfolgt wahrscheinlich die Trennung in das wahre und das falsche Selbst (Miller, 1979), das nach Lowen (1984) zur Entwicklung des schizoiden Typs führt.

Die ödipale oder phallisch-genitale Phase (3. bis 6. Lebensjahr)

Diese neue Phase geht einher mit der Eroberung weiterer sozialer Bereiche. Das Kind muss lernen, sich einzuordnen, muss sich aber auch durchsetzen können. Es lernt, andere Erwachsene zu akzeptieren. Das Spiel gewinnt an Bedeutung; im Spiel verarbeitet das Kind Erfahrungen und Konflikte und probt neue Fertigkeiten und zukünftige Rollen.

Es entfalten sich komplexe kognitive Funktionen, die dem Kinde helfen, eine eigene Individualität zu entwickeln:

- die verbale Kommunikation erweitert sich,
- die Phantasie wird weiterentwickelt,
- die Realitätsprüfung (Gefühl für Zeit und Raum) nimmt zu.

Dieses Stadium ist durch den Modus des Eindringens gut charakterisiert. Nachdem schon der frühen Übungsphase die erste Bewusstwerdung der eigenen geschlechtlichen Identität zugeschrieben wird und zu der Zeit erste genitale Empfindungen vereinzelt auftreten können, ist dies die Zeit einer frühen geschlechtlichen Neugier und genitaler Erregbarkeit. Es ist allerdings erst eine rudimentäre Genitalität, erst eine Andeutung des Kommenden, die — falls nicht provoziert durch Verbote oder spezielle Bräuche — bald wieder angstbesetzt und uninteressant und in der darauf folgenden Latenzperiode verdrängt wird (Erikson, 1966).

Die fortschreitende Bemeisterung des Bewegungsapparates und alle übrigen oben beschriebenen Fortschritte geben dem Kind ein neues Gefühl des Stolzes und der Stärke. Für Erikson stellt diese neue Initiative die zentrale Errungenschaft dieser Phase dar. Das Wort lässt an Freude am Wettbewerb, an Zielstrebigkeit und an Eroberungslust denken. Männliches und weibliches Rollenverhalten wird in dieser Zeit verstärkt begründet, beim Knaben bleibt der Akzent des Machens auf dem direkten Angriff, das Mädchen geht früher oder später eher dazu über, seinen Weg zu finden, indem es lieb und anziehend ist. Das Gefühl der eigenen Grösse und die Bewunderung der Eltern führen dazu, dass die ganze Libido auf den gegengeschlechtlichen Elternteil gerichtet wird. Der gleichgeschlechtliche Elternteil wird damit zum Konkurrenten und mit Abneigung und Eifersucht belegt. Aus den Versagungen in der Beziehung zum geliebten Elternteil und aus der Einsicht, im Wettbewerb mit dem Vater/der Mutter noch über lange Zeit den Kürzeren zu ziehen, entstehen Angst und Schuldgefühle (der andere Pol zur Initiative bei ERIKSON), die beim Kind zur Verdrängung dieser Gefühle führen. Diese von FREUD mit «Ödipuskomplex» bezeichnete Situation führt dazu, dass das Kind seine Identität dadurch festigt, dass es sich mit den Wertungen (Geboten und Verboten) und Erwartungen der Eltern identifiziert und diese im Über-Ich oder im Gewissen internalisiert.

Ein solches Gewissen kann das Kind nur entwickeln, wenn es Vertrauen zu den Eltern hat und wenn es auch sich selbst vertrauen kann. Dann kommt es zu einer friedlichen Kultivierung von Initiative und freiem Unternehmungsgeist, der durch gemeinsames Tun mit dem gleichgeschlechtlichen Elternteil verstärkt und gefördert wird.

Für das Adoptivkind fällt in diese Phase die wichtige Aufklärung über seinen Adoptionsstatus. Geschieht dies nicht mit der nötigen Einfühlung und Liebe, kann sie die Identifizierung des Kindes mit seinen Adoptiveltern empfindlich stören. Damit ist der Keim für eine spätere Identitätsproblematik gelegt. BRINICH (1980) meint, dass es für das Adoptivkind mit seinen zwei Elternpaaren besonders schwierig sei, die ödipale Phase zu bestehen. Da das Adoptivkind seine leiblichen Eltern nicht kennt, befinde es sich in der gleichen Lage wie Ödipus, der die Identität seiner Eltern erst kannte, als es schon zu spät war. Die Schwierigkeit, im genealogischen Kontext seinen Platz zu finden, sei wohl der Grund für die oft beschriebene Symptomatologie der späteren sexuellen Promiskuität bei Adoptivkindern.

Ich habe früher beschrieben, dass Adoptiveltern infolge ihrer Kinderlosigkeit Probleme mit ihrer Sexualität haben können. Ersten sexuellen Manifestationen ihrer Adoptivkinder stehen sie oft abweisend gegenüber, nehmen sie als Ausdruck ihrer schlechten

Veranlagung und zwingen ihre Kinder dadurch, diese Seite ihrer Persönlichkeit von Anfang an zu verdrängen. Das Über-Ich solcher Kinder wird dann starr und grausam, und das Kind gelangt zur tiefliegenden Überzeugung, dass es im Innersten schlecht sei. Das kann bezüglich der eigenen Initiative zu so viel Selbsteinschränkung führen, dass das Kind verhindert wird, seinen inneren Fähigkeiten oder der Kraft seiner Phantasie oder seines Gefühls entsprechend zu leben, was bis zu relativer Impotenz und Frigidität gehen kann. Oft kommt es in der Folge zu einer Kompensation — nur die ständige Leistung beweist den eigenen Wert —, zu unermüdlicher Initiative und Draufgängertum und zu einer dauernden Überbeanspruchung des Körpers, die sich schliesslich in psychosomatischen Krankheiten zeigen kann (ERIKSON, 1966).

In Anlehnung an die oben beschriebene Entwicklung des wahren gegenüber dem falschen Selbst schreibt KAYE (1982), dass Adoptivkinder oft die Erfahrung machen, dass sie ihrer instinktiven oder «schlechten» Impulse wegen von den Adoptiveltern abgelehnt werden. Entweder passen sie sich dann an und sind nur noch das «gute» Kind, oder sie weisen die falschen Anforderungen der Adoptiveltern zurück und leben erst recht diese abgelehnten Impulse, was zu erneuter Ablehnung führt. Dadurch wird für das Adoptivkind die Identifikation mit seinen abgelehnten Persönlichkeitsteilen, die sowohl es wie auch seine Adoptiveltern — mindestens unbewusst — den leiblichen Eltern zuschreiben, verstärkt. Eine solche Aufteilung in «gut» und «schlecht» wird negative Folgen für die Identitätsentwicklung haben. Nach FREUD ist die Neurose das Resultat einer unvollständigen Verdrängung von Impulsen aus dem Es durch das voll ausgebildete Ich in oder nach der ödipalen Phase. Der verdrängte Impuls droht trotzdem ins Bewusstsein und Verhalten durchzubrechen. Zur Verstärkung der Abwehr wird das neurotische Symptom entwickelt, das einerseits Ersatzbefriedigung, andererseits den Versuch der endgültigen Beseitigung darstellt (DORSCH, 1982).

Neurotische Syndrome zeigen sich in der Kindheit als «Reaktionen, denen eine komplizierte gestörte Beziehungsentwicklung zwischen dem Kind und seinen Eltern zugrunde liegt» (HERZKA, 1981, S. 82). Das Symptom ist dabei Ausdruck der Befindlichkeit nicht nur des Kindes, sondern der ganzen Familie.

Der Beziehungsaufbau in der Adoptivfamilie kann ausserordentlich erschwert werden, wenn aufgrund frühkindlicher Erlebnisse beim Adoptivkind kein Urvertrauen entstehen konnte und es durch auffälliges Verhalten versucht, bestehende Defizite auszugleichen. Es fühlt sich nie um seiner selbst willen geliebt und akzeptiert und trägt von daher an jede soziale Situation eine gewisse Erwartungshaltung heran. Es benimmt sich aggressiv oder reserviert, und erfolgende korrigierende Reaktionen der Umwelt beweisen ihm von neuem, dass es nicht akzeptiert wird. Ein solches Verhalten ist stets ein Appell an die Umgebung und muss von den Adoptiveltern als solcher verstanden werden. Mit viel Liebe und Geduld kann ein solch neurotisches Verhalten allmählich abgebaut werden.

Das Schulalter

FREUD hat diese Lebensphase des Kindes als Latenzalter bezeichnet, weil in ihr die starken Triebregungen unterdrückt — nur latent vorhanden — sind, um dann in der Pubertät um so stärker hervorzubrechen. «Die Latenzperiode gibt dem Kind für die Ich-Entwicklung jene Mittel in die Hand, die es braucht, um sich auf die Begegnung mit der vermehrten Triebzufuhr der Pubertät vorzubereiten» (BLOS, 1983, S. 67). Das Kind erweitert in dieser Zeit seinen sozialen Beziehungskreis, es ist weniger ichbezogen, kann mehr Rücksicht nehmen, und das Tun mit anderen wird wichtig. Es hat Freunde und Kameraden ausserhalb der Familie, wobei gleichgeschlechtliche Freundschaften bevorzugt werden.

Das imaginäre Denken, das das Verhalten des Kindergartenkindes beherrscht hat, wird nun realitätsgerechter. Die Selbststeuerung wird stärker: das Lust- weicht dem Realitätsprinzip, Bedürfnisse können für einige Zeit aufgeschoben werden, und die Frustrationstoleranz erhöht sich.

Die beginnende Selbstkritik führt zu einer realitätsgerechteren Einschätzung der eigenen Fähigkeiten und der Umwelt. Aufgrund all dieser Entwicklungsschritte ist das Kind nun reif für die Schule. Es will lernen, und zwar ernsthaft, und will teilnehmen an der wichtigen Welt der Erwachsenen. Es will selber etwas richtig und gut machen.

ERIKSON (1966) hat den positiven Pol dieser Entwicklungsphase mit «Werksinn» bezeichnet. Das Kind verschafft sich nun Anerkennung, indem es Dinge produziert, und es entwickelt Fleiss und Ausdauer, die Launen und persönliche Enttäuschungen überlagern. «Das wachsende Kind muss aus jedem Schritt ein belebendes Realitätsgefühl gewinnen, indem es sieht, dass sein individueller Weg der Bewältigung von Erfahrungen eine erfolgreiche Variante der Wege ist, auf denen andere Leute um es herum Erfahrungen bewältigen und die Tatsache, dass man es tut, anerkennen. In diesem Punkt kann man Kinder nicht durch gedankenloses Loben und herablassende Ermutigung täuschen. Vielleicht muss ein Kind in Ermangelung eines Besseren mit einer künstlichen Stützung seiner Selbstachtung vorliebnehmen, aber das, was ich seine sich aufspeichernde Ich-Identität nenne, erhält seine wirkliche Stärke nur durch die vorbehaltlose und ernsthafte Anerkennung seiner wirklichen Leistungen, das heisst eines Erfolges, der für die bestehende Kultur von Bedeutung ist» (ERISKON, 1966, S. 107).

Die ersten Erfahrungen in der Schule sind wichtig, der Lehrer ist nun eine bedeutsame neue Identifikationsfigur. HAUSSER (1983) ist der Meinung, dass schulische Differenzierung neben schulischer Beurteilung einen hohen Stellenwert hat für die Identitätsentwicklung. Nur ein Kind, das erleben darf, dass seine Leistungen und Bemühungen zum Ziel führen und akzeptiert werden, wird weitere Freude am Tun und Initiative zeigen. Gelingt dies nicht, wird ein Gefühl von Unzulänglichkeit und Minderwertigkeit (der negative Pol, nach ERIKSON) entstehen, das Kind wird ein entmutigtes Kind werden.

Dies kann aufgrund unzureichender Lösungen der Konflikte früherer Phasen der Fall sein: vielleicht hat das Kind nicht genügend Urvertrauen entwickelt, oder es kann sich noch nicht längere Zeit von seiner Mutter trennen, will weiterhin an der Dyade mit ihr festhalten. Vielleicht wurde es in seiner Familie zu wenig auf das Schulleben vorbereitet, bekam zu wenig die Gelegenheit, seine eigenen Fähigkeiten zu erfahren und im eigenen Tun Selbstsicherheit zu entwickeln. Adoptivmütter haben oft die Tendenz, ihre Kinder besonders fest an sich zu binden, alles für sie zu tun und haben dann Probleme, das Kind plötzlich in die Welt der Schule zu entlassen.

Adoptiveltern benützen — wie viele leibliche Eltern — oft ihr Kind, um eigene Wünsche und Strebungen zu realisieren. Das Kind muss ein Idealbild der Eltern verkörpern, oder manchmal soll es ein Ersatz für ein anderes Kind sein. Oft sind die Erwartungen der Eltern an dieses Kind, das sie so ersehnt haben, zu hoch, oder sie erwarten — aufgrund seiner Herkunft — zu wenig von ihm. Unter solch belastenden Erwartungen ist es für ein Kind schwierig, seine eigene Persönlichkeit zu entwickeln. Dies kann erst recht problematisch sein für Kinder, die einer anderen Kultur entstammen und eventuell sogar eine andere Hautfarbe haben. Ein solches Adoptivkind hat vielleicht andere Fähigkeiten, als seine Adoptiveltern sie erwarten, und könnte gerade in seiner Andersartigkeit eine Bereicherung für die Familie darstellen. Wenn Eltern nur das positiv werten, was ihrem bisherigen Wertsystem entspricht, und nicht bereit sind, diesbezüglich flexibel zu sein und sich Neuem zu öffnen, hat es ein nicht blutsverwandtes Kind in einer Familie, wo vielleicht sogar noch leibliche Kinder sind, oft schwer, sich seiner Anlage gemäss zu entwickeln (vgl.«Cindy»). Es kann sich zu sehr an all diese Erwartungen seiner Eltern und der Schule anpassen, «in der Folge zu viel Selbstbeschränkung üben oder nur die Arbeit als Kriterium des Lohnenswert-Seins sehen und dabei Spiel und Phantasie vernachlässigen» (ERIKSON, 1981, S. 130).

Das Adoptivkind weiss zu dieser Zeit normalerweise, dass es adoptiert ist. Von diesem Wissen kann grosse Beunruhigung ausgehen, wenn es nicht in immer wieder stattfindenden Gesprächen mit den Adoptiveltern langsam ins gemeinsame Leben integriert wird. EBERTZ (1987) meint, dass kognitive Dissonanzerfahrungen (beim Adoptivkind das Wissen, zwei Elternpaare zu haben, was sich nicht in Übereinstimmung befindet mit dem dominanten und internalisierten Normalitätsmuster, nur ein Elternpaar zu haben, d. Verf.) immer wieder mit Identitätsproblemen einhergehen. Adoptiveltern haben die Aufgabe, solche psychisch als unangenehm erfahrenen Dissonanzerlebnisse im empathischen Gespräch abzubauen. «Da die Familie wichtige Leistungen für die Identitätsbildung und Identitätsbehauptung übernimmt, kommt der Adoptivfamilie hinsichtlich der Entstehung, aber auch der Lösung von Identitätsproblemen der Adoptierten entscheidende Bedeutung zu» (EBERTZ, 1987, S. 40). Je klarer die mit der Adoption und der Problematik der leiblichen Mutter verbundenen Vorgänge sind, desto deutlicher und realitätsgerechter wird für das Adoptivkind die Vorstellung von seiner Vergangenheit. Ist dies nicht der Fall, ist es auf Phantasien angewiesen. Diese können falsch sein, können Ängste und Unsicherheiten hervorrufen und blockieren einen Grossteil der kindlichen Energie. Zudem kann das Kind diese Phantasiewelt mit seinen Adoptiveltern nicht teilen, was beim Kind ein Gefühl von Getrennt- und Anderssein hervorrufen wird, und es wird sich nicht voll mit seiner Adoptivfamilie identifizieren können.

Phasen der Adoleszenz

Die Präadoleszenz (10. bis 12. Lebensjahr)

Die Errungenschaften der Latenzzeit, ein relativ stabiles Ich und Über-Ich und die Anpassung an die Aussenwelt, haben zu einer vorläufigen Konsolidierung der jugendlichen Persönlichkeit geführt. Dieser Zustand ändert sich schlagartig mit dem Einsetzen der Pubertät. Ihr voraus geht in der Präadoleszenz (10./12. bis 12./14. J.) ein auffälliger Wachstumsschub, mit dem ein somatischer Triebschub einhergeht, der zu grossen psychischen Spannungen führt. Es kommt zu einer Konfliktreaktivierung und Wiederbelebung prägenitaler Bedürfnisse, deren Auftreten mit zum Teil grossen Ängsten verbunden ist. Diese Ängste rufen die Missbilligung des Über-Ichs hervor und sind gefolgt von starker Abwehr.

Der Knabe sucht im Zusammensein mit Gleichgeschlechtlichen und als Bandenmitglied männliche Identität. Um die Abhängigkeit von der Mutter zu überwinden, zeigt er frauenfeindliche Verhaltensweisen (Fluchen, Ungepflegtheit, Grobheit usw.) und führt damit die Aufgaben der präödipalen Phase zu Ende. Das Mädchen zeigt eher knabenhaftes Benehmen, es weist zunächst die weibliche Rolle zurück. Die wichtigste Aufgabe ist in dieser Phase für das Mädchen die Ablösung von der pflegenden, nährenden Mutter, um die Hinwendung zur phallischen Mutter vollziehen zu können.

Die psychischen Spannungen zeigen sich in einer labilen Affektlage, die einen Rückzug in die Innenwelt zur Folge hat. Lesen und Tagträumen sind beliebte Beschäftigungen, für die ein Grossteil der vorhandenen Energie verwendet wird, so dass für die Anforderungen der Aussenwelt weniger Kraft zur Verfügung steht.

Der Jugendliche ist in höchstem Masse unsicher. Das bisher geltende Wertsystem seiner Eltern verliert seine Verbindlichkeit, aber auch seine Stütze für ihn; er steht nun meist in Opposition zu seinen Eltern und übt Kritik an ihrer Autorität und oft an der Autorität allgemein. Wichtiger ist ihm jetzt die Akzeptanz durch die Gruppe der Gleichaltrigen, die sein labiles Selbstwertgefühl einigermassen zu festigen vermag. Der Jugendliche ist nun in erster Linie damit beschäftigt, seine soziale Rolle zu festigen. Er ist darauf konzentriert herauszufinden, wie er — im Vergleich zu seinem eigenen Selbstgefühl — in den Augen anderer erscheint und wie er seine früher aufgebauten Rollen und Fertigkeiten mit modernen Idealen und Leitbildern verknüpfen kann.

Die Haltung des Jugendlichen ist in mancher Hinsicht ambivalent: Einerseits ist er mehr denn je auf Selbständigkeit bedacht, gleichzeitig braucht er aber den Rückhalt und die Wärme in seiner Familie. Er hat eine vermehrte Tendenz, asketisch einfach zu leben, übermässigen Konsum zu vermeiden, andererseits sind seine Triebbedürfnisse unaufschiebbar und seine Frustrationstoleranz diesbezüglich noch äusserst klein.

In dieser Zeit ist entscheidend, wie die Beziehungen in der Adoptivfamilie sich entwickelt haben. Adoptiveltern, die von ihrer Elternfähigkeit überzeugt sind, haben sich mit ihren eigenen Problemen soweit auseinandergesetzt, dass sie genügend Selbstvertrauen haben, um die Ablösetendenzen ihres Kindes, seine Kritik, seine unausgewogenen Gefühle, seine Ruppigkeit ertragen zu können. Sie bleiben ihm eine verlässliche Basis, zu der es jederzeit vertrauensvoll zurückkehren kann, und ermöglichen ihm erste Ablösungsversuche, indem sie darauf weder depressiv noch repressiv reagieren.

Anna Freud (1958) ist der Meinung, dass Adoleszenzprobleme gesund sind; sie zeigen, dass eine innere Veränderung vor sich geht, dass der Jugendliche eine neue Stufe der Persönlichkeitsentwicklung erreicht hat. Auffällig sind eher allzu ruhige und angepasste Kinder;

sie bräuchten in dieser Phase Hilfe, bekommen aber meist keine, da sie unauffällig sind. Und Blos (1983, S. 92) schreibt: «Die Intensität des Verschwindens früherer Objektbindungen wird nicht nur durch den steigenden und fallenden Rhythmus der Triebspannung bestimmt, sondern auch durch die Fähigkeit des Ichs, Konfliktangst abzuwehren. Manche Kinder erleben in bezug auf ihre Eltern gar keinen Konflikt; sie haben entweder den sexuellen Trieb unterdrückt oder ihre Triebausstattung ist überhaupt schwach, und deshalb hat hier das Ich die Fähigkeit, sie zu beherrschen.»

Bei Adoptivkindern ist die normale Ablösung von den früher besetzten Objekten, den Adoptiveltern, häufig mit grossen Schuldgefühlen verbunden. Oft spüren sie unbewusst die diesbezüglichen Ängste ihrer Eltern und glauben, darauf Rücksicht nehmen zu müssen. Das kann zu starken Loyalitätskonflikten führen zwischen dem, was sie ihrer eigenen Entwicklung schuldig sind und der Rücksicht, die sie den Eltern schuldig zu sein glauben. Die daraus resultierende Identitätskrise beim Jugendlichen geht oft einher mit einer gleichzeitigen Identitätskrise (midlife-crisis) seiner Eltern. Diese müssen sich mit nichterfüllten eigenen Erwartungen und ihrem Alterungsprozess auseinandersetzen. Sie sind dadurch oft so verunsichert, dass sie nicht in der Lage sind, dem Jugendlichen klare Autoritäten und Ideale anzubieten, die dieser braucht. Die Beschäftigung damit und nicht zuletzt der Widerstand dagegen fördern den Identitätsprozess und machen eine spätere Wiederversöhnung erst möglich.

Die Frühadoleszenz (12./13. beziehungsweise 14./15. Jahr)

Die Frühadoleszenz bringt zunächst auffallende körperliche Veränderungen mit sich, indem normalerweise — mit einem grossen Schwankungsbereich — die Geschlechtsreife einsetzt, beim Mädchen früher als beim Knaben.

Nachdem in der Präadoleszenz die Loslösung von den frühen Objektbesetzungen begonnen hat, wenden sich sowohl Knaben wie Mädchen ungestümer den libidinösen, ausserfamiliären Objekten zu. Diese Dekathesis der alten Objektrepräsentanzen und ihrer internalisierten moralischen Äquivalente, die im Über-Ich liegen, geht mit einer Schwächung des Ichs einher.

Dieses Ich ist bei adoptierten Jugendlichen oft zusätzlich geschwächt, wenn es ihnen nicht gelungen ist, die narzisstische Verwundung, die sie durch das Verlassenwerden erlitten haben, aufzuarbeiten. Eine schon bestehende Beeinträchtigung ihrer Selbstrepräsentanz kann die momentane Problematik verschärfen.

Die Suche nach dem neuen Objekt beginnt also: Der Junge schliesst Freundschaften, die eine Idealisierung des Freundes verlangen und auch homosexuelle Tendenzen einschliessen; sie führen schliesslich zur Bildung des Ich-Ideals. Mit dem Ich-Ideal wird eine neue Kontrollinstanz eingerichtet, die allmählich die Aufrechterhaltung der Selbstachtung zu regulieren vermag (BLOS, 1983).

Die typische Form der Idealisierung beim Mädchen ist der Schwarm. Das Objekt solcher Schwärmerei, männlich oder weiblich, wird passiv geliebt. Diese Schwärmerei ist ein bisexuelles Zwischenstadium und hilft bei der Suche nach einem neuen Selbstideal. Im frühadoleszenten Stadium lebt das Mädchen häufig in zeitweisen Identifizierungen als Probehandlungen. In solchem Agieren liegt die Gefahr, dass es zu verfrühtem Geschlechtsverkehr führen kann, während Freundschaften, Schwärmereien, Phantasieleben, intellektuelle Interessen, Sport usw. es davor bewahren. «Jedoch die grösstmögliche Garantie für das Mädchen, normal durch dieses Stadium hindurchzukommen, ist die emotionale Verfügbarkeit der Eltern, besonders der Mutter oder eines Mutterersatzes» (BLOS, 1983, S. 104).

Auf der Suche nach neuen Objekten werden sich Adoptivkinder in der Pubertät im Rahmen einer normalen altersgemässen Entwicklung auch ihren leiblichen Eltern vermehrt zuwenden. BRINICH (1980) meint, dass ein Adoptivkind, das meistens wenig über seine leiblichen Eltern weiss, Schwierigkeiten hat, seine persönliche Geschichte in diejenige seiner Familie einzupassen, und dass es andererseits oft seine Neugier und sein Forschen nach seinen Ursprüngen und seiner frühen Kindheit als konfliktreich und gefährlich erlebt. WILLI (in LEMPP, 1987) hat darauf hingewiesen, wie wichtig das gemeinsame Familienerbe ist, das ein Kind braucht, um später sein eigenes Leben bestreiten zu können. Zunächst wird es in einer oft verletzenden

Phase der Opposition dieses prüfen und sich damit aneignen, um es später weiterentwickeln und damit die Kontinuität in der Familiengeschichte sichern zu können. Ein Adoptivkind wird dazu nur in der Lage sein, wenn in diese Familiengeschichte der Adoptivfamilie auch sein eigenes biologisches Erbe und seine soziale Herkunft verwoben und integriert sind und somit die Chance besteht, dass diese Familiengeschichte auch seine eigene wird. Sonst entstehen auch daraus Identitätskonflikte. Adoptiveltern brauchen sich und ihre Elternrolle dadurch nicht in Frage gestellt zu sehen. Wenn sie eine solche Suche mitbegleiten und unterstützen, helfen sie ihrem Kind, durch Einbezug der Herkunft und Vergangenheit in die eigene Geschichte ein Gefühl der Kontinuität und Identität zu entwickeln und verstärken damit die Basis des gegenseitigen Vertrauens.

Vor allem die Adoptivtochter hat vielleicht Mühe, sich mit einer Mutter zu identifizieren, die sie nicht geboren hat, und sucht intensiv nach der leiblichen Mutter und damit nach ihrer eigenen weiblichen Identität. Das Bedürfnis, den leiblichen Vater kennenzulernen, ist meist weniger ausgeprägt, da die Identifikation mit ihm, der Mutter und Kind verlassen hat, ohnehin schwierig ist.

Die Integrität des Selbstkonzepts entsteht nach HAUSSER (1983) durch
- biographische Kontinuität,
- die Konsistenz des Verhaltens in verschiedenen Umwelt-
  bereichen (ökologische Konsistenz),
- die Konsistenz in der Überzeugungs-Verhaltens-Relation,
- die Echtheit in der Emotions-Verhaltens-Relation,
- Einzigartigkeit, Individualität,
- Gleichwertigkeit, Ebenbürtigkeit.

Phantasien, Tagträumereien, das neue Ich-Ideal sind bei Adoptivkindern oft erfüllt von den leiblichen Eltern. Da diese aber keine realen Figuren sind, mit denen die Adoptivkinder sich auseinandersetzen können, kann es zu keinen neuen dauerhaften Objektbeziehungen kommen. Ein Grossteil der freigewordenen Libido bleibt in der Traumwelt gebunden.

Wenn die in der Latenzzeit erarbeiteten Identifizierungen mit den Adoptiveltern zu wenig tragfähig sind, kann das Ich in diesem Stadium so schwach sein, dass es zu eigentlich pathologischen Entwicklungen kommen kann.

Frisk hat 1964 eine Untersuchung an 19 Adoptivkindern durchgeführt, die Hilfe suchten wegen Ablösungskrisen mit den Adoptiveltern. Diese Jugendlichen zeigten in der Mehrzahl asoziales Verhalten, psychosomatische Symptomatik, und viele strichen ziellos umher. Eine Fehlanpassung bestand oft nur in den Augen der Adoptiveltern, die Mühe hatten, das Selbständigkeitsstreben ihrer Kinder zu akzeptieren.

Wenn die Ablösung von den Adoptiveltern durch diese verhindert wird, kann der Jugendliche seine Ablösung oft nur in einer sehr abrupten, schmerzhaften und für beide Seiten problematischen Weise durchsetzen: er reisst aus, bricht demonstrativ den Kontakt zu den Adoptiveltern ab, flüchtet in Banden von Gleichaltrigen, streift ziellos umher und sucht auf diese Weise nach verlässlichen Objekten und möglichen Identifikationsfiguren.

Lempp (1987) hat darauf hingewiesen, wie wichtig für den Ablösungsprozess eines Jugendlichen die Art ist, wie seine Eltern ihre eigene Ablösung von den Eltern vollzogen haben. Reife und Ablösung sind ein lebenslänglicher Prozess, und nur wer gelernt hat, sich zu lösen und klar abzugrenzen, kann nachher seine eigenen Kinder loslassen. Adoptiveltern könnten diesbezüglich besonders Mühe haben, da ja gerade die Adoption oft in Beziehung steht zu Erwartungen der eigenen Eltern, die dadurch erfüllt worden sind.

Die eigentliche Adoleszenz

Die heterosexuelle Objektbesetzung, die durch das Aufgeben der narzisstischen und bisexuellen Einstellung ermöglicht wird, charakterisiert die psychologische Entwicklung der eigentlichen Adoleszenz. Damit dieser Durchbruch zur Heterosexualität gelingen kann, müssen gewisse Vorbedingungen erfüllt sein. Der Entzug der Besetzung von den Eltern führt bei beiden Geschlechtern zunächst zu einer Zunahme des Narzissmus. Dieser zeigt sich in einer Überschätzung des Selbst, einer erhöhten Selbstwahrnehmung auf Kosten der Realitätsprüfung, einer extremen Empfindlichkeit und Selbstbezogenheit und allgemein in Egozentrizität und Selbstvergrösserung. Während die Eltern vorher überschätzt, mit Ehrfurcht angesehen und nicht realistisch eingeschätzt wurden, werden sie jetzt unterschätzt und wie ein abgesetztes Idol behandelt. Der Heranwachsende zeigt Rebellion und Arroganz und widersetzt sich Gesetzen und Autorität (BLOS, 1983).

Mit der erhöhten Selbstwahrnehmung wird das emotionale Leben des Jugendlichen intensiver, tiefer und hat einen grösseren Spielraum. Vorübergehende Identifizierungen und diese erhöhte Selbstwahrnehmung wirken der Ich-Verarmung entgegen. Phantasieleben und schöpferische Tätigkeit sind in diesem Stadium auf dem Höhepunkt. Künstlerische Ausdrucksformen machen es möglich, hochpersönliche Erlebnisse mitzuteilen, die einen Vorläufer für die Teilnahme am Sozialleben bilden (BLOS, 1983).

In dieser Phase gibt es die ersten Zustände des «Verliebtseins». Es zeigt das Fortschreiten der Libido zu neuen Objekten an. Die Tatsache des Sich-Verliebens führt zu einem bemerkenswerten Hervortreten der maskulinen oder femininen Züge. Geschlechtsfremde Tendenzen werden dem anderen Geschlecht eingeräumt und können nun im gegenseitigen Besitzen des Partners geteilt werden. Aus dieser Polarisation ergibt sich dann ein Gefühl der Ganzheit. Zur Intimität mit dem andern Geschlecht kann es aber nur kommen, wenn eine gewisse Stufe der Identität erreicht ist. Sonst kommt es zu Distanzierung und damit zu Isolierung (ERIKSON, 1966).

Die Wendung zu neuen Liebesobjekten reaktiviert ödipale Strebungen, positive wie negative. Die Verdrängung der ödipalen Strebungen ist beim Jungen strenger als beim Mädchen, wo der ödipale Konflikt weit in die Latenzzeit hineingezogen wird. Er trägt aber auch zur Bereicherung und Vertiefung des Innenlebens des Mädchens bei, was den Aufschub der genitalen Befriedigung ermöglicht (BLOS, 1983).

Während der Vorwärtsbewegung der Libido auf die Heterosexualität entsteht Triebangst, die den für diese Phase typischen Abwehrmechanismus in Gang setzt. Die Abwehr steht nun mehr im Einklang mit dem fortschreitenden Auftauchen des Charakters und trägt zu dessen Verfestigung bei. Hauptabwehrmechanismen sind Askese und Intellektualisierung (A. FREUD, 1964).

Nun verändert sich auch die Art des Denkens des Adoleszenten. Er beginnt, an seine Zukunft zu denken und hat die Idee, die

Gesellschaft zu verändern. Denkprozesse werden objektiver, logischer und mehr analytisch. Das Denken, als Probehandlung, wird in der Adoleszenz zum Mittel, um mit der Wechselwirkung zwischen Individuum und Umgebung, Gegenwart und Zukunft fertig zu werden (PIAGET, 1975). Die intellektuellen Errungenschaften der Adoleszenz gehen mit den affektiven parallel.

BLOS (1983) meint, dass die rückhaltlose Unterwerfung unter sozialen Druck, der das Individuum zwingt, sich ohne Rücksicht auf seine innere Fähigkeit in einer gegebenen Weise zu verhalten, bei Jugendlichen einen Zustand der inneren Verwirrung hervorrufen kann, als dessen Folge ein Riss in der Ich-Funktion manifest wird. Klinisch stellt sich das als typisches Versagen des Heranwachsenden bei der Bewältigung von normativen Forderungen des Lebens dar, wie Lernen, Pünktlichkeit, Zukunftsorientierung. Wer in dieser Situation fixiert bleibt, dessen Entwicklung ist gestört. Um eine solche Fixierung zu vermeiden, müssen nicht nur Adoptiveltern Toleranz und Geduld ihren Jugendlichen gegenüber üben. Wenn sie Festigkeit und Sicherheit zeigen, ohne den äusseren Druck zu verstärken, wird der Jugendliche nach einer Zeit der Krise oft den Weg wieder finden.

Zeitlebens bleibt allerdings ein Spannungsfeld bestehen zwischen der personalen Identität (dem subjektiven Gefühl einer bekräftigenden Gleichheit und Kontinuität) und der sozialen oder kollektiven Identität (Identität durch die soziale Rolle, Anteile einer Gruppenidentität). Diese beiden Arten der Identität bilden ein dialogisches Paar, und Identität besteht nicht zuletzt darin, eine Balance zwischen beiden zu finden, aber auch, daraus entstehende Widersprüche aushalten zu können (BUBER, 1984).

Kinder, die während ihrer Erziehung schwere Über-Ich-Angst entwickeln, können in einer Phase der Adoleszenz alle Regeln missachten. Sie wollen keine Kompromisse schliessen, damit Schwäche und Unterwerfung nicht wieder wirksam werden. Das ist der «kompromisslose» Adoleszent, den Anna FREUD (1958) beschrieben hat.

Während dieser Zeit auftretende Probleme, sogar kriminelle oder gar psychotische Episoden sind weniger schwer zu gewichten. Ob pathologische Phänomene bestehen bleiben oder ob sie nur vorübergehende Krisenerscheinungen waren, kann erst der Ausgang der Adoleszenz aufzeigen.

Die Selbstverantwortlichkeit im Jugendalter steigt nach HAUSSER (1983) bei
- Anregungsbedingungen zum Kompetenzerwerb,
- angemessenem Handlungsspielraum des Kindes,
- einer organischen Familienstruktur,
- einem Klima des Akzeptiertwerdens.

Zusammenfassend kann man sagen, dass Identitätsentwicklung von den ersten Selbstwahrnehmungen und -bewertungen bis zur Herausbildung generalisierter Selbstkonzepte entscheidend von der sozialen Umwelt und den erlittenen beziehungsweise gemachten Erfahrungen bestimmt ist.

Die Spätadoleszenz

BLOS (1983) meint, dass wir nur mit Hilfe psychischer Aspekte die Schlussphase der Adoleszenz (16./18. bis 20. Jahr) verstehen können. Die Pubertät ist zunächst ein Werk der Natur, ihr weiterer Verlauf aber ein Werk des Menschen. Die Spätadoleszenz ist zuerst eine Phase der Konsolidierung. Das Individuum gewinnt einen Zuwachs an zweckgerichteter Handlung, gesellschaftlicher Integration, Berechenbarkeit, Stetigkeit der Gefühle und Stabilität der Selbstachtung. Es zeichnen sich nun immer mehr die Dinge ab, die im Leben wirklich wichtig sind, die weder Kompromiss noch Aufschub erlauben, auch wenn sie oft mit Anstrengung und Frustration verbunden sind. BLOS bezeichnet die folgenden Errungenschaften als wesentlich für diese Konsolidierung:
- hochidiosynkratische und stabile Anordnung von Ich-Funktionen und Interessen,
- Ausweitung der konfliktfreien Sphäre des Ichs,
- irreversible sexuelle Einstellung,
- relativ konstante Objektbesetzung und Selbstdarstellung,
- Stabilisierung des geistigen Apparates.

Damit ist eine relative Reife des Individuums erreicht.

Entscheidend ist nun auch, was an Resterscheinungen aus früheren Lebensphasen erhalten blieb. Das Trauma ist ein Universalphänomen der Kindheit und die Beherrschung und Überwindung solcher Traumata eine nie endende Lebensaufgabe. Das Ausmass, in dem das Trauma eine fortschreitende Entwicklung behindert, stellt seine negative, das Ausmass, in dem es das Meistern der Wirklichkeit fördert, seine positive Seite dar. Ebenso wichtig ist die Bemühung der Vermeidung seiner Wiederkehr. Dieser Selbstschutz entspricht der Stärke des Ichs und der Stabilität der Abwehr. Ein Grossteil dieser Arbeit wird in der Spätadoleszenz geleistet. Traumatareste stellen die Beziehung zwischen der Gegenwart und einer dynamisch aktiven Vergangenheit her und richten so die historische Kontinuität im Ich auf, die für ein Gefühl von Sicherheit, Ziel und Harmonie zwischen Gefühl und Handlung verantwortlich ist.

Die Form, in der diese Ich-Synthese stattfindet, ist beeinflusst von der Umgebung, von sozialen Gegebenheiten, Tradition, Sitten und Wertsystemen. KLOSINSKI (in LEMPP, 1987) hat darauf hingewiesen, dass die Identitätskrise der Jugendlichen in engem Zusammenhang steht zu gesellschaftlichen Veränderungen unserer Zeit. Einerseits kommt es durch kleinere Familien (die Einkindfamilie ist in der BRD bereits die Regel) und grössere Mobilität zu einer vermehrten Isolierung der Familien. Dadurch verstärken sich notgedrungen die Bindungen zwischen Eltern und Kindern. Andererseits besteht eine stärkere Trennung zwischen Kinder- und Erwachsenenwelt. Kinder gehen länger zur Schule und können sich immer weniger das Wesen und die Anforderungen der Erwachsenenwelt vorstellen. Das führt zu Ängsten vor der Bewährung in einem harten äusseren Konkurrenzkampf, zu einem Rückzug in die Familie, der zusammenfällt mit einer ähnlichen Tendenz bei den Eltern, die sich aus Angst vor Einsamkeit und Sinnlosigkeit verstärkt an ihre Kinder anlehnen. WILLI (in LEMPP, 1987) hat die Zirkularität solcher Prozesse betont, die zu Kollisionen und destruktiven Zuständen führen können. Aus solchen Ängsten kommt es zur Ablehnung der gesellschaftlichen Ordnung, zu Resignation und Depression. KLOSINSKI (in LEMPP, 1987, S. 75) ist zuzustimmen, wenn er schreibt: «Der Heranwachsende muss sein Gefühl der Realität aus dem Bewusstsein beziehen, dass seine individuelle Art, Erfahrungen zu meistern, eine erfolgversprechende Variante ist, die aus einem Zugehörigkeitsgefühl der Gesellschaft gegenüber resultiert.» Deshalb sind die Arbeit und der Beruf, die nun gewählt werden, von grosser Bedeutung, denn sie fügen den Einzelnen in ein Stück der Realität und der Gemeinschaft ein. Die Stabilität im Denken und Handeln und die engere Verbindung von beidem gibt der Persönlichkeit nun eine einheitlichere Note.

BLOS (1983) meint, dass der Konsolidierungsprozess der Adoleszenz nicht gemeistert werden kann, wenn
- der Ich-Apparat defekt ist,
- eine Unfähigkeit für differenziertes Lernen besteht,
- eine Neigung zu traumatischer Angst (Ich-Verlust) besteht.

Ist dies der Fall, kann es zu schizophrenen und andern psychotischen Zuständen oder zu Grenzfällen kommen.

Ein unvollkommenes Gelingen der Adoleszenz führt zu neurotischen Störungen und beruht eher auf
- intersystemischen Störungen,
- Blockade des differenzierten Lernens,
- Vermeiden von Konfliktangst (Symptombildung).

ERIKSON (1981) nennt die Konsolidierungsperiode der Spätadoleszenz die Zeit der «Identitätskrise». Normalerweise wird danach ein Bewusstseinszustand erster Identität erreicht, der Intimität und Partnerwahl möglich macht. Nur in pathologischen Fällen — bei frühen Ich-Missbildungen mit unvollkommener Differenzierung zwischen Selbst und Objekt — kommt es zur Identitätsdiffusion, einem Zustand, der bei Adoptivkindern relativ häufig sein dürfte. Viele wissen nicht, wohin sie gehören und wer sie wirklich sind. Wenn ein solcher Zwiespalt auf starken Zweifeln an der eigenen ethnischen, geschlechtlichen oder familiären Identität beruht, kann es manchmal nur über die Bildung einer zunächst negativen Identität zu einer Art von Identitätsgefühl kommen.

Für viele Adoptierte ist die Zeit der Berufs- und vor allem der Partnerwahl der Moment, wo die Fragen nach der eigenen Herkunft drängend werden: Wer waren meine Eltern, warum haben sie mich verlassen, werde ich selber in der Lage sein, meine Mutter-/Vaterrolle besser zu erfüllen, werde ich von meinem Partner auch im Stich gelassen? usw. Zahlreiche Fragen, Inzestphantasien oder Angst vor Erbkrankheiten werden reaktiviert und können nur bewältigt werden, wenn sich Antworten finden. Sind Adoptiveltern nicht in der Lage, ihre -kinder dabei zu unterstützen, wäre es die Aufgabe der Adoptivvermittlungsstellen, hier jede Art von Hilfe zu leisten.

Die Postadoleszenz

Am Ende der Adoleszenz ist die psychische Struktur so weit gefestigt, dass sich der junge Erwachsene der Harmonisierung der Persönlichkeit zuwenden kann. Die Integrierung geht Hand in Hand mit der Aktivierung der Sozialrolle, mit Werbung, Ehe, Elternschaft. Die erworbenen Rollen verbergen zunächst die noch unvollkommene Persönlichkeit und helfen mit, das narzisstische Gleichgewicht zu stützen. Die Ich-Integrierung geht lebenslang weiter. Ein wichtiger Einfluss geht von der männlich-weiblichen Polarität und der damit verbundenen Bildung der sexuellen Identität aus. Dabei ist auch das postadoleszente Experimentieren, das Ausprobieren verschiedener Rollen entscheidend wichtig.

In der Postadoleszenz taucht auch die moralische Persönlichkeit auf. Das Ich-Ideal übernimmt die regulatorische Funktion des Über-Ich. In dieser Zeit kann es zu einer gewissen Reidentifizierung mit den Eltern kommen.

«Die Adoleszenz kann so unter dem Gesichtswinkel eines Energiesystems gesehen werden, das nach einem immer höheren Stand der Differenzierung strebt, bis es sich endgültig in einer bestimmten Form stabilisiert» (BLOS, 1983, S. 182).

Der Adoleszenzprozess ist nicht abgeschlossen, wenn es noch nicht zur Organisation eines stabilen Selbst gekommen ist oder wo das Ich einen Konflikt nicht ich-syntonisch (ich-gemäss) löst. Allerdings ist zu bemerken, dass es fast immer nur zu einer partiellen Bewältigung einer Aufgabe kommt und die sich daraus ergebende Kompromissbildung eher die Regel als die Ausnahme ist.

Ein typisches Hindernis auf dem Weg durch die Postadoleszenz ist die sogenannte «Rettungsphantasie» (BLOS, 1983). Statt die Lebensaufgaben zu bewältigen, erwartet der Jugendliche die Lösung der Probleme von seiner Umgebung. Diese Art der Phantasie ist eng mit dem schon erwähnten «Familienroman» verbunden. «Solche Phantasien sind wohlgehütete, mehr oder weniger dissoziative, intime Gedanken, die oft zu neurotischen Störungen führen» (FREUD, 1966). Die «Rettungsphantasie» kann als das Nicht-Gelingen der Integration eines spezifischen Traumas in die Ich-Organisation betrachtet werden.

Ich denke, dass für den adoptierten Jugendlichen die Adoleszenz dann positiv abgeschlossen ist, wenn die Figuren seiner Phantasien reale Personen geworden sind, die zusammen mit anderen Identifikationsfiguren ihm das Erringen einer ersten Identitätsstufe ermöglicht haben. Das Verankertsein in seiner familiären und gesellschaftlichen Umgebung und die Übernahme neuer sozialer Rollen tragen zu einem solchen Identitätsbewusstsein wesentlich bei. Die Identitätsentwicklung ist damit allerdings nicht abgeschlossen. Sie bleibt ein lebenslanger Prozess.

Neuere Forschungsergebnisse zur Psychopathologie des Adoptivkindes

Die Überlegungen in den vorangegangenen Kapiteln dürften bereits gewisse Hinweise auf mögliche Ursachen für psychopathologische Auffälligkeiten bei Adoptivkindern geliefert haben. Nachdem SCHECHTER (1960) mit 13,3 % eine starke Überrepräsentation (die sich später allerdings als Falschinterpretation herausstellte) von Adoptivkindern in einer kinderpsychiatrischen Einrichtung festgestellt hatte, folgten zahlreiche weitere Untersuchungen, die sich mit der Vorstellungshäufigkeit, der Symptomatik und Erklärungen für die Psychopathologie von Adoptivkindern beschäftigten.

Hier werden einige neuere, methodisch einwandfreie Untersuchungen referiert, die alle gematchte Vergleichsgruppen von Nichtadoptierten und teilweise auch Kontrollgruppen von Adoptierten mit oder ohne psychopathologische Auffälligkeiten einbeziehen. Anschliessend werden die Ergebnisse kurz zusammengefasst, um einen Überblick zu ermöglichen.

Die neueste mir zugängliche Untersuchung ist von SENIOR/HIMADI aus den USA, die 1985 34 adoptierte jugendliche Patienten einer stationären Einrichtung mit 34 gematchten, nichtadoptierten Patienten verglichen. Sie stellten dabei fest:

- Adoptierte Jugendliche wiesen einen viermal höheren Anteil von psychopathologischen Merkmalen auf.
- Adoptierte hatten eine viel längere Problemvorgeschichte.
- Weibliche Adoptierte hatten signifikant mehr Drogen- und Polizeikontakte.
- In der Klinik bestand ein Trend zu verlängertem Aufenthalt für Adoptierte, die auch seltener aus der Klinik zu ihren Adoptiveltern zurückkehrten.
- Adoptierte hatten mehr Fremdplazierungen hinter sich.
- Adoptierte Knaben wurden in höherem Alter adoptiert als Mädchen (29 gegen 7 Monate).
- In den Diagnosen unterschieden sich die beiden Gruppen nicht.

UNGER (1984) verglich in seiner Dissertation adoptierte und nichtadoptierte Schweizerkinder und stellte fest, dass
- Adoptivkinder bei Kinderpsychiatern mit privaten Praxen nicht häufiger vorgestellt werden als Nichtadoptierte,
- in der Symptomatik und im IQ kein Unterschied besteht zwischen diesen beiden Gruppen.

WEISS (1984) verglich in den USA 47 adoptierte Patienten einer stationären Kinderpsychiatrie mit einer gematchten Kontrollgruppe von nichtadoptierten Patienten der gleichen Einrichtung. Sie fand bezüglich der Diagnose, dass
- adoptierte Kinder weniger psychotische und weniger schwere Diagnosen hatten,
- Anpassungsprobleme häufiger waren.

Bezüglich der Eltern-Kind-Beziehung ergaben sich interessante Unterschiede:
- die Eltern der Adoptivkinder waren häufiger in die Vorgeschichte involviert,
- die Besuchszeit der Adoptiveltern wurde häufiger beschränkt,
- Adoptiveltern befanden sich häufiger in parallel laufenden Therapiegruppen.

BIRCHER (1981) verglich 80 adoptierte mit 80 gematchten nichtadoptierten Kindern, die innerhalb eines bestimmten Zeitraumes beim kinderpsychiatrischen Dienst des Kantons Zürich/Schweiz vorgestellt wurden. Er fand dabei, dass der Anteil der vorgestellten Adoptierten mit 1,4 % kleiner war als der der Nichtadoptierten.

Die Einweisungsgründe waren bei den Adoptivkindern häufiger Erziehungsschwierigkeiten, Ängstlichkeit, Kontrolluntersuchungen. Adoptivkinder zeigten verstärkt:
- eine Geborgenheitsproblematik,
- eine Akzeptationsproblematik,
- fehlende Trotzphase,
- mangelndes Vertrauen in den Adoptivvater,
- Kontaktschwierigkeiten,
- Regressionstendenz,
- Ich-Schwäche und Identitätsproblematik,
- mangelhafte Über-Ich-Entwicklung,
- Reaktionsbildungen.

Viel häufiger waren Verhaltensstörungen wie
- Hyperaktivität,
- Clownerien,
- Stehlen.

Beim Leistungsverhalten zeigten sich bedeutsame Unterschiede:
- verlangsamtes Arbeitstempo,
- Konzentrationsstörungen,
- Leistungshemmungen,
- schlechte Arbeitshaltung,
- Überforderung.

Punkto Schulerfolg befanden sich mehr Adoptierte in einer Sonderklasse für Verhaltensauffällige.

Adoptivkinder litten häufiger an Adipositas; psychosomatische Störungen waren insgesamt etwas weniger häufig als bei nichtadoptierten Kindern.

Nach BIRCHER lassen sich viele dieser Symptome mit frühkindlicher Deprivation in Zusammenhang bringen. Viele Adoptivkinder zeigen früh ausgeprägte Identifikationsschwierigkeiten, und ihre Persönlichkeitsstruktur ist oft unfrei und eingeengt.

CADORET (1978) untersuchte 246 Adoptierte, die bei der Geburt von ihren leiblichen Eltern getrennt wurden, bezüglich asozialen Verhaltens und fand, dass ein erblicher Anteil nachgewiesen werden konnte, indem Adoptivkinder mit asozialem Verhalten signifikant häufiger leibliche Eltern mit asozialem Verhalten hatten.

Bohman (1980) konnte mit einer ähnlichen Untersuchung keinen solchen Zusammenhang nachweisen. Cadoret meint — da nur 3 % der Varianz sich mit genetischen Einflüssen erklären lassen —, dass diese leicht von anderen Faktoren überdeckt werden können.

Norvell und Guy untersuchten 1977 das Selbstkonzept von adoptierten Studenten im Vergleich zu demjenigen nichtadoptierter. Sie fanden keinen signifikanten Unterschied und schlossen daraus, dass die Adoption nicht die Ursache für ein schlechteres Selbstbild sein kann und nicht unbedingt zu einer negativen Identität führen muss. Wenn es zu einer Identitätsproblematik kommt, dann ihrer Meinung nach aufgrund von Beziehungsproblemen innerhalb der Adoptivfamilie. Ein schlechtes Selbstbild korreliert zudem mit einem höheren Alter bei der Adoption.

Offord et al. (1969) verglichen in ihrer Untersuchung 25 Adoptivkinder mit 25 gematchten Nichtadoptivkindern, die an einer kinderpsychiatrischen Klinik in den USA vorgestellt wurden, und fanden dass
- bezüglich der Schwere der Symptomatik kein Unterschied bestand,
- Adoptivkinder häufiger asoziales Verhalten zeigten,
- die Stärke des asozialen Verhaltens mit dem Zeitpunkt der Adoption zusammenhing.

Menlove untersuchte 1965 die aggressive Symptomatik bei Adoptivkindern und verglich sie mit derjenigen von gematchten Nichtadoptivkindern: Aggressivitätssyndrome waren signifikant häufiger bei Adoptivkindern.

Schechter et al. fanden bei einer zweiten Untersuchung 1964, dass
- die Zahl der an psychiatrischen Kliniken vorgestellten Adoptivkinder signifikant höher ist als die von Nichtadoptivkindern mit psychopathologischen Auffälligkeiten,
- Adoptivkinder mehr offene Aggression zeigen und mehr agieren,
- der Zeitpunkt der Adoption und die Art der Vermittlung keinen Einfluss haben.

Die Entstehung und die Identitätsentwicklung der Adoptivfamilie

Wie in «Die Adoptiveltern» beschrieben, entsteht die Adoptivfamilie meist plötzlich; der Beginn des Adoptionsverhältnisses gleicht einer «Sturzgeburt» ohne vorbereitende Schwangerschaft.

Mit der Gründung der Adoptivfamilie entsteht der feste Bezugsrahmen, in dem sich die Interaktion zwischen Eltern und Kind abspielt, die im Laufe der Zeit zu einem immer stärkeren Identitätsgefühl beim Kind führen kann.

Gleichzeitig — und ebenso langsam und stufenweise — entwickelt sich die Identität der Adoptivfamilie. Selbst wenn die Adoptiveltern sich nicht mit der Vorgeschichte ihres Adoptivkindes beschäftigen wollen, sind sie dauernd konfrontiert mit individuellen Zügen und Eigenschaften ihres Kindes, die — oft unbemerkt und unbewusst — in den Bestand familialer Beziehungen aufgenommen werden. Selbst ein Kind, das im Alter von fünf Tagen zu seiner Familie kommt, stammt aus einer bestimmten sozialen Schicht, hat eine für es bedeutsame und typische Schwangerschaft und Geburt und bestimmte Adoptionsumstände hinter sich. Dies alles sind nicht nur biologische Fakten, sondern soziale Tatsachen und stellen an sich schon ein unentrinnbares Schicksal dar. Sie sind nach GOOFMAN (1975) eigentliche «Identitätsaufhänger», Aufhänger der individuellen Einmaligkeit. Selbst ihre Verleugnung läuft letztlich auf ihre Anerkennung hinaus, da die Herkunft dann ein Geheimnis ist, das sorgfältig zu hüten ist.

Solche «Identitätsaufhänger» des Kindes, die den Adoptiveltern wenigstens teilweise bekannt sein dürften, werden bei diesen Phantasien, Hoffnungen, Befürchtungen hervorrufen. Jene Vorstellungen hängen wiederum stark mit den Persönlichkeiten der Adoptiveltern zusammen, werden beeinflusst von ihrer Beziehung und vom Verhältnis zu eventuell bereits vorhandenen Kindern in der Familie. Diese Aspekte geben dem Kind eine bestimmte emotionale Position innerhalb des vorhandenen Gefüges.

Die entstehende Familie besteht nicht nur aus emotionalen Beziehungen, sondern sie ist auch eine Einheit auf der sozialen Ebene und erwirbt damit eine soziale Identität. Im Austausch der

Familienmitglieder untereinander und gleichzeitig in der Interaktion der Familie mit ihrer sozialen Umwelt entsteht ein konkretes Bild dieser spezifischen Familie. In dieses Bild gehen die Daten aus der Lebensgeschichte der Adoptiveltern ein, ihr Status und Familienhintergrund, die Zahl, Alters- und Geschlechtsverteilung ihrer Kinder und vieles mehr. In der Adoptivfamilie kommt zu den für die Familienidentität relevanten Themen das Geschehen um die Adoption und die Herkunft des Adoptivkindes hinzu (zusammengefasst nach HUTH, 1980, S. 61/2).

Wenn in einer Adoptivfamilie das Adoptivkind sozial auffällig wird (vgl. «Roland») kann dies ein Zeichen dafür sein, dass die soziale Abgrenzung der Familie gegen aussen nicht gelingt und die Adoptivfamilie als Ganzes Hilfe braucht.

EBERTZ (1987) hat darauf hingewiesen, dass jeder Adoptierte im Laufe seines Lebens zahlreiche Dissonanzerfahrungen macht, die ihm deutlich zeigen, dass sein Adoptionsstatus im Widerspruch steht zu einem von der Gesellschaft und ebenso von ihm selbst internalisierten Muster der «Normalfamilie». Solche Dissonanzerfahrungen gehen einher mit einer Identitätsverunsicherung. Eine wichtige Aufgabe von Adoptiveltern ist es, solche Erfahrungen ihres Kindes empathisch nachzuvollziehen und im Gespräch mit ihm aufzuarbeiten. Dies wird ihnen um so eher gelingen, wenn sie selbst solche Erfahrungen bewusst gemacht und verarbeitet haben.

Für die Familienidentität ist entscheidend, wie die Adoptiveltern die Adoption interpretieren. Dazu kann man sich eine Skala vorstellen, an dessen einem Ende Adoptiveltern stehen, die so handeln und erleben, als würden Herkunft und Vorgeschichte des Kindes nicht existieren. Dieser Haltung entspricht die Vorstellung, dass die Adoption ein Akt ist, durch den, gewissermassen aus dem Nichts, eine neue Familie geschaffen wird. Eine solche Adoptivfamilie strebt immer den «Normalfall Familie» an, den sie durch das in «Synthese» beschriebene «Tun als ob» zu erreichen versucht. Am andern Ende der Skala finden sich Adoptiveltern, die sich eher als Pflegeeltern oder Statthalter der leiblichen Eltern fühlen. Ein von Juden abstammendes Adoptivkind soll zum Beispiel seinen jüdischen Glauben beibehalten, die Thora studieren, während sein Adoptivvater vielleicht ein Handwerker ist. Beide Extreme lassen Probleme erwarten.

Wo Adoptiveltern Herkunft und Vorgeschichte des Kindes aus-
blenden, entsteht zwar auf den ersten Blick eine normale Familie.
Aber allem, was das Kind schon bei der Adoption mitbringt und
worauf es bei einer späteren Suche nach seiner Identität zurück-
greifen wird, bleibt die soziale Anerkennung versagt. Es bleibt in
diesem Bereich alleingelassen, und die Adoptiveltern sind nicht in
der Lage, bei der Lösung dieses Problems zu helfen.

Im andern Fall, wenn sich die Adoptiveltern wie Statthalter
verhalten, sind die Folgen kaum weniger gravierend. Hier bleiben
die familialen Identitäten der Eltern und der Kinder ohne Integration
nebeneinander stehen, die gemeinsame Basis kann nicht entstehen.

Solche Adoptiveltern brauchen Hilfe und sollten bei auftretenden
Schwierigkeiten auf professionelle Helfer stossen, die diese familiären
Identitätskonflikte aus eigener Erfahrung kennen (sie kann nicht nur
im Bereich der Adoption gemacht werden) und in der Lage sind, in
der Familie einen Bewusstwerdungsprozess in Gang zu setzen.

Der Weg der meisten Adoptivfamilien liegt allerdings zwischen
den extremen Polen. Es gelingt ihnen — oft auf ganz natürliche und
unreflektierte Weise — die emotionale Familienbildung und die
soziale Identität ihrer spezifischen Familie zu erreichen, indem sie
die Ausgangsbedingungen der Adoption problemlos in die familiale
Identität zu integrieren wissen.

Zusammenfassung

Zur *Häufigkeit psychischer Störungen* bei Adoptivkindern lässt sich
zusammenfassend festhalten, dass die zahlreichen dazu erschiene-
nen Untersuchungen ebenso unterschiedliche Zahlen wie dafür
angeführte Erklärungen liefern. Um die Fragestellung schlüssig zu
beantworten, wären dazu weitere, viel breiter angelegte empirische
Untersuchungen nötig, die auch die geographische Verteilung von
Adoptivkindern, die Faktoren, die bei den Adoptiveltern zur Vorstellung ihrer Kinder an einer Klinik führen usw., einbeziehen müssten.
Die ermittelten Ergebnisse bestätigen jedoch, dass die Adoption —
obschon sie auch hier durchgängig als gute Lösung bezeichnet wird

— tatsächlich eine gewisse Risikosituation darstellt, so dass «in der psychotherapeutischen und beraterischen Arbeit mit der Adoption zu rechnen ist» (HUTH, 1978).

Bezüglich der *Symptomatik* sind sich die Untersucher fast durchwegs einig, dass Adoptivkinder sich häufiger wegen sozial auffälligen Verhaltens als wegen neurotischer Störungen in Behandlung befinden. Die Symptomatik ist bei ihnen eher weniger schwer; oft handelt es sich um Erziehungsprobleme. Adoptierte Erwachsene sind psychopathologisch weniger auffällig als eine nichtadoptierte Vergleichsgruppe.

Die bei Adoptivkindern häufig auftretenden sozialen Störungen können zu mancherlei Konflikten mit der Umwelt führen. Solche Konflikte werden damit öffentlich ausgetragen, und dies mag gerade für Adoptiveltern, denen es oft sehr wichtig ist, durch die perfekte Erfüllung ihrer Elternrolle eigene Sicherheit und Identität zu erringen, besonders verunsichernd sein.

Fast alle Untersuchungen zeigen eine *verstärkte Symptomatik bei Adoptivkindern, die erst in höherem Alter adoptiert wurden.* Alle Autoren führen diese Tatsache auf das Vorliegen frühkindlicher Deprivationen zurück, die mit längeren Heimaufenthalten und Pflegeplatzwechseln verbunden sind. Solche Deprivationserlebnisse — wie in «Das Adoptivkind» näher ausgeführt — führen zu späteren Verhaltensauffälligkeiten, die den Beziehungsaufbau in der Adoptivfamilie sehr belasten können. Nachdrücklich wird deshalb auch hier die Frühadoption gefordert.

Die Untersuchungsergebnisse zeigen, dass *Adoptiveltern psychopathologisch nicht auffälliger* sind als andere Eltern, dass sie aber häufig ein etwas *anderes Erziehungsverhalten* zeigen. Auch bestimmte, bei einigen Adoptiveltern anzutreffende Einstellungen (vgl. «Die Adoptiveltern») gegenüber ihren Kindern können den Aufbau der Eltern-Kind-Beziehung erschweren und die Dynamik in der Adoptivfamilie negativ beeinflussen.

Die von vielen Autoren betonte *Identitätsproblematik* ist durch die Tatsache der Adoption an sich gegeben und hat primär mit der Persönlichkeit der daran Beteiligten nichts zu tun: Es fehlt die für die Identitätsentwicklung unabdingbare biographische Kontinuität, die Verwurzelung in der Vergangenheit. Wie diese identitätsgefährdenden

Erfahrungen erlebt, verarbeitet und in die familiale Identität integriert werden, hängt wesentlich mit den Persönlichkeiten des Adoptivkindes und seiner -eltern zusammen.

MÖGLICHKEITEN DER PRÄVENTION UND PSYCHOTHERAPIE PSYCHISCHER STÖRUNGEN VON ADOPTIVKINDERN

Vorbemerkungen

Aus den vorangegangenen Kapiteln dürfte klar geworden sein, dass in der Arbeit mit Adoptivkindern und ihren Familien der Schwerpunkt auf der Prävention liegt; die Psychotherapie tritt dagegen in den Hintergrund.

Prävention heisst in unserem Zusammenhang, für alle an der Adoption Beteiligten einen intensiveren Bewusstwerdungsprozess in Gang zu setzen. Dazu möchte die vorliegende Arbeit einen Beitrag leisten. Eine solche verstärkte Bewusstwerdung wird vor allem über die Selbsterfahrung und durch das Aufarbeiten der spezifischen Problematik erreicht. Daraus folgen wird eine verbesserte Beziehungs- und Kommunikationsfähigkeit der Beteiligten und mehr Offenheit in der Adoptionssituation.

Früher lag der Schwerpunkt der Adoptionsarbeit auf einer möglichst effektiven Auslese und dem Matching von Adoptiveltern und -kind; heute geht es vielmehr darum, Hilfen für Adoptiveltern bereitzustellen und ihre Inanspruchnahme zu erleichtern und zu fördern. Solche Hilfsangebote und Präventionsprogramme bestehen bereits, sie wurden vor allem in den USA entwickelt. Sie dürften auch für die Adoptionsarbeit in Europa nützlich und ihre Anwendung auch in anderen psychosozialen Bereichen sinnvoll sein.

Die Suche nach Heimkindern, die zur Adoption vermittelt werden sollten, wurde vor einigen Jahren in der *BRD* stark forciert, und eine Vielzahl präventiver und therapeutischer Programme wurde für diese Spätadoptionen entwickelt. Die Suche nach passenden Eltern wurde durch intensive Öffentlichkeitsarbeit unterstützt. Das damit angesprochene Potential ist heute weitgehend erschöpft (mündliche Mitteilung PFEIFFER, 1987), so dass nun der Schwerpunkt auf der Hilfe für die Primärfamilie liegt, die mit allen Mitteln gestützt werden soll. SWIENTEK (1982) fordert in diesem Zusammenhang vermehrte Hilfe für die ledige Mutter: mehr Mutter-Kind-Heime, mehr Wohngemeinschaften mit hauseigenen Krippen und fakultativer sozialpädagogischer Beratung und an Stelle von Adoptionen mehr Patenschaften für solche Kinder. Die Adoption wird mehr und mehr als letzte Lösung in Betracht gezogen.

In der *Schweiz* liegen die Dinge diesbezüglich anders (SICHEL, 1987). Behinderte und schwierige Kinder werden nur ausnahmsweise vermittelt, viele leben weiterhin in Heimen. Es wäre wünschenswert, dass auch bei uns diesbezüglich Anstrengungen unternommen würden, wobei ausländische Erfahrungen dabei nützlich und hilfreich sein könnten.

Trotz allen prophylaktischen Bemühungen kann nicht ganz auf Psychotherapie verzichtet werden. Viele Therapieberichte weisen auf massive Beziehungsstörungen in Adoptivfamilien hin. Ein Grundwissen über Methoden, Möglichkeiten und Ziele heutiger Psychotherapien wird in diesem Kapitel vorausgesetzt.

Prävention

Definitionsmässig interessiert uns hier die primäre Prävention, die alle Bemühungen und Massnahmen umfasst, die das Auftreten psychischer Störungen (bei einem Individuum, in einer Region oder Bevölkerungsgruppe) durch präventive Massnahmen verhindert (PSCHYREMBEL, 1986).

Frühadoption

Eine nach wie vor gültige Forderung im Sinne der Prävention psychischer Störungen beim künftigen Adoptivkind, dessen Wohl im Zentrum des Adoptionsgeschehens steht, ist die Frühadoption. Sie wird heute — soweit das Einverständnis der abgebenden Eltern vorhanden ist — überall verwirklicht und aufgrund neuester schweizerischer Untersuchungen (KELLER-THOMA, 1985; BIRCHER, 1981) weiterhin erhoben.

Betreuung der leiblichen Mütter und der abgewiesenen Adoptionsbewerber

Ein wichtiges Anliegen aller prophylaktischen Bestrebungen müsste die verbesserte Betreuung und Begleitung abgebender Mütter und abgewiesener Adoptionsbewerber sein. Sie wird von einzelnen Autoren gefordert (KELLER-THOMA, 1985; SWIENTEK, 1982). Ledige Mütter, die sich vor der Geburt an Vermittlungsstellen wenden, sollten dort nach Weggabe des Kindes intensiv betreut werden. Dies würde ihnen Gelegenheit geben, die Trauer über den Verlust ihres Kindes zu verarbeiten und neue Zukunftsperspektiven zu entwickeln. Die Begleitung und Unterstützung dieser Frauen, die später oft nochmals Mütter werden, ist ein Gebot der Menschlichkeit. Dabei ist darauf hinzuweisen, dass viele dieser Mütter im Moment der Weggabe des Kindes kein anderes Bedürfnis haben, als die für sie belastenden Erfahrungen zu vergessen. Das Verdrängte stört zwar später immer wieder, kann dann aber meistens nicht mehr verarbeitet werden.

Die gleiche Forderung einiger Autoren (PFEIFFER, 1980; SCHMID, 1982) betrifft die weitere Betreuung der abgewiesenen Adoptionsbewerber. Bei den meisten Vermittlungsstellen wird ihnen keine klare Absage erteilt, mit der sie sich auseinandersetzen könnten. Hier sollte eine Änderung der Adoptionspraxis erfolgen: Diese Ehepaare müssen eine eindeutige Antwort bekommen mit Angabe von Gründen, weshalb man sie nicht für geeignet hält. In ausführlichen Gesprächen sollten sie mit einer Fachperson erwägen können, ob sie unter den gegebenen Umständen sich an weiteren Vermittlungsstellen bewerben wollen oder ob es für sie andere Lebensperspektiven gäbe.

Adoptionsvermittlung

Die Adoptionsvermittlung wird heute von den meisten Stellen sehr sorgfältig gehandhabt. LIFTON (1982) fordert neben den staatlichen Vermittlungsstellen Privatorganisationen, bei denen vor allem Betroffene tätig sind. Auch für die staatlichen Vermittlungsstellen in den USA, wo das Prinzip des Inkognito noch voll aufrechterhalten wird, wünscht LIFTON sich eine andere Art der Adoptionsvermittlung: Die leibliche Mutter soll ihr Kind nur unter der Bedingung abgeben, dass sie über seine Entwicklung regelmässig (mindestens in jährlichen Abständen) orientiert wird und das Recht zu gelegentlichen Besuchen bekommt. Lifton denkt, dass damit die Adoption akzeptabler wird für die abgebende Mutter. Auch Schink (1976) fordert mehr Offenheit. Das Adoptivkind soll wissen, woher es kommt, warum es bei seinen Adoptiveltern lebt und wie es sich für die Zukunft einrichten kann. Von den Vermittlungsstellen erwartet er verbesserte Koordination und einen Abbau von Feindbildern; sie sollen in erster Linie Hilfe bieten.

Psychologischer Adoptionsdienst

Pfeiffer et al. (1980) meinen, dass ein von den Vermittlungsstellen unabhängiger psychologischer Adoptionsdienst geschaffen werden müsste, der den Adoptiveltern spätere Hilfe bietet. Ein solches Bedürfnis nach weitergehender Betreuung wird von den Adoptiveltern seiner Studie deutlich artikuliert.

Gruppen für Adoptivfamilien

In der BRD veranstaltet Terre des Hommes jeweils ein Sommer- und ein Winterfest für Adoptivfamilien. Ähnliche Treffen, an denen zum Teil auch Adoptionsvermittler teilnehmen, werden in der Schweiz von Adoptionsvermittlungsstellen organisiert. Sie dienen dem vermehrten Kontakt der Adoptivfamilien untereinander und stellen eine Möglichkeit dar, Probleme zur Sprache zu bringen.

Cordell et al. (1985) beschreiben ein amerikanisches Modell, das älteren Adoptivkindern und ihren Eltern hilft, mit anderen Adoptivfamilien in Kontakt zu treten und eventuell auftretende Probleme und Schwierigkeiten in einem solchen Forum zu besprechen. Die Autoren meinen, dass Gruppen jeder Art für Teenager geeignet sind, da Gruppen von Gleichaltrigen in diesem Alter an Bedeutung gewinnen. Die Adoleszenz als Zeit der Identitätssuche verstärkt das Bedürfnis nach Unabhängigkeit von den Eltern. Die Gruppe bietet die Möglichkeit, in ihr korrektive Erfahrungen zu machen und Gefühle mit anderen zu teilen. Das praktische Vorgehen wird detailliert beschrieben: Die Anregung zu diesen Gruppentreffen ging von Adoptiveltern älterer Kinder aus, die sich ein Forum wünschten, wo ihre Kinder zusammenkommen und diskutieren konnten. Eine Gruppe für soziale Aktivitäten wurde geschaffen, Gruppensitzungen unter psychologischer Leitung wurden geplant und finanzielle Mittel beschafft. Die angestrebten Ziele waren:

- gegenseitige Unterstützung für Adoptivkinder, Gefühlsaustausch und soziales Lernen,
- die neu gegründete Gruppe unterstützen und eine weitere planen helfen,
- Kinder unterstützen, die adoptiert werden sollen,
- Teenager finden, die gut über ihre Probleme sprechen können und bei der Aufklärung des Publikums mitwirken,
- Adoptiveltern unterstützen.

Das Projekt umfasste zwei Phasen: Gruppensitzungen und ein Wochenende. Zunächst wurde es in zwei Zeitungen publiziert. Vier Eltern wirkten als Koordinatoren und planten den Ablauf mit zwei Psychologen. Beteiligte Eltern mussten nichts bezahlen, sorgten aber für den Transport der Kinder.

Zwei Gruppen wurden geschaffen: eine für 10- bis 13jährige, eine andere für 13- bis 17jährige. Jede Gruppe verbrachte getrennt sieben Sitzungen mit je einem Psychologen. CORDELL et al. geben in ihrer Arbeit einen genauen Abriss dessen, was in diesen Gruppen geschah. Anschliessend gab es zwei Sitzungen für die Adoptiveltern als Rückmeldung darüber, was in den Kindergruppen besprochen worden war, und danach ein 30minütiges Gespräch für jedes Elternpaar mit dem Psychologen, in dem die individuelle Problembesprechung und die Beratung im Vordergrund standen. Am Wochenende nahmen 39 Teilnehmer teil: 17 Gruppenmitglieder, 3 weitere Adoptivkinder, 4 zu adoptierende Kinder, 6 Geschwister von Adoptivkindern, 7 Adoptiveltern und 2 Leiter. Am Samstagmorgen fanden zwei einstündige Sitzungen mit dem Psychologen statt. Adoptivkinder sprachen dabei über ihre Erfahrungen und Wünsche. Eine getrennte Sitzung fand auch für die Geschwister der Adoptivkinder statt. Das weitere Wochenende war vor allem sozialen Kontakten gewidmet.

Auch ALLOR (1983), USA, schlägt Gruppen für Adoptiveltern und Gruppen für -kinder vor. Sie legt dabei die Betonung auf den Erfahrungsbereich der Adoptiveltern, die einerseits Information erhalten, andererseits vermehrt in Kontakt mit ihren eigenen Gefühlen kommen sollen, um mit den Fragen ihrer Adoptivkinder adäquat umgehen und deren Unabhängigkeitsstreben und Abgrenzungstendenzen in der Pubertät besser ertragen zu können.

KELLER-THOMA (1985) schlägt aufgrund der Ergebnisse ihrer Befragung von erwachsenen Adoptivkindern vor, dass die Adoptionsvermittlungsstellen mit Selbsthilfegruppen von Adoptierten zusammenarbeiten und jede Art von Kontakt mit an der Adoption Beteiligten wahrnehmen.

KIRK (1964) befürwortet ebenfalls, dass sich Adoptiveltern in Selbsthilfegruppen organisieren zum allgemeinen Informationsaustausch, aber auch um sich als Minorität gegenüber der Gesellschaft besser durchsetzen zu können. Er meint, «nur Adoptiveltern wissen, was Adoption wirklich bedeutet».

SMITH/SHERWEN (1984) sind der Meinung, dass Adoptiveltern in der Anfangsphase am ehesten Hilfe von erfahrenen, in Selbsthilfegruppen organisierten Adoptiveltern akzeptieren würden.

FRANK in JACOB/LUTZ (1977) bedauert, dass Adoptiveltern vor allem bei Problemen mit der leiblichen Mutter des Kindes keine Hilfe bekommen und schlägt deshalb einen Adoptiv- und Pflegeelternkreis vor mit dem Ziel der Selbsthilfe; auch SCHINK (1976) würde das begrüssen.

Vorbereitungsprogramme für Spätadoptionen

Die meisten Präventionsanstrengungen werden — wie oben erwähnt — im Bereich der Spätadoption unternommen. In den USA wurden schon in den 70er Jahren zahlreiche Artikel dazu veröffentlicht; Europa zeigt diesen Schwerpunkt erst in den 80er Jahren. Obschon das Potential an Adoptiv- und Pflegeeltern, die ältere (8- bis15jährige) Heimkinder aufnehmen wollen, in der BRD heute weitgehend ausgeschöpft ist, sind solche Vorbereitungsmodelle für andere Länder nach wie vor wichtig. Im Bereich der Spätadoption wird viel intensive Vorbereitungs- und Nachbetreuungsarbeit geleistet;

die Beschäftigung damit ist für alle an der Adoption Interessierten wichtig.

Der Aufnahme eines Heimkindes muss meist eine gewisse Öffentlichkeits- und damit Aufklärungsarbeit vorangehen. Die meisten Adoptiveltern wünschen sich ein kleines, gesundes Kind, das sie nach ihren Vorstellungen formen und problemlos in ihre Familie integrieren können. Nur wenige Eltern sind bereit, ein älteres oder behindertes Kind zu adoptieren. Solche Kinder sind in Heimen und konnten nicht früher zur Adoption freigegeben werden, weil ihre leiblichen Eltern die Einwilligung dazu nicht gaben. Erst nach Jahren der Vernachlässigung kann solchen Eltern das Sorgerecht schrittweise entzogen und nach neuen Eltern gesucht werden. Dies wird in den letzten Jahren gelegentlich getan, um die soziale Deprivation, die Kinder bei langjährigen Heimaufenthalten immer noch erleiden, zu vermeiden, auch um hohe öffentliche Kosten abzubauen und nicht zuletzt, um das Recht aller Kinder auf Eltern möglichst zu gewährleisten. Zur notwendigen Öffentlichkeitsarbeit gehört, das Publikum für die Problematik solcher Kinder zu sensibilisieren und mit Hilfe der Medien prinzipiell aufnahmebereite Eltern zu finden. Mit dieser Öffentlichkeitsarbeit einher geht die Vorbereitung des Sozialarbeiterteams unter Beihilfe eines Psychologen (ADOPTIONSVERMITTLUNGSSTELLE DES JUGENDAMTES FRANKFURT, 1982). Trotz enormer Anstrengungen, geeignete Eltern zu finden, hat zum Beispiel das Land Rheinland/Pfalz innerhalb von 10 Jahren nur 100 solche Kinder vermitteln können (mündliche Mitteilung PFEIFFER, 1987).

In Heimen lebende, zur Adoption geeignete Kinder ohne Familie (dies sind heute fast alle, ausser schwer behinderten), müssen während kürzerer oder längerer Zeit auf die Adoption vorbereitet werden, soll diese erfolgreich verlaufen. Viele dieser Kinder haben bereits Misserfolge in Pflege- oder Adoptivfamilien hinter sich, und viele zeigen infolge früherer Erlebnisse leichtere bis massive Verhaltensstörungen. BOYNE (1978) schreibt aufgrund langjähriger Erfahrungen in einer Adoptionsvermittlungsstelle mit Spätadoptionen, dass bei diesen Kindern «Charakterstörungen» oft übersehen werden, da sie auf den ersten Blick nicht auffallen. Das Verhalten ist zunächst nicht pathologisch, aber die Flexibilität fehlt, das Verhalten ist fixiert, schlecht angepasst. Es wird eher moralisch verurteilt. Die Probleme werden erst bei einem Milieuwechsel gravierend und stellen eine unerhörte Belastungssituation für die Beteiligten dar. Aufgrund ihrer oft von Entbehrungen, Verlusten, Trauer geprägten Vorgeschichte haben diese Kinder bestimmte Charakterzüge entwickelt: verminderte Beziehungsfähigkeit, Verdrängung von Problemen, Misstrauen, keine Zuversicht in Veränderungsmöglichkeiten. Zunächst wurden intensive Vorbereitungsprogramme in den USA entwickelt und in der Literatur beschrieben, etwas später auch in der BRD. Da es sich dabei nicht mehr um Präventions-, sondern eher um therapeutische Programme handelt, sei auf «Psychotherapie» verwiesen. Ich will dort näher darauf eintreten, weil immer wieder Kinder — auch wenn es heute weniger sind — auf den Eintritt in eine neue Familie vorbereitet werden müssen. Zusammenfassend ist zu sagen, dass solche Kinder meistens stationär in dafür bestimmten Einrichtungen vorbereitet werden, manchmal auch ambulant durch Sozialarbeiter, die von aussen ins Heim oder die Pflegefamilie kommen. Diese Arbeit geht von kürzeren Vorbereitungsprogrammen bis zu intensiver therapeutischer Arbeit, die Jahre dauern kann.

Ein ambulantes amerikanisches Programm wird zum Beispiel von CHEMA et al. (1970), ein ähnliches von JEWETT (1978) beschrieben: Der Sozialarbeiter lernt zunächst das betreffende Kind gut kennen, einerseits durch Befragung der Pflegemutter oder der Erzieher, dann durch ein Lebenstagebuch, das jedes Kind führen soll. Er besucht das Kind verschiedentlich, spricht mit ihm über seine Vergangenheit, über Schwangerschaft, Geburt, Weggabe durch die Mutter und ermutigt es, Gefühle darüber aufkommen zu lassen und Phantasien über die leiblichen Eltern zu äussern. Wichtig ist, den Ablösungsprozess von den Pflegeeltern oder vom Heim vorzubereiten, und die Phantasietätigkeit über seine zukünftige Familie soll beim Kind angeregt werden. Vor allem muss ein guter emotionaler Kontakt hergestellt werden, das Kind soll Vertrauen haben. Sobald der Sozialarbeiter das Kind gut kennt, wird er passende Adoptiveltern suchen.

LYLE et al. (1983), POWERS et al. (1983) sowie SCHMID (1982) berichten über stationäre Programme, die mit älteren Kindern durchgeführt werden. Diese Kinder erhalten in der Institution, in der sie untergebracht sind (kleinere Heime, Kliniken, Camps), über längere

Zeit intensive Psychotherapie (bis eine Stunde täglich), und gleichzeitig sind alle anderen Aktivitäten darauf ausgerichtet, Defizite und Probleme aufzuarbeiten. Das Programm wird von Erziehern oder Sozialarbeitern durchgeführt, welche Supervision durch einen klinischen Psychologen erhalten. SCHMID (1982) beschreibt, wie vom Kind nach der Trennung von seiner bisherigen Familie eine intensive Trauerarbeit geleistet werden muss. Die stationäre Einrichtung soll bewusst nicht zum Familienersatz werden, sondern es soll ein Vakuum entstehen, das dem Kind hilft, für eine neue Bindung frei zu werden. Sobald wie möglich finden erste Kontakte statt zwischen dem Kind und seinen zukünftigen Adoptiveltern, die ihrerseits vorbereitet werden. Mit dieser Auslese und Vorbereitung von Adoptiveltern, die ein älteres oder behindertes Kind adoptieren wollen, befassen sich viele Autoren. Ich fasse ihre Erfahrungsberichte zusammen: Amerikanische Autoren (BOYNE, 1978; CHEMA et al., 1970; FORSYTHE et al., 1984; GOODRIDGE, 1975; JEWETT, 1978; WEITZEL, 1984; WIEHE, 1976) veranstalten meistens einen Informationsabend, an dem schriftliches Material verteilt und Filme gezeigt werden, um die Interessenten für die Problematik zu sensibilisieren. Anschliessend folgen normalerweise drei bis vier Abende in der Gruppe, wobei die Themen oft von den Adoptionsbewerbern vorgeschlagen werden. Die Vermittler nehmen an diesen Gruppen teil und haben Gelegenheit, die künftigen Adoptiveltern kennenzulernen. Alle betonen, dass bei der Auslese vor allem Wert gelegt wird auf folgende Punkte:
- emotionale Stabilität,
- lieben die Eltern sich selbst?
- wie gehen sie mit Konflikten um (jetzt, früher)?
- was erwarten sie von ihrem Adoptivkind?
- welche Bewältigungsstrategien haben sie?
- sind sie zu ehrlicher Kommunikation fähig?
- erkennen sie ihre eigenen Bedürfnisse?
- können sie eigene Schwächen zugeben und Hilfe in Anspruch nehmen?

An einem dieser Gruppenabende werden die zu vermittelnden Kinder vorgestellt, und die künftigen Eltern sollen dabei durchaus herausfinden, welches Kind ihre Sympathie weckt. Eine Überidentifikation mit dem künftigen Adoptivkind soll jedoch von

Anfang an vermieden werden. Die Problematik des betreffenden Kindes wird offen dargelegt.

Einzelne Autoren dieser Gruppe (z.B. WEITZEL, 1984) schlagen vorgängig verschiedene Einzelgespräche zwischen Vermittler, Betreuer des Kindes und Bewerbern vor. Die Vorbereitung der erfolgreichen Bewerber umfasst dann Initiierung und Förderung von Phantasietätigkeit über das künftige Kind, Informationsvermittlung über Kinderentwicklung und eventuell auftretende Anpassungsprobleme und Übung von Gesprächsführung mit Kindern.

Aus Europa gibt es zwei Berichte von umfassenden Vorbereitungsprogrammen (ASELMEIER et al., 1984; SCHMID, 1982) und Empfehlungen weiterer Autoren (ADOPTIONSVERMITTLUNGSSTELLE DES JUGENDAMTES, FRANKFURT A.M., 1982; BIRCHER , 1981; JÄNSCH et al., 1985; KELLERTHOMA, 1985). ASELMEIER et al. beschreiben ein Vorbereitungsprogramm für Adoptionsbewerber während der Wartezeit, das zur Vorbereitung von künftigen Adoptiveltern empfohlen werden kann. Im ersten Teil dieser Tagung wird den Bewerbern Gelegenheit gegeben, über ihre bisherigen Erfahrungen mit der Adoption und den Vermittlungsbehörden zu sprechen. Auch schwierigere Themen wie das ihrer Kinderlosigkeit werden gezielt angesprochen. Der zweite Teil der Tagung setzt sich mit Gefühlen, Problemen, Erlebnissen anderer auseinander. Liegen keine persönlichen Erfahrungen vor (Beziehung zum Adoptivkind, zu den leiblichen Eltern usw.), wird Material zur Auseinandersetzung angeboten. Dabei wird in Kleingruppen und mit Rollenspielen gearbeitet. Ein Plenum schliesst sich an. Solche Wochenenden werden auch in der Schweiz von Adoptionsvermittlungsstellen für wartende künftige Adoptiveltern angeboten. Auch Terre des Hommes Deutschland organisiert solche Treffen, zusätzlich mit der Möglichkeit, mit erfahrenen Adoptiveltern in Kontakt zu treten und Fragen zu diskutieren. Dahinter steht die Hoffnung der Veranstalter, die Adoptiveltern wenden sich später bei auftretenden Problemen wieder an diese.

SCHMID (1982) beschreibt dagegen ein Vorbereitungsprogramm, das spezifisch auf die Adoption von Heimkindern ausgerichtet ist. Zur Adoption gegeben werden nur Kinder, die trotz aller Anstrengungen nicht in ihre eigene Familie reintegriert werden können. SCHMID sieht bei der Auswahl der künftigen Adoptiveltern seine wichtigste Aufgabe darin, festzustellen, ob bei ihnen eine Empfängnisbereitschaft, ein originärer Kinderwunsch vorhanden ist. Dies wird in einem Klärungsprozess während eines mehrtägigen Elternseminars mit jeweils fünf Ehepaaren abgeklärt. Dabei steht zunächst im Zentrum die Selbsterfahrung mit der eigenen Partnerschaft. Während dieser Tage werden die Eltern dem Vermittler gut bekannt, und er kann nun die Kinder, mit denen er seit längerer Zeit lebt, für sie aussuchen. Ungeeigneten Bewerbern wird auch hier geholfen, zu neuen Perspektiven zu gelangen.

Ein ähnliches Programm wurde vom Kinderzentrum München (MASUR, 1981) bei der Plazierung von behinderten Kindern durchgeführt. Darauf näher einzutreten, sprengt den Rahmen dieser Arbeit. Interessierte Leser seien auf das Buch von SICHEL (1987) verwiesen.

BIRCHER (1981) fordert aufgrund der Ergebnisse seiner Untersuchung, dass solche Vorbereitungsgruppen für Eltern von Fachleuten geleitet und Abklärungsgespräche mit Adoptiveltern prinzipiell psychotherapeutisch zu führen seien. JÄNSCH et al. (1985) befürworten, dass bei der Auswahl der Adoptiveltern und bei der weiteren Vermittlungstätigkeit die Erzieher des zu adoptierenden Kindes aus dem Heim beteiligt werden.

Nachdem Adoptiveltern für das betreffende Kind vorläufig gefunden und die parallel laufenden Vorbereitungen einen gewissen Punkt erreicht haben, erfolgen erste Kontakte zwischen dem Kind und seinen zukünftigen Eltern. Meist machen diese einen ersten Besuch in der stationären Einrichtung und werden dem Kind von seinem Betreuer, der diese Eltern bereits gut kennt, vorgestellt. Eventuell hilft ein «Familienbuch», das die Eltern für das Kind angelegt haben, dass dieses sich eine klarere Vorstellung von seiner künftigen Familie machen kann. Dann folgt ein Ferienaufenthalt des Kindes bei seinen zukünftigen Eltern; da es weiss, dass es jederzeit die Möglichkeit hat zurückzukehren, kann es sich ohne Angst auf eine solche Einladung einlassen. Meist entsteht dadurch eine Zukunftsperspektive, die für das Kind einen ernsten Anreiz bietet, sich voll auf den therapeutischen Prozess einzulassen und aktiv mitzuarbeiten. Die künftigen Eltern begleiten diesen Prozess aus der Ferne, können dadurch gewisse Entwicklungsstufen des Kindes, die sie nicht miterleben konnten, nachvollziehen und arbeiten selbst intensiv in der Elterngruppe an ihrer weiteren Vorbereitung. Meist dauert diese Zeit nochmals mehrere Monate, bis von seiten des Kindes und der Eltern der dringende Wunsch besteht, für immer zusammen zu leben.

Nachbetreuung

Alle diese Präventionsprogramme schliessen eine intensive Nachbetreuung mit ein. Eine solche fordern fast ausnahmslos alle Autoren, die sich eingehend mit der Adoption beschäftigt haben. HUTH (1977) zum Beispiel möchte den Schwerpunkt verlagert sehen von einer sehr aufwendigen Auslese der Adoptiveltern bei der Vermittlung zu einer intensiveren Begleitung der Familie in der folgenden Zeit. Eine solche Begleitung sollte über Jahre erfolgen und setzt ein entsprechendes Vertrauensverhältnis voraus. Diese Aufgabe kann von den Vermittlungsstellen aus personellen Gründen im Moment zu wenig wahrgenommen werden, oft fehlt das dazu nötige Vertrauensverhältnis. Viel einfacher und selbstverständlicher gestaltet sich diese Nachbetreuung bei den oben beschriebenen Spätadoptionen. Die intensive Beziehung zu den Betreuern/Therapeuten des Kindes ermöglicht den Adoptiveltern, bei auftretenden Schwierigkeiten dort Rat zu holen. Wo solch intensive Beziehungen zu Vermittlungspersonen nicht bestehen, ist wohl die Praxis von Terre des Hommes zu unterstützen, die jedem neuen Adoptivelternpaar Kontakt zu einem erfahrenen Adoptivelternpaar vermittelt, bei dem es Rat bei auftretenden Schwierigkeiten holen kann. JÄNSCH et al. (1985) fordern wohl zu Recht, dass spätadoptierte Kinder Beziehungen mit ihrer leiblichen Familie und Verwandtschaft, dem Heim, der Pflegefamilie weiter pflegen sollen, und verlangen von den Adoptiveltern, dass sie solche Bestrebungen unterstützen.

Es überrascht nicht, dass der Erfolg so gut vorbereiteter Adoptionen hoch ist (SCHMID, 1982: 96 %). Interessant ist die Erfahrung, dass es sich bei den nicht tragfähigen, irreparablen Adoptions- oder Pflegefamilien überwiegend um Adoptionsversuche bei Adoptiveltern mit eigenen leiblichen Kindern handelte und dass Fachleute aus

129

dem pädagogisch-psychologischen Bereich als Adoptiveltern eher weniger geeignet waren (SCHMID, 1982).

Psychotherapie

In der Literatur finden sich einige Beschreibungen über das therapeutische Vorgehen bei psychischen Störungen von Adoptivkindern. Aufgrund solcher therapeutischer Erfahrungen wird die mit der Adoption verbundene spezifische Problematik reflektiert und Empfehlungen für Prävention und Therapie ausgesprochen.

Allgemeine Empfehlungen

DÜHRSSEN (1960) gibt in ihrem grundlegenden Werk zur Psychotherapie von Kindern und Jugendlichen Empfehlungen zum parallel erfolgenden Umgang mit den Adoptiveltern: In vorsichtigen Schritten und unter Berücksichtigung eventuell vorhandener Ängste sollten die Eltern langsam die Überzeugung gewinnen, dass Offenheit im Umgang mit der Adoptionssituation, Aufrichtigkeit und Zuneigung ein besseres Familienband darstellen als ängstliches Vortäuschen der Blutsverwandtschaft. Diese Einsicht würde ihnen helfen, die richtigen Worte ihrem Kind gegenüber zu finden. Die Motivation der Adoptiveltern sollte erforscht und die bei den -müttern oft vorhandene erzieherische Ängstlichkeit abgebaut werden. Es sei wichtig, die Einstellung der weiteren Familie dem Adoptivkind gegenüber zu berücksichtigen und wenn nötig zu verändern. Besonders problematisch sei für Adoptivkinder das oft negative Bild von ihren leiblichen Eltern, mit dem sie sich unbewusst identifizierten. An diesem Bild seien Adoptiveltern oft grundlegend beteiligt; sie könnten zu einer Veränderung Wesentliches beitragen.

BIRCHER (1981) schlägt aufgrund seiner Untersuchung vor, dass mit Adoptivkindern, bei denen ein stark neurotischer Anteil des Syndroms besteht, Einzeltherapien unter gleichzeitiger Beratung der Mutter stattfinden. Frühere Deprivationserlebnisse des Adoptivkindes sollen in Spieltherapien aufgearbeitet werden. Für jugendliche Adoptierte und eventuell gleichzeitig für ihre Adoptiveltern schlägt er Gruppentherapien vor. Auch Familientherapie wird empfohlen. Eine stationäre Aufnahme soll nur als letztes Mittel und bei stark zerrütteten Familienverhältnissen ins Auge gefasst werden.

Analytische Therapien

Einige Autoren beschreiben analytische Therapien, die sie mit adoptierten Kindern oder Jugendlichen durchgeführt haben:

BARNES (1953) zeigt in einer älteren Arbeit, wie sie ein mit sechs Monaten adoptiertes Kind über die Mutter behandelte, von der sie zweimal wöchentlich konsultiert wurde. Das Kind äussert im Spiel und in Erzählungen zahlreiche mit der Adoption verbundene Phantasien, die von der Autorin mit Erlebnissen und Ängsten der Vergangenheit in Zusammenhang gebracht werden. Sie weist dabei ausdrücklich auf die Problematik des Ödipuskomplexes hin, die für ein Adoptivkind schwerwiegender ist als für Nichtadoptivkinder. Die Adoptivmutter lernt durch die Beratung, die Phantasien des Kindes zu erkennen und auf therapeutische Art darauf einzugehen.

SCHECHTER (1960) beschreibt zwei von ihm behandelte Adoptiv-kinder, deren Hauptproblematik eng verbunden war mit ihrem Adoptionsstatus. Entscheidend dabei war einerseits die negative Identifizierung mit den leiblichen Eltern, die diese Jugendlichen immer wieder in Randgruppen abgleiten liess, andererseits die zentrale Phantasie, von niemandem gewollt und geliebt zu werden, die die Entwicklung einer gesunden Identität ebenfalls beeinträchtigte. Beide Kinder wurden analytisch zunächst stationär, dann ambulant behandelt, wobei die Behandlung während Krisen intensiviert, in problemlosen Zeiten unterbrochen wurde. Gleichzeitig wurden die Adoptiveltern beraten.

FRAIBERG (1962) berichtet über ein interessantes, stationär durchgeführtes Therapieprogramm für alle Kinder, die in ihrem Leben schmerzliche Trennungen und damit narzisstische Verwundungen erlitten haben. Dabei wird eine modifizierte analytische Technik angewendet, die von Sozialarbeitern als Einzelarbeit mit den Kindern durchgeführt wird. Sie stehen dabei unter der Supervision von Psychoanalytikern. FRAIBERG beschreibt genau, wie nach Bearbeitung der Abwehrmechanismen Gefühle mit Hilfe der Übertragung wieder

131

zugänglich gemacht werden. Der damit verbundene Trauerprozess wird durchgearbeitet, so dass neue Objektbeziehungen möglich werden. Erst dann werden Fortschritte im Alltag folgen und Objektbeziehungen zu Adoptiv- oder Pflegeeltern sich entwickeln. Als Ergänzung zur Einzeltherapie wird eine Gruppentherapie für die Kinder angeboten, und die zukünftige Adoptivfamilie wird auf den Eintritt des Kindes vorbereitet.

MENARA (1976) beschreibt in ihrer Arbeit eine über fünf Jahre durchgeführte Längsschnittstudie, bei der 109 Adoptivkinder von vier bis zehn Jahren von 1969 bis 1974 vom Institut für soziale Pädiatrie und Jugendmedizin der Universität München untersucht wurden. Es handelte sich dabei um Heimkinder, die adoptiert werden sollten. Der Zweck der Untersuchung bestand darin, therapeutische Massnahmen zu erarbeiten, um den zukünftigen Adoptivkindern und ihren -eltern bei der Überwindung auftretender Probleme zu helfen. Alle 79 Kinder, die an der Studie teilnahmen, litten an einem mittelgradigen bis schweren Deprivationssyndrom und zeigten Entwicklungsrückstände sowie Verhaltensstörungen. Für jedes Kind wurde nach der diagnostischen Abklärung ein Therapieplan aufgestellt, der vor allem der Elternaufklärung über die Art und Schädigung, die das Kind erfahren hatte, diente. Die therapeutische Arbeit, bei der von Anfang an die künftigen Adoptiveltern als Ko-Therapeuten einbezogen wurden, gliederte sich im wesentlichen in vier Schritte:

1. Die Familie sollte ein Heilklima vermitteln. Sie musste Konstanz der Bezugspersonen und eine altersentsprechende physiologische und geistige Anregung des Kindes garantieren.

2. Die Adoptiveltern erhielten eine gezielte Beratung, die ihnen vor allem eine Auseinandersetzung mit der eigenen pädagogischen Unsicherheit ermöglichte.

3. Darauf folgte eine Sozialtherapie im spezielleren Sinne für das Kind, das heisst, anhand gezielter therapeutischer Anregungen wurde versucht, noch nicht erfolgte soziale Lernprozesse systematisch nachzuholen. Die Adoptiveltern wurden angeleitet, mit dem Kind frühere Entwicklungsstufen zu erleben.

4. Im Spieltraining lernte das Kind den systematischen Aufbau des Spielverhaltens.

MENARA fasst die Ergebnisse dieser Studie zusammen:
- Frühschäden, die Kinder in der sensiblen Phase (erste drei Lebensjahre) erlitten, können irreversibel sein.
- Adoptiveltern, die ein Kind aufnehmen, das älter als zwölf Monate ist, brauchen Beratung und Hilfe.
- Das Hauptaugenmerk sollte diesbezüglich auf die Prophylaxe gerichtet sein.
- Die Suche nach weiteren therapeutischen Ansätzen zur Behebung des Deprivationssyndroms wäre zu intensivieren.

Die Schlussfolgerungen decken sich weitgehend mit den Hypothesen von SPITZ und BOWLBY, die heute etwas kritischer interpretiert werden (ERNST/V.LUCKNER, 1985).

BRINICH (1980) ist der Meinung, dass die analytische Therapie von Adoptivkindern nicht getrennt werden kann von der Behandlung der -eltern. Ungelöste Konflikte der Adoptiveltern (Sterilität, eigener Ödipuskomplex, Probleme mit Instinktverhalten) können sich mit entwicklungsbedingten Konflikten ihrer Kinder vermischen und so verstärken, dass es zur Ausstossung des Adoptivkindes durch die Eltern oder umgekehrt kommt. BRINICH betont in diesem Zusammenhang, wie wichtig präventive Massnahmen in diesem Bereich sind, und schlägt vor, dass Gruppen für Adoptiveltern gegründet werden, in denen diese bei auftretenden Problemen sofort Hilfe bekommen.

GOODWIN et al. (1980) beschreiben drei Therapien von Kindern, die nach dem Verlust ihrer leiblichen Mütter innerhalb der Familie adoptiert wurden. Alle drei beklagten sich über Vernachlässigung und Misshandlung durch ihre Adoptivmütter. Solche Klagen sind nach Ansicht der Autoren ein Hinweis auf eine dysfunktionale Familie und sollten ernst genommen werden. Alle Familien wurden — zunächst gegen ihren Willen — zu einer Psychotherapie gezwungen. In der ersten Therapie wurde mit dem Adoptivkind eine analytische Spieltherapie durchgeführt. Es lebte in dieser Zeit nicht bei seiner Adoptivmutter, sondern in einer Pflegefamilie. Mit der Adoptivmutter wurde gleichzeitig gearbeitet und damit eine Reintegration des Adoptivkindes nach vier Monaten in die -familie ermöglicht. Auch im zweiten Fall erhielt das Adoptivkind eine Spieltherapie. Die Adoptiveltern verweigerten die Mitarbeit, und das

Kind kam in der Folge zu einer Dauer-Pflegefamilie. Mit der dritten Adoptivfamilie wurde über drei Monate eine Familientherapie durchgeführt. Während dieser Zeit lebte das Adoptivkind bei einer Pflegefamilie und besuchte seine Adoptiveltern nur über das Wochenende, dann wurde es wieder voll reintegriert. In der Therapie mit dem Kind wurde hier der Schwerpunkt auf die Trauerarbeit über den Verlust der leiblichen Mutter gelegt, um eine spätere Identifikation mit der Adoptivmutter zu ermöglichen. Die Therapie mit den Adoptiveltern sollte diesen helfen, die eigene Vergangenheit aufzuarbeiten.

SHERICK (1983) beschreibt ausführlich die analytische Therapie eines achtjährigen Adoptivknaben, der über zwei Jahre fünfmal, anschliessend über 1/2 Jahr zweimal wöchentlich von ihm behandelt wurde. Gleichzeitig wurde mit der Adoptivmutter gearbeitet. Der Autor weist auf einige für diese Therapie wesentliche Punkte hin: Die Adoptivmutter denkt zunächst, dass ihr Kind, wenn es ein leibliches wäre, unauffällig, nett und erfolgreich wäre. Der Patient zeigt starke Abwehrmechanismen, indem er nie von seiner Adoptivmutter spricht. Der Analytiker spricht Deutungen auch gegen den Willen des Kindes aus. Erst nach einem Jahr der Behandlung erzählen die Adoptiveltern ihrem Sohn seine Adoptionsgeschichte. Die Enttäuschung über die leiblichen Eltern wird auf die Adoptiveltern übertragen. Auch im Zentrum dieser Therapie steht die Problematik der narzisstischen Verletzung beim Adoptivkind und seine Schwierigkeiten, positive und negative Aspekte der leiblichen Eltern und ebenso der Adoptiveltern zu integrieren.

HODGES (1984) betont in ihrer Arbeit, dass die Tatsache, dass ein Adoptivkind von seinen leiblichen Eltern nicht gewollt und weggegeben wurde, für das Kind schmerzlich sei und oft nicht richtig verarbeitet werde. Dass reale Informationen mit Phantasien vermischt werden, zeige sich in der analytischen Therapie. Es sei wichtig, diese Phantasien zu bearbeiten und möglichst viel reale Information dem Kind zugänglich zu machen, damit die leiblichen Eltern nicht länger als Projektionsträger für Phantasien und Gefühle dienen müssen. Solche Phantasien würden vom Kind immer auch als Verrat und Angriff auf die Adoptiveltern empfunden und gingen einher mit massiven Schuldgefühlen.

DAVIDSON (1985) beschreibt die analytische Therapie eines jugendlichen Adoptivmädchens: Phantasien über die eigene Vergangenheit, Ängste und Unsicherheit über die eigene Identität beschäftigen diese Jugendliche in solchem Masse, dass ihre Schulleistungen und ihre Beziehungen zu Gleichaltrigen erheblich beeinträchtigt werden. Ihre Phantasien schwanken zwischen dem Bild der Prinzessin und der eines bösen, unwürdigen Kindes, mit deren Integration sie grosse Probleme hat. Eine Hilfe ist die Beschäftigung mit Photos, das heisst mit der eigenen Vergangenheit und der Trauer darüber unter den Augen einer liebevoll begleitenden Mutterfigur, der Therapeutin.

Gruppentherapien

BELLUCCI (1975) hat ein Therapieprogramm entwickelt für spätadoptierte Kinder im Latenzalter, die schon wiederholte Unterbrüche ihrer Pflegeverhältnisse erlebt hatten, und für deren Adoptiveltern. Sie ist der Meinung, dass Gruppentherapie besonders günstig ist, da sie eher akzeptiert wird und in der Gruppe von Gleichbetroffenen Gefühle geteilt und damit zugänglich werden. Unterstützung und Konfrontation ist in der Gruppe möglich. Die Gruppentherapie wurde von Sozialarbeitern einer Institution durchgeführt, die an der Adoptionsvermittlung unbeteiligt waren. Es wurden gleichzeitig zwei Gruppen (Adoptivkinder 9 bis 13 J., und -eltern) geführt. Vorgesehen waren je 6 bis 10 einstündige Gruppensitzungen, die weitergeführt wurden, da die Teilnehmer davon begeistert waren. Vor den Gruppensitzungen fand mit jeder Adoptivfamilie ein Einzelgespräch statt, das vor allem Ängste beim Kind abbauen sollte. Die Themen der Kinder in der Gruppe waren
- Angst, zurückgewiesen zu werden,
- Weggabe durch die leiblichen Eltern verstehen,
- Verwirrung über die Vergangenheit (zum Teil verschiedene Heimaufenthalte,
- Namenswechsel,
- Gefühl, unerwünscht zu sein,
- Gefühl, allmächtig zu sein,
- Ausleben zum Testen der Bindung,
- Geschwisterrivalität zwischen adoptierten und leiblichen Kindern,

- Gefühl, zweitrangig zu sein, nicht dazuzugehören,
- Gefühl, nicht genug Zuwendung zu bekommen,
- Wutgefühle. Diese konnten zum Ausdruck gebracht und verbalisiert werden. Dadurch konnten die Adoptiveltern besser damit umgehen, und es gab mehr Sublimationsmöglichkeiten.
- Probleme der Überforderung (Anforderung von Mittelstands-Adoptiveltern),
- Sexualität.

In der Elterngruppe konfrontierte der Gruppenleiter die Adoptiveltern mit den Themen und Problemen der Kindergruppe. Die Adoptiveltern wollten zunächst Ratschläge, wie sie besser damit umgehen könnten. Später sprachen sie über eigene Gefühle, über ihr Bedürfnis nach Kindern, ihre Erwartungen, über Probleme, die entstanden, weil die Kinder sich selber blieben und nicht ihren Erwartungen entsprachen, über Verantwortungsgefühle, Rettungsphantasien und Realität. Sie sprachen auch über die Zurückweisung der Vergangenheit des Kindes und über Ängste, wenn ihr Kind sie zurückstösst oder abweist. Beide Gruppen stellten eine wichtige Hilfe nach einer abgeschlossenen Adoption dar. Als nach einer gewissen Zeit nur die Kindergruppe weitergeführt wurde, war sie weniger erfolgreich, da Rückmeldungen für die Eltern fehlten.

Auch FRANK/FLYNN (1983) beschreiben eine Art von Gruppentherapie für adoptierte Jugendliche und ihre Familie, die von einer privaten Adoptionsvermittlungsstelle angeboten wird. Seit 1982 wurden dort 129 ältere Kinder zur Adoption vermittelt, und es kam in keinem Fall zu einem Adoptionsabbruch. Dieses Programm besteht einerseits aus der Elternvorbereitung, dann aus der auf die Adoption folgenden Therapie. Bei letzterem findet alle 14 Tage eine Gruppentherapie statt, getrennt für Jugendliche ab 13 und für deren Adoptiveltern. Der Psychologe hört sich zunächst während 30 Minuten anstehende Probleme der Eltern an und verbringt die restliche Zeit mit der Kindergruppe, wobei diese Probleme dort diskutiert, die Kinder aber auch — wenn nötig — durch Umarmungen und Berührungen getröstet werden. Das Ziel dieser Gruppentherapie ist in erster Linie das offenere Umgehen mit Gefühlen und eine verbesserte Kommunikationsfähigkeit.

Über Vorbereitungsprogramme für ältere Kinder, die adoptiert werden sollen, wurde bereits eingehend geschrieben. Ich möchte hier noch ein intensiveres therapeutisches Programm vorstellen, das mit Kindern durchgeführt wird, deren leiblichen Eltern die elterliche Gewalt entzogen werden musste und die für die Adoption vorbereitet werden sollen: LYLE et al. (1983) beschreiben in ihrer Arbeit, wie solche Kinder in einem Camp intensive Psychotherapie erhalten (mehrmals wöchentlich, manchmal über Jahre) und sämtliche anderen Aktivitäten darauf ausgerichtet werden, den betreffenden Kindern zu helfen, ihre Probleme aufzuarbeiten. Während dieser Zeit besteht eine enge Beziehung zum Vormund des Kindes. Wichtige Punkte in der Therapie sind:
- das Vertrauen des Kindes in die Beziehung zu einem Erwachsenen wachsen lassen;
- Aufarbeiten der Vergangenheit des Kindes;
- dem Kind helfen, Gefühle über Trennung, Verlust, Zurückweisung aufkommen zu lassen;
- Aufhebung elterlicher Rechte;
- Hoffnung für die Zukunft aufbauen.

In dieser Zeit entsteht eine intensive Beziehung zwischen Psychotherapeut, Sozialarbeiter und Kind, die eine weitere Begleitung nach dem Eintritt in die Adoptivfamilie ermöglicht. Nicht immer gelingt es, für ältere Kinder eine geeignete Adoptivfamilie zu finden. Sie kommen dann in eine Pflegefamilie oder in ein kleines Heim mit familienähnlicher Struktur.

Kognitive Therapie

Ich möchte noch auf eine Art von Therapie hinweisen, die nicht von Psychotherapeuten, sondern von den betroffenen Adoptierten selbst durchgeführt wird, die also als Selbsthilfe oder Eigentherapie bezeichnet werden könnte. Den Hinweis darauf verdanke ich der Arbeit von EBERTZ (1987), die betont, dass Adoption immer bedeutet, mit einer Art von Dissonanzerfahrung fertig werden zu müssen (vgl. «Neuere Forschungsergebnisse zur Psychopathologie des Adoptivkindes»). Je stärker diese Dissonanz in den einzelnen Fällen erfahren wird, desto stärker wird die Tendenz des Adoptierten sein, «bestehende Dissonanzen durch die Verringerung ihrer Wichtigkeit und durch die Aufnahme neuer kognitiver Elemente zu reduzieren ...» (S. 124). Solche Bestrebungen lassen sich durchaus als kognitive Selbsttherapie auffassen, die durch das Verhalten der Adoptiveltern verstärkt werden kann. Allerdings besteht dabei die Gefahr, auf die früher hingewiesen wurde, dass es zu einer mangelnden Offenheit, Verdrängung und verzerrter Wahrnehmung kommen kann.

Familientherapien

Da Adoptivfamilien meist intakte und motivierte Familien sind, gibt es einige Berichte in der Literatur über angewandte Familientherapie mit einzelnen oder Gruppen von Familien. GURMAN (1982) beschreibt, wie viele Familien in Familientherapie kommen mit dem Adoptivkind als designiertem Patienten. In der Therapie sind ihm besonders wichtig:
- Vor allem müssen die Familienbande gestärkt, die gemeinsame Geschichte durchgearbeitet werden.
- Die Adoption soll offen diskutiert werden, es kann eventuell der Jahrestag der Adoption als spezielles Ereignis gefeiert werden.
- Die Adoption soll als Spezialfall akzeptiert werden. Dies ermöglicht eine gefühlsmässige Beziehung dazu. Dabei muss auch Trauerarbeit geleistet werden.
- Die Tendenz, Vererbung als Urheber aller Schwierigkeiten zu sehen, soll bewusst gemacht werden. Diese Tendenz stört immer wieder das Zusammengehörigkeitsgefühl.
- Autonomiebestrebungen und Loyalitätskonflikte des Adoptivkindes sollen bearbeitet werden.
- Auch über eine eventuelle Suche nach den biologischen Eltern soll gesprochen werden.

TALEN/LEHR (1984) berichten über ein Pilotprojekt, das im Bereich der Familientherapie mit 34 Adoptivfamilien durchgeführt wurde, um verbesserte therapeutische Hilfe für solche Familien anbieten zu können. Dabei wird der Schwerpunkt auf die Interaktion zwischen Familiensystem und Adoptionsthematik gelegt. Die Autorinnen meinen, dass in der Therapie prinzipiell kein Unterschied zwischen Adoptiv- und Nichtadoptivfamilien besteht. In beiden Fällen ist wichtig, die Interaktionsmuster zu verändern, Grenzen zwischen Subsystemen zu errichten, die Hierarchie Eltern-Kind zu stützen, die eheliche Beziehung zu festigen und die Beziehung unter den Geschwistern zu verbessern. Das Thema Adoption erhält erst sekundär Bedeutung. Dabei wird die grundsätzliche Frage gestellt: «Ist das Problem, das Sie haben, Ihrer Meinung nach an die Adoption gekoppelt?» Ist die Antwort «ja», so wird die Adoption als Thema vorläufig ausgeblendet, und es wird darauf hingearbeitet, dass das Adoptivkind mehr als Teil der Familie empfunden wird (mit Fragen wie: wer gleicht wem am meisten?, wer ist wie wer? usw.). Ist die Antwort «nein», so besteht kein Unterschied in der Behandlung. Es müssen Lösungen gefunden werden für das akute Problem, und die Adoption wird als Thema erst später behandelt.

KATZ (1977) wendet Prinzipien der Kriseninterventions- und Familiensystemtheorie auf die Adoptivfamilie an. Die Adoptivfamilie wird schon vor der Aufnahme des Adoptivkindes durch den Sozialarbeiter vorbereitet. Die Familie wird immer als Ganzes gesehen, die Gefühle jedes Mitglieds werden ernst genommen. Vor dem Eintritt des Kindes in die Familie wird diese auf die nachfolgende Krise vorbereitet, und der Betreuer ist während langer Zeit bei Krisen jederzeit verfügbar, das heisst, wöchentlich finden Besuche statt, telephonisch ist er immer erreichbar. Krisen werden als normale Durchgangsstadien betrachtet; die Zuversicht, dass sie bewältigt werden, ist immer vorhanden, und Fortschritte werden aufgezeigt. In einer späteren Phase, wo die Zusammenarbeit weniger intensiv ist, ist eine eventuelle Teilnahme der Adoptiveltern an einer Gruppe hilfreich.

Mehrfamilientherapien

Weitere Autoren befürworten eine Therapie für Familien in der Gruppe, die auch für Adoptivfamilien geeignet sein könnte. Die Mehrfamilientherapie (LAQUEUR, 1972) entstand ursprünglich, weil zuwenig Therapeuten vorhanden waren. Es zeigte sich aber, dass dadurch zusätzliche therapeutische Effekte erreicht wurden. Der therapeutische Prozess lässt sich schematisch so beschreiben:

1. Patienten und Familien, die neu zur Therapiegruppe gehören, spüren ein Nachlassen ihrer Ängste und Symptome.
2. Anfängliche Ängste, Gefühle zuzulassen, verstärken sich und führen zu Widerstand. Ein erstes Nachlassen dieser Abwehr wird erreicht durch den Therapeuten und ältere Gruppenmitglieder.
3. Bedeutsame Veränderungen treten ein. Tieferliegende Probleme werden erkannt und angegangen. Die Flexibilität gegenüber neuen Möglichkeiten verstärkt sich.

Der Autor beschreibt die Vorteile der Mehrfamilientherapie:
- Familien werden als Ko-Therapeuten benützt.
- Es findet ein gewisser Wettbewerb statt, der später durch Kooperation abgelöst wird.
- Die Bedeutung des ganzen Interaktionsfeldes für den Einzelnen wird leichter am Beispiel anderer Familien erkannt.
- Andere Familien wirken als Modelle der Problemlösung.
- Es gibt viele Identifikationsmöglichkeiten.
- Neue Verhaltensmodelle werden gesehen und können ausprobiert werden.
- Das veränderte Verhalten eines Gruppenmitglieds kann inspirierend auf andere wirken.
- Signale, die der Therapeut gibt, können von Gruppenmitgliedern verstärkt und modifiziert werden, so dass sie auch von anderen wahrgenommen werden.

GILL (1978) hat ein Gruppenprogramm für Familien entwickelt, die ältere Kinder adoptiert haben. Es wurde nur mit Adoptiveltern mit -kindern von 8 bis 13 Jahren gearbeitet. Sie wurden in einer Gruppe von fünf Paaren zusammengefasst, und es fanden elf Sitzungen statt. Erlebnisse und Erfahrungen wurden in einer warmen Atmosphäre ausgetauscht, was ermöglichte, Probleme zu besprechen und mit den eigenen Gefühlen umzugehen. Dabei wurden die Adoptiveltern über verschiedene Themen informiert, zum Beispiel die Anpassungsdynamik des Kindes am Anfang in der Familie, sein mögliches Verhalten nach der Plazierung, die Belastung für die eheliche Beziehung usw.

PANNOR/NERLOVE (1977) beschreiben eine Gruppentherapie für Adoptiveltern und deren adoleszente -kinder. Zunächst traf sich die Elterngruppe mit zwei Therapeuten während vier Wochen einmal wöchentlich. Die weibliche Therapeutin arbeitete während vier weiterer Wochen mit dieser Gruppe, während der männliche Therapeut sich viermal mit den Kindern traf. Darauf fand eine gemeinsame Sitzung statt, schliesslich auf Wunsch der Eltern noch eine Nachsitzung für diese. Wichtige Ziele für die Kindergruppe waren: Gefühle über ihr Anderssein, Ängste, Neugier über die leiblichen Eltern ohne Rücksicht auf die Adoptiveltern ausdrücken können. Die Adoptiveltern sollten mehr Einsicht und Bewusstheit entwickeln, Gefühle äussern lernen, Ängste abbauen, Entwicklungen ihrer Kinder besser verstehen lernen. Die gemeinsame Kommunikation sollte verbessert werden. Die Therapeuten versuchten eine dafür günstige Atmosphäre zu entwickeln, Diskussionen zu erleichtern, Informationen zu geben. In der gemeinsamen Sitzung verstärkte das Resumée der von den Jugendlichen diskutierten Themen das Verständnis der Eltern und verbesserte das Zusammengehörigkeitsgefühl.

Mehrgenerationentherapie

BLUM (1983) betont in seiner Arbeit, dass die Adoptionssituation sich über mehrere Generationen erstreckt. Generationenkonflikte haben Einfluss auf die Entwicklung der elterlichen Identität der Adoptiveltern, ihre Bindungsfähigkeit, ihr Vertrauen in die eigenen elterlichen Fähigkeiten und die Art der Beziehung zu den leiblichen Eltern. BLUM schlägt deshalb für Adoptivfamilien, die eine Therapie benötigen, eine Familientherapie vor, die die Grosseltern des Adoptivkindes einbezieht. Noch weiter gehen BLOTCKY et al. (1982), die die Vor- und Nachteile eines Einbezugs der leiblichen Mutter in die Therapie der Adoptivfamilie diskutieren. Sie beschreiben eine solche Therapie, durch die es einem Adoptivkind ermöglicht wurde, seine leibliche Mutter als reale Person zu erfahren und dadurch viele seiner Phantasiebildungen aufzugeben und sich neu mit seinen Adoptiveltern zu identifizieren. Ob eine solche Art der Therapie wünschenswert und erfolgversprechend ist, hängt von den daran Beteiligten ab und kann nur von Fall zu Fall entschieden werden.

Krisenintervention

CLIFTON/RANSOM (1975) beschreiben ein krisenorientiertes therapeutisches Handeln, das Anwendung findet, wenn bei einem Kind in der Adoptiv- oder Pflegefamilie plötzlich Probleme auftreten. Es ist in dieser Situation ihrer Meinung nach wichtig, dass der Therapeut schnell handelt, aktiv eingreift und in der Arbeit mit dem Kind und seiner Familie hilft, Gefühle auszudrücken. Sie beschreiben drei Therapien, bei denen mit dem Kind einmal wöchentlich eine Spieltherapie durchgeführt und gleichzeitig mit den Eltern jede zweite Woche gearbeitet wird. Die äussere Situation wird gleichzeitig stabilisiert.

Komplikationen

Auf spezielle Komplikationen, die in der Therapie mit Adoptivkindern auftreten können, weisen EIDUSON/LIVERMORE schon 1953 hin: Sie meinen, dass die Adoptivmutter ihr Kind oft nicht aus eigenem Antrieb in die Therapie bringt. Zudem erlebt sie durch die Therapie ihres Kindes, dass ihr «eine andere Mutter» ihr Kind wegnimmt, worauf sie mit offener Feindseligkeit reagieren kann. Es ist deshalb wichtig, die Mutter von Anfang an zur Mitarbeit zu gewinnen und auch mit ihr zu arbeiten. Auch das Adoptivkind projiziert das Bild der «guten Mutter» auf die Therapeutin, solange diese all seinen Wünschen entgegenkommt, kann aber keinerlei Anforderungen und Frustrationen in der Therapie ertragen. Oft wird diese deshalb abgebrochen. Die Therapeutin hat die wichtige Aufgabe, Realität zu repräsentieren: eine Elternfigur kann gleichzeitig liebevoll, gewährend, aber auch fordernd und frustrierend sein.

Keines der Adoptivkinder in der Therapie sprach über seine Adoption, keines hatte seine Adoptiveltern als wirkliche Eltern akzeptiert. Die Autoren schliessen daraus, dass die Adoption eine Tatsache ist, die dem neurotischen Konflikt entgegenkommt und die Abwehr ihm gegenüber verstärkt.

Eine Adoptivmutter, die im Agieren ihres -kindes instinktive Impulse sieht, muss, will sie ihre Abwehr aufrechterhalten, dieses Kind ablehnen. Dies wird dadurch erleichtert, dass dieses Kind nicht von ihr geboren wurde. Das Adoptivkind seinerseits hat — wie jedes Kind — einen Konflikt zwischen innerem Triebleben und dem Wunsch, geliebt zu werden. Wenn es von seiner Adoptivmutter abgelehnt wird, sucht es in der Phantasie Zuflucht bei den liebenden leiblichen Eltern. So potenzieren sich die Neurosen von Mutter und Kind, und die Abwehr eines jeden wird durch den anderen noch verstärkt.

Zusammenfassung und Diskussion

Im Bereich der Adoption ist Prävention viel wichtiger als Psychotherapie. Die Untersuchungen der letzten Jahre haben zu zahlreichen Empfehlungen und zu verstärkten Anstrengungen im Bereich der Prävention geführt. Inhaltlich gleichen sich die Forderungen der Autoren; widersprüchlich sind sie, was die Frühadoption anbelangt. Die Gründe dafür wurden bereits erwähnt («Der Zeitpunkt der Adoption»). Die Forderung nach Frühestadoption ist meiner Meinung nach zu unterstützen, da das Wohl des Kindes im Bereich der Adoption im Vordergrund stehen soll. Vielleicht sollte erwogen werden, ob es auch in der Schweiz möglich wäre, Adoptivkinder schon in der Klinik von ihrer zukünftigen Adoptivmutter betreuen zu lassen, so dass ein Wechsel der Pflegeperson vermieden werden könnte. Forderungen wie die von SWIENTEK (1982), dass die Adoptiveltern zunächst über längere Zeit Pflegeeltern sein sollen, um der abgebenden Mutter mehr Zeit für ihre Entscheidung zu geben, können im Interesse des Kindes — trotz allem Verständnis für die schwierige Situation der Mutter — nicht unterstützt werden.
Einhellig befürwortet wird von allen Autoren:
1. Die Vorbereitung der Adoptiveltern auf die Adoption. Sie soll nicht nur im Rahmen von Einzelgesprächen mit dem Adoptionsvermittler geschehen, sondern auch in Form von Gruppentreffen, die neben der Informationsvermittlung der Selbsterfahrung dienen.

2. Der leiblichen Mutter und abgewiesenen Adoptionsbewerbern soll die Aufarbeitung ihrer Problematik und der Entwurf neuer Lebensperspektiven durch Fachleute erleichtert werden.

3. Ältere Kinder, die zur Adoption vermittelt werden sollen, müssen durch ein intensives Programm, das die Möglichkeit von Psychotherapie einschliesst, auf den Eintritt in die Familie vorbereitet werden.

4. Die Adoptivfamilie soll regelmässig nachbetreut werden. Insbesondere soll die Schwellenangst zur Inanspruchnahme von fachmännischer Hilfe abgebaut werden.

5. Es wäre wünschenswert, dass Adoptivfamilien untereinander mehr Kontakt pflegen. Zu diesem Zweck sollen Treffen von den Adoptionsvermittlungsstellen organisiert werden.

6. Selbsthilfegruppen von Adoptiveltern und adoptierten Jugendlichen sollen gefördert werden. In solchen, eventuell parallel geführten Gruppen können vor allem entwicklungsbedingte Schwierigkeiten zwischen Eltern und Jugendlichen — wenn nötig unter Beizug von Fachleuten — bearbeitet werden. Sie würden jedoch auch der Interessenvertretung von Adoptiveltern und einer vertieften Auseinandersetzung mit dem Thema Adoption dienen.

7. Die Forderung von LIFTON (1982), nur Betroffene für die Arbeit im Bereich der Adoption auszuwählen, scheint mir nicht unterstützenswert. Gerade Betroffene — vor allem solche, die ihre eigenen, zum Teil traumatischen Erfahrungen nicht verarbeitet haben — neigen dazu, ihre eigene Perspektive überzubetonen und die Problematik anderer Beteiligter zu unterschätzen.

Wie weit in Zukunft all diese Forderungen verwirklicht werden können, ist zunächst eine Frage der verfügbaren Ressourcen. Prinzipiell ist zu sagen, dass Prävention immer billiger ist als spätere Therapie, Einweisung in Heime oder Finanzierung von Pflegefamilien. Die Adoption stellt für den Staat die kostengünstigste Lösung dar. Aufwendungen in diesem Bereich lassen sich auch von daher rechtfertigen. Vom menschlichen Standpunkt her sind sie erst recht zu unterstützen, da unbefriedigend verlaufende Adoptionen und gar Adoptionsabbrüche schwere bis traumatische Erfahrungen für die Betroffenen darstellen.

Ein Potential von zukünftigen Fachleuten ist vorhanden: Psychologen bringen das nötige Grundwissen mit und könnten in einer zusätzlichen Fortbildung und durch die nötige Selbsterfahrung Spezialisten für Adoption werden. Vermutlich würde ihr Arbeitsbereich am besten von den Adoptionsvermittlungsstellen getrennt, zum Beispiel wie Pfeiffer (1980) vorschlägt, in neutralen Adoptionsstellen untergebracht. Diese Stellen müssten allerdings eng mit den Vermittlungsstellen zusammenarbeiten und wären verantwortlich für jeden der obgenannten Präventionsbereiche. Eine solche Stelle könnte in der Schweiz den Amtsvormund entlasten, dem die weitere Betreuung von Adoptivkindern obliegt, die aber da auf Grenzen stösst, wo die Amtsperson von den Adoptiveltern als Kontrollorgan gefürchtet und abgelehnt wird.

Die Forschungsergebnisse zur Psychotherapie von Adoptivkindern und ihren Familien spiegeln die Situation der Psychotherapie in der heutigen Zeit wider: Es werden verschiedene Methoden mit Erfolg angewendet; daraus lässt sich folgern, dass es *die* Psychotherapie für das Adoptivkind nicht gibt.

Die Arbeiten der verschiedenen Autoren werden in Gruppen zusammengefasst:

1. Sehr häufig (Barnes, 1953; Schechter 1960; Brinich, 1980; Goodwin et al., 1980; Sherick, 1983; Hodges, 1984; Davidson, 1985) finden sich psychoanalytisch orientierte Einzelfallanalysen, die die Hypothesenbildung der Autoren erklären, stützen und anschaulich machen. An ihnen soll die besondere Problematik der Adoption aufgezeigt werden. Die Gewichtung der einzelnen Problemkreise mag bei verschiedenen Autoren unterschiedlich sein — widersprüchlich sind die Arbeiten nie, so dass ein recht klares Bild der Adoptionssituation entsteht. Dass Konflikte, die daraus resultieren können, immer nur bei einzelnen Adoptivkindern und ihren Familien, oft auch nur kurz während schwieriger Entwicklungsphasen, auftreten, versteht sich für die Autoren von selbst. Die Adoption als solche wird nie in Frage gestellt. Ihre positiven Seiten sind durch wissenschaftlich unanfechtbare Untersuchungen, zum Beispiel von Bohman (1980), erwiesen. In einigen wenigen Fällen können dennoch sehr beeinträchtigende

Probleme auftreten. Ich bin der Ansicht, dass diese Familien ein Recht auf möglichst adäquate Hilfe haben.

2. MENARA (1976) hat eine grosse Zahl (N=109) Adoptivkinder untersucht. Ihre Längsschnittstudie, bei der leider eine Kontrollgruppe fehlt, lief über fünf Jahre. Die Zielsetzung der Untersuchung wurde klar definiert. Die Ergebnisse zeigen deutlich, dass der Zeitpunkt der Adoption entscheidend dafür ist, ob ein Adoptivkind frühkindliche Deprivationserlebnisse aufarbeiten kann oder nicht. Möglicherweise ist dafür auch der relativ kurze Beobachtungszeitraum von fünf Jahren mitverantwortlich. Ältere Kinder brauchen wohl selbst unter günstigen Bedingungen mehr Zeit, um frühkindliche Traumata zu verarbeiten. Die von MENARA entwickelte Spieltherapie, die klar beschrieben wird und auch die Umwelt einbezieht, dürfte eine wichtige therapeutische Hilfe für Adoptivkinder mit frühkindlicher Deprivation und ihre -eltern darstellen.

3. Viele Therapieprogramme (FRAIBERG, 1962; BELLUCCI, 1975; FRANK/FLYNN, 1983; LYLE et al., 1983) werden beschrieben für Kinder, die in fortgeschrittenem Alter adoptiert werden sollen. Meist werden sie in einer Institution von Sozialarbeitern unter Supervision von Psychiatern oder klinischen Psychologen durchgeführt. Diese Programme unterscheiden sich nicht wesentlich voneinander und geben wichtige Details für die praktische Arbeit. Dabei werden immer die Adoptiveltern einbezogen.

4. Alle Formen der Familientherapie scheinen sich bei Adoptivfamilien anzubieten, sind diese doch meistens besonders motivierte Angehörige der Mittelschicht. Viele Autoren (BLUM, 1983; BLOTCKY et al., 1982; GURMAN, 1982) haben mit Familien gearbeitet und geben aufgrund ihrer Erfahrungen Empfehlungen über das ihrer Meinung nach richtige Vorgehen. Da sich Gruppentherapie für jugendliche Adoptierte besonders eignet (BELLUCCI, 1975) und Adoptivfamilien die Möglichkeit gibt, sich nicht immer als Minderheit zu erleben, schlagen viele Autoren (TALEN/LEHR, 1984; LAQUEUR, 1972; GILL, 1978;PANNOR/NERLOVE, 1977) Mehrfamilientherapie vor. Mir scheint das therapeutische Vorgehen in zwei Parallelgruppen von Adoptivkindern und -eltern, die zeitweise zusammengeführt werden, sehr erfolgversprechend und gleich-

zeitig ökonomisch zu sein. Bei sehr frühen Störungen des Adoptivkindes müssen sie wohl durch eine Einzeltherapie ergänzt werden.

5. Eine letzte Gruppe von Autoren (CLIFTON/RANSOM, 1975; KATZ, 1977) schlägt eine krisenorientierte intensive Begleitung der neu entstandenen Adoptivfamilie vor. Diese orientiert sich an der Familientherapie insofern, als jedes Mitglied der Familie die gleiche Bedeutung hat und die Familie immer als Ganzes behandelt wird.

Zusätzliche Empfehlungen zur Prävention und Psychotherapie von Adoptivkindern und ihren Familien

Den Vorschlägen in der bestehenden Literatur für eine verbesserte Prävention ist folgende, meiner Meinung nach wichtige Forderung hinzuzufügen: Bei Fachleuten in den helfenden Berufen ist die Gefahr gegeben, dass sie eigene unbearbeitete Konflikte auf ihre Klienten projizieren und dadurch nicht so effizient arbeiten, wie es wünschenswert wäre (vgl. dazu SCHMIDBAUER, 1977). Von daher ist die Forderung nach einer intensiveren Auseinandersetzung mit sich selbst, nach mehr Selbsterfahrung, für alle im Bereich der Adoption Arbeitenden nicht nachdrücklich genug zu stellen.

Was den Bereich der Psychotherapie betrifft, scheinen mir gewisse Ergänzungen wichtig:

Integrative Diagnostik

Trotz aller methodischen Kontroversen der letzten Jahre dürfte der Grundsatz heute unumstritten sein, dass keine Therapie ohne vorhergegangene gründliche Diagnostik stattfinden soll. Auch Diagnostik und Therapie gehören in dialogischem Sinne (HERZKA, 1981) zusammen und stellen einen zirkulären Prozess dar. Diagnostik findet bereits mit einem Blick auf die Therapie statt und soll selbst

147

schon therapeutisch sein; andererseits wird oft im Verlauf der Therapie eine anfängliche Diagnose revidiert werden müssen (HERZKA, 1981). Das griechische Wort «Diagnose» bedeutet Einsicht, Durchblick, Kenntnis haben. Diagnose geht also weit über eine blosse Beschreibung hinaus und bedeutet im besten Fall ein Stück Einsicht. Diagnostik ist Voraussetzung für ein angemessenes Verstehen, Erklären eines Verhaltens, eines Zustandsbildes, einer Persönlichkeit oder einer sozialen Konstellation. Über die Therapie hinaus ist sie somit immer auch Voraussetzung für Rehabilitation und Prävention.

Ein auch für die Adoptionssituation geeignetes Diagnostikmodell scheint mir beispielsweise dasjenige von EINSIEDEL (1983) zu sein, das die Befindlichkeit eines Menschen (Verhalten, Erleben, Allgemeinzustand) als Funktion folgender Merkmalsbereiche erfasst:
- sozialer Befund
- Anamnese
- situativer Befund
- psychischer Befund
- somatischer Befund
- Interdependenzen o.a. Merkmalsbereiche

Die einzelnen Bereiche kovariieren und sind in sich in eine nach oben offene Vielzahl weiterer Dimensionen und Einzelmerkmale zu differenzieren.

Die Bedeutung *sozialer* Merkmale für die Befindlichkeit eines Menschen ist unbestritten. Jeder Mensch ist auf Mitmenschen, Familie, Klein- und Grossgruppen bezogen. Aus der Trivialität dieser Tatsache darf nicht ihre empirische Vernachlässigung resultieren, jedoch ist eine Überbewertung gesellschaftlicher Merkmale zu vermeiden.

Auch die Relevanz der (üblicherweise in Familien-, Eigen- und Krankheitsvorgeschichte gegliederten) Erfassung *anamnestischer* Merkmale ist unmittelbar einsichtig. Da bei einer Erkrankung auch genetische, dispositionelle und archaisch tradierte Faktoren wirksam werden können, kann die Anamnese einem umfassenden Klassifikationsschema, das Biogenese, Phylo-, Anthropo-, Onto- und Aktualgenese mit einbezieht, subsumiert werden.

In jede *Situation* wirkt eine Vielzahl von Einflussgrössen hinein. Zur hinreichenden Kennzeichnung ist jede Situation *inhaltlich* (z.B.

im Sinne der Verhaltensdiagnostik) mit einer symptomspezifischen Sammlung der Ausgangsdaten (baseline) und *formal* zu kennzeichnen. Formal mit einem

a) *Zeit-Kontinuum* mit den Merkmalen «rezent», «akut», «imminent»,
b) *Ziel-Kontinuum* mit der Sequenz: Vitale Bedürfnisse — Verhalten — Leistungsfähigkeit — Autonomie — Lebensgenuss/ Sinnfindung,
c) *Diskrepanz-Kontinuum,* nach dem der situativ immer gegebene Unterschied zwischen Einstellungen, Vorannahmen, Erwartungen, Fähigkeiten eines Menschen und den tatsächlichen Ereignissen von Indifferenz über Neugierde, Stress, Frustration bis zur Konversion oder sogar bis zur (psychogen letalen) Situation der Ausweglosigkeit reichen kann.

Mit der Erfassung *psychischer* Merkmale ist zunächst die Abklärung relativ überdauernder Funktionen, Bereitschaften, Einstellungen oder Haltungen eines Menschen im Sinne der traditionellen Diagnostik gemeint. So sind zum Beispiel Intelligenz, Cerebralfunktionen, Leistungsfähigkeit, motivationale, emotionale, vitale, normative, soziale Merkmalsbereiche (mit den jeweiligen Differenzierungen) psychodiagnostisch abzuklären.

In zeitlicher und sachlich-inhaltlicher Hinsicht sind *körperliche* Merkmale in einer umfassenden Untersuchung erstrangig. Diese Prädominanz der somatischen Merkmale kann dazu provozieren, andere, weniger leicht fassbare Merkmalsbereiche zu ignorieren und schon deshalb einer Therapie zu entziehen. Durch massives somatotherapeutisches Eingreifen können oft ebenso zu diskutierende psychogene oder soziogene Einflussgrössen verdeckt werden.

Da jede einzelne Lebensäusserung nur aus einer *Interdependenz* der Gesamtabläufe zu verstehen ist, sind sowohl querschnittliche (systemeigene und peristatische) als auch längsschnittliche (genetische und verlaufsspezifische) Merkmale zu berücksichtigen und in ihren Anteilen zu bestimmen. Auch die in letzter Zeit akzentuierten systemischen Bedingungen sind klassifikatorisch zunächst der Kategorie Interdependenzen zuzuordnen (zusammengefasst nach EINSIEDEL, 1983).

Leider fehlt in der Diagnostik «noch weitgehend das Instrumentarium zur Wahrnehmung und zur Formulierung von

Relationen ... Traditionelle Kausalitätsvorstellungen im Sinne von Kausalketten stimmen offensichtlich nicht mehr»... und Objektivität hat sich als Illusion erwiesen. Dies sollte kein Grund zur Resignation sein, sondern uns ermutigen, «in zunehmendem Mass Entwicklungszusammenhänge in ihrer ganzen Vielfalt zu erfassen zu versuchen und ein Denken in komplexen Beziehungsmustern zu entwickeln, auch wenn sich unsere diagnostische Aufgabe dadurch als weit komplizierter erweist, als dies bis noch vor 15 oder 20 Jahren der Fall war» (HERZKA, 1988).

Therapieziele

Damit wir als Eltern, Erzieher, Therapeuten, Helfer in unserem therapeutischen oder auch präventiven Verhalten sicherer werden, ist etwas zu den Perspektiven unseres Tuns zu sagen, zu den Zielen der Therapie. Die folgende Tabelle zeigt die Hierarchie der mit anthropologisch fundierten Lebenszielen korrelierenden therapeutischen Zielbereiche («Ziel-Kontinuum»), die entgegengesetzt der Erkrankungssequenz verläuft:

Erkrankung   Therapieziele/Lebensziele:

Lebensgenuss/Sinnfindung
Autonomie
Leistung
Verhalten
Vitale Bedürfnisse

Therapie

Die Relevanz *vitaler* Bedürfnisse ist unmittelbar einsichtig. Neben Nahrung und Gesundheit sind zu nennen: Bedürfnis nach
- primärer Kommunikation,
- Sicherheit von Leib und Leben,
- Wohnung,
- Erholung und Regeneration.

Verhaltensnormen ändern sich zwar zeitlich und regional. Insgesamt kann jedoch gesagt werden, dass die Normen der Gesellschaft, in der man auf Dauer leben will, zu erfüllen sind, bevor höhere Ziele angestrebt werden können.

Durch spezifische *Lern-* und *Leistungsfähigkeit* kompensiert der Mensch seine biologische Insuffizienz. Leistungsstörung war bis jetzt zunächst stets ein Leistungsdefizit. Erst jetzt in postindustrieller Zeit wird die Leistungs- und Arbeitssucht als Psychopathologicum entdeckt.

Zur *Autonomie:* In der Adoleszenz kann elterliche Fürsorge als unerträglich einengend erlebt werden. Abgrenzung, Selbstfindung, Freiheit sind Qualitäten einer lebensimmanenten Gesetzmässigkeit zu autonomem Handeln. Diese Tendenz zur Autonomie ist ubiquitär. Sie wird in der Sozialisation nur verschieden stringent (je nach historischen, gesellschaftlichen und ökonomischen Bedingungen offener oder repressiv) ausgestaltet.

Lebensgenussfähigkeit meint zum Beispiel die Fähigkeit zu kommunikativem, taktilem, oralem, sexuellem, ästhetischem Genuss, *Sinnfindung* die Fähigkeit zum Erkennen und Realisieren von (subjektiven) Bedürfnissen und Vorstellungen, die Möglichkeit zum Leben in Kongruenz mit (frühen, sozialen, ethischen) Normen, zum Genuss auch spielerischer Intentionen, zum Nichtstun, die Fähigkeit zur Selbstverwirklichung, schliesslich die Fähigkeit zur (subjektiven) Interpretation von wertphilosophischen Grundsätzen (EINSIEDEL, 1983).

Differentielle Indikation

Mit einer umfassenden Diagnostik und einer klaren Zielsetzung kommen wir der Möglichkeit einer *differentiellen Indikationsstellung* näher. Vor jeder Therapie gilt es abzuklären, *was* behandlungsbedürftig, *wohin* zu behandeln, *wie* zu behandeln ist und *wie* diese Schritte nach Zweckmässigkeit und Wirkung zu evaluieren sind. Statt Erfolgs- und Verlaufsforschung zu betreiben, schlägt GRAUPE (1978) vor, Therapievorgänge in bezug auf ihre Effekte innerhalb der Therapiesituation und/oder in ihrer Wirkung auf das Verhalten des Patienten ausserhalb zu beurteilen. Am Anfang steht nach REMSCHMIDT/ SCHMIDT (1986) die Aufgabe, das therapeutische Handeln zu dokumentieren, dann eine multimodale Handlung auf ihre Wirksamkeit zu überprüfen und zu schauen, ob zuvor gesteckte Ziele erreicht wurden. Um die richtige Therapie für einen bestimmten Patienten unter den gegebenen Umständen zu finden, müssen wir konkret sagen können, warum (nach subjektivem Empfinden und objektiven Gegebenheiten) eine Normabweichung besteht, wo sie (z.B. im körperlichen und/oder psychischen und/oder sozialen Bereich) besteht, wann sie (in der Vergangenheit, Gegenwart oder Zukunft) vorliegt und in welchem Ausmass. Zudem müssen die konkreten Möglichkeiten des Therapeuten (z.B. nach Profession, Institution, technischen, ökonomischen, gesellschaftlichen Bedingungen) einbezogen werden und die therapeutischen Perspektiven als operationalisierbare Ziele explizit gemacht werden.

Es ist deshalb sinnlos zu sagen, dass *die* Psychotherapie für das Adoptivkind die analytische Spieltherapie oder die systemische Familientherapie sei. Viel eher soll mit den oben angeführten Entscheidungshilfen bestimmt werden, wer welche Therapie mit welchen Zielen und unter welchen Kontrollmöglichkeiten für ein bestimmtes Adoptivkind in einer bestimmten Adoptivfamilie durchführen kann. Dadurch kommt es zur notwendigen «Individualisierung des therapeutischen Handelns durch Akzeptanz des einmaligen So-Seins des homo patiens und durch die Berücksichtigung der aus dem therapeutischen Prozess selbst resultierenden Implikationen» (EINSIEDEL, 1983).

Von daher wäre es wünschenswert, dass in der Theoriebildung der Psychotherapie vermehrt «widersprüchliche, voneinander abgegrenzte, aber einander ergänzende Ansätze miteinander verbunden würden, jedoch ohne dass die Identität der entsprechenden Methode aufgegeben würde» (Herzka, 1988).

Empfehlungen für weitere Untersuchungen

Wie oben beschrieben, gibt es bis jetzt vor allem Einzelfallstudien, die wertvolle Beiträge leisteten zur theoretischen Fundierung und zum Erkennen der mit der Adoption verbundenen Problematik. Kontrollierte Untersuchungen existieren vor allem zu Einzelaspekten der Adoption, vielleicht mit Ausnahme der schwedischen Untersuchung von BOHMAN (1980), die umfassender ist.

Wünschenswert wären grösser angelegte kontrollierte Untersuchungen vor allem zur Häufigkeit und Art psychischer Störungen von

Adoptivkindern, wenn möglich mit einer Differenzierung von Altersgruppen. Dabei sollten möglichst alle Adoptivkinder erfasst, randomisiert und mit einer Kontrollgruppe von Adoptiv- und einer von Nichtadoptivkindern verglichen werden. Solche Untersuchungen mit grossem N sind aufwendig und sprengen den Rahmen zum Beispiel einer Dissertation.

Interessant wären breiter angelegte Untersuchungen über die Psychotherapie von Adoptivkindern. Dabei stossen wir allerdings auf die Problematik der Psychotherapie als Forschungsgegenstand (vgl. dazu Dührssen, 1964; Graupe, 1978; Quekelberghe, 1979; Petri/Thieme, 1981; Petzold, 1982; Remschmidt/Schmidt, 1986) und auf das Problem der Multikausalität. Auch in der Untersuchung von Bohman (1980) zeigte sich, dass keine der untersuchten Hintergrundvariablen in auffallendem Zusammenhang stand zur Anpassung des Kindes oder zu seinen Schulleistungen und ausreichte, um die Varianz zu erklären. So dürften Einzelfallstudien im Bereich der Psychotherapie von Adoptivkindern weiterhin ihre Berechtigung haben, sofern sie den dafür aufgestellten wissenschaftlichen Kriterien genügen.

Verbesserungen im Bereich der Adoptionsvermittlung und der Nachbetreuung müssten zunächst allgemein eingeführt werden und dann über einige Jahre laufen, bevor ihre Effektivität durch breitangelegte Befragungen und Untersuchungen überprüft werden könnte.

BEISPIELE AUS DER PRAXIS

Vorbemerkungen

Die folgenden Beispiele aus der Praxis einer Kinderklinik sollen in erster Linie der Veranschaulichung des theoretischen Teils dienen. Sie können und wollen nichts «beweisen», da vor allem ihre Zahl viel zu klein ist, als dass eine empirische Untersuchung mit den entsprechenden Kontrollgruppen möglich gewesen wäre. In jeder Kinderklinik werden Adoptivkinder relativ häufig vorgestellt. Sehr oft besteht die Fragestellung darin, was bei auftretenden Schwierigkeiten mit ihnen geschehen soll, so dass vor allem psychosoziale Massnahmen nötig werden. Eigentliche Psychotherapien werden nur selten durchgeführt; eine Evaluation im grösseren Stile ist deshalb unmöglich.

Die offensichtlichen Nachteile und Beschränkungen solcher einzelner Falldarstellungen, wie sie hier beschrieben werden, sind in unserer von empirischen Untersuchungen dominierten Zeit längst bekannt:
- «Die Ausgangsbeobachtungen sind gewöhnlich nicht allgemein zugänglich... .
- die Art und Weise, in der die Beobachtungen gewöhnlich reduziert, geordnet und zusammengefasst werden, um eine Hypothese zu entwickeln oder zu überprüfen, ist gewöhnlich ebenfalls nicht zugänglich, sondern stellt private Beurteilung des Analytiker-Forschers ... dar;
- die klinisch-retrospektive Methode, bei der nach dem Eintreten eines Ereignisses aufgrund der Untersuchung der Folgen auf die Ursache geschlossen wird, trägt die Gefahr des zirkulären Schliessens in sich, und
- es ist problematisch, Verallgemeinerungen von Beobachtungen an einem einzelnen oder einigen wenigen Fällen vorzunehmen» (nach WALLERSTEIN und SAMPSON, 1971, zit. nach REUKAUF, 1984).

Daneben dürfen die Vorzüge und positiven Möglichkeiten von Einzelfallstudien nicht vergessen werden: Die multiplen interdependentiellen Vernetzungen von therapeutischen Effekten mit biographischen, somatischen, situativen und sozialen Faktoren sind derart komplex, dass sie vielleicht nur beim einzelnen Patienten einigermassen erfasst und übersichtlich gemacht werden kann.

Die Tatsache, dass hier ausschliesslich Probleme dargestellt werden, soll nicht darüber hinwegtäuschen, dass eine weit grössere Anzahl von Adoptionen — dank der Fähigkeit und dem Einsatz der Betroffenen — erfolgreich verlaufen. Auftretende Probleme bieten die Möglichkeit, Schwierigkeiten und ihre Entstehung aufzuzeigen. Abgesehen davon geben die beschriebenen Beispiele ein Stück Realität wieder, indem sie einen Ausschnitt aus dem Alltag einer psychologischen Ambulanz einer Kinderklinik darstellen und auch allgemeine Probleme des kindertherapeutischen Handelns aufzeigen.

Es ist wohl nicht zufällig, dass unter den beschriebenen Kindern ein kleiner Koreaner und ein Mischlingsmädchen sind — an ihnen wird die besondere Problematik solcher transkultureller Adoptionen sichtbar.

Alle Namen sind geändert und Angaben nur soweit vorhanden, als die Anonymität der Betroffenen gewahrt bleiben konnte.

Beispiele

Michael

Zur Zeit des Erstkontakts ist Michael zehn Jahre alt. Die Adoptiveltern berichten, dass Michael in zunehmendem Masse so starke Verhaltensauffälligkeiten in der Familie zeige, dass sie damit erzieherisch überfordert seien. Dazu kämen Lernschwierigkeiten und Verhaltensprobleme in der Schule. Die Waldorfschule, die Michael besucht, habe nun einen Heimaufenthalt vorgeschlagen. Die Eltern, die sich von Michael zu diesem Zeitpunkt nicht trennen wollen, sind alarmiert und bringen ihn zur psychologischen Abklärung.

Familienanamnese: Michael kam im Alter von vier Jahren im September 1980 direkt aus Korea. Er wurde von seinen Adoptiveltern, die keine leiblichen Kinder haben, über Terre des Hommes adoptiert. Herr N. wünschte sich ein Kind aus der Dritten Welt, da er selber als Entwicklungshelfer tätig gewesen war. Die Eltern N. haben etwas später noch ein koreanisches Mädchen adoptiert, Lisa, die heute sieben Jahre alt ist; mit ihr kommen sie gut zurecht. Für Michael dürfte diese begabtere jüngere Schwester eine Belastung darstellen, da sie den ersten Platz im Herzen ihrer Eltern einnimmt und vermutlich schon jetzt einiges besser kann als er, der «das schwarze Schaf» der Familie ist. («Die andern mögen mich sowieso nicht», sagt er wörtlich.)

Persönliche Anamnese: Über Schwangerschaft, Geburtsverlauf und frühkindliche Entwicklung ist nichts bekannt. Michael habe sich im Heim in Korea «unauffällig» verhalten. Die Sauberkeitserziehung war bei seiner Ankunft abgeschlossen. Die Sprachentwicklung verlief zunächst beschleunigt (M. lernte schnell einige deutsche Wörter), dann aber verlangsamt bei der Satzbildung. Noch heute sind sein Wortschatz und sein Wortverständnis nicht altersgemäss entwickelt. Die motorische Entwicklung verlief unauffällig; feinmotorisch ist Michael sehr geschickt.

Bereits der Empfang am Flughafen war dramatisch; Michael schlug um sich und wehrte sich gegen seine Adoptiveltern. Die in der Folge auftretenden Verhaltensauffälligkeiten (Tobsuchtsanfälle, nächtliche Angstzustände, Einnässen usw.) nahmen die Adoptiveltern zunächst als normal hin, um so mehr, als er bald bemerkenswerte Fortschritte auf allen Gebieten machte.

Anderen Kindern gegenüber war Michael oft aggressiv. Dies konnte im Waldorf-Kindergarten, den er besuchte («er ging nicht gerne, sagte aber nichts», so die Mutter wörtlich), noch aufgefangen werden. Mit der Einschulung im August 1984 wurden die Probleme massiver. Zu Hause gäbe es nun täglich Auseinandersetzungen, wilde Ausbrüche Michaels, tätliche Angriffe auf Mutter und Schwester, die sich nur dadurch vor Michael zu schützen wüssten, dass sie sich in einem andern Zimmer einschlössen. Michael sei erzieherisch immer weniger zu beeinflussen, mache, was er wolle, und laufe von zu Hause weg, sobald ihn seine Mutter aus dem Auge lasse. Er habe zu niemandem in seiner Familie eine richtige Beziehung.

Schule: Michael besucht die zweite Klasse der Waldorfschule. Seine Leistungen sind unterdurchschnittlich. Aus einem Schulbericht geht hervor, dass Michael vor allem in Abwesenheit der Lehrer, immer stärkere Aggressionen gegen Mitschüler zeige, so dass er zum Beispiel nicht mehr in die Pause gehen konnte. Jeden Misserfolg, müsse er durch negatives Verhalten wieder wettmachen.

Eltern und Lehrer klagen darüber, dass man mit Michael nicht über seine Probleme sprechen könne. Er verschliesse sich völlig. Daneben könne er wieder zutraulich sein und offen von seinen Erlebnissen erzählen, zeige in «guten Momenten» auch ein positives Sozialverhalten.

In der Testsituation wirkt Michael zunächst offen und zutraulich. Ein oberflächlicher Kontakt zur Untersucherin kommt sofort zustande. Bei gezielterer Befragung weicht er jedoch aus und verweigert die Mitarbeit. Er spricht etwas zögernd und ist merklich auf der Suche nach passenden Wörtern. Als Linkshänder zeigt er deutliche Lateralitätsschwierigkeiten. Er ist feinmotorisch sehr geschickt, beim Aufräumen ist sein Verhalten pedantisch, fast zwanghaft. Er hat Mühe, Zusammenhänge zu erfassen und logische Schlussfolgerungen zu ziehen.

Testergebnisse: Michael zeigt bei der Testdurchführung eine unterdurchschnittliche Gesamtintelligenz. Die auffallenden Diskrepanzen in den verschiedenen Tests deuten auf eine neurotische Intelligenzhemmung oder Pseudo-Debilität hin. Die Ergebnisse der cerebralen Psychodiagnostik lassen auf eine minimale cerebrale Dysfunktion schliessen. Michael zeigt im Test ein durchschnittliches Leistungsverhalten bei durchschnittlicher Fehlerzahl. Die Leistung wird im Verlauf qualitativ zunehmend besser, quantitativ bleibt sie ungefähr gleich. Auch dieses Teilergebnis ist ein Hinweis auf seine «eigentlich» guten (für eine erfolgreiche Mitarbeit in einer Normalschule an sich hinreichenden) Fähigkeiten.

Michael ist nicht nur wenig leistungsmotiviert, er hat auch eine (vielleicht durch seine minimale cerebrale Dysfunktion mitbedingte) stark herabgesetzte Frustrationstoleranz und geht aus Angst vor

Misserfolg, den er nicht ertragen kann, Anstrengungen eher aus dem Weg. Zu Leistungen braucht er prompte soziale Verstärkungen.

Von daher lässt sich sein «Ausreissen» von zu Hause miterklären. Er entzieht sich dadurch den Forderungen von Schule und Elternhaus und kann sich ohne deren Kontrolle bei seinen Streichen im Zusammensein mit kleineren Kindern «stark» und «siegreich» fühlen.

Affektiv ist Michael gut ansprechbar. Sobald irgendwelche seiner Probleme angesprochen werden, zieht er sich sichtbar zurück. Schulischen oder sozial kritischen Situationen weicht er aus; wenn dies nicht möglich ist, reagiert er mit offenem Widerstand und starken Aggressionen. Michael dürfte durch seine Vergangenheit zutiefst verunsichert sein und wird wohl noch immer zeitweise von grossen Ängsten überschwemmt. Diese Erlebnisse führen einerseits zur Abkapselung gegen aussen, zu einer emotionalen Distanz, die als «Beziehungslosigkeit» wahrgenommen wird. Andererseits dürften kognitive Wahrnehmungsprozesse dadurch betroffen sein. Seine Aggressionen sind (u.a.) als ein Zeichen seiner Hilflosigkeit im Umgang mit solchen Ängsten anzusehen.

Seine Rückzugstendenz, sein «Eingeigelt-Sein» kommen in seinen Zeichnungen deutlich zum Ausdruck. Seine Hemmung zeigt sich ferner im fehlenden Zugang zu Phantasie und Kreativität. Ein grosser Teil seines intellektuellen, emotionalen und kreativen Potentials ist derzeit für ihn nicht verfügbar.

Nachdem die Eltern N. einer Heimeinweisung und einer Umschulung in die Sonderschule nicht zustimmen konnten und sich nicht bereit fanden, im Rahmen unserer Klinik familientherapeutisch-systemisch mitzuarbeiten, wurde vom Team beschlossen, mit Michael eine Spieltherapie durchzuführen. Die Prognose für diese Therapie war von Anfang an nicht günstig, da vor allem die Mutter sich weigerte, an weiteren Familiengesprächen teilzunehmen, die sie ihrer Meinung nach nur belasteten. Die Eltern waren auch mit einem Kontakt unsererseits zu Michaels Lehrern nicht einverstanden. Sie hatten bereits verschiedene Kontakte zu Psychologen und anderen Institutionen hinter sich, die ihnen nach ihren Aussagen nicht helfen konnten. Frau N. schilderte sich als «am Ende ihrer Kräfte», sie denke an Selbstmord und habe keinerlei Beziehung zu Michael, so dass sie ihn gar nicht mehr erziehe, er mache, was er wolle, streune stundenlang irgendwo draussen umher.

Spieltherapie: Zur ersten Therapiestunde erscheint ein für sein Alter kleiner, hübsch gekleideter Koreanerbub. Ein emotionaler Kontakt zur Therapeutin kommt schnell zustande, als er mit dem Szenokasten ein Haus baut, durch das wir uns gegenseitig immer wieder freudig begrüssen (das auf einer anderen Altersstufe beliebte Gugus-Dada-Spiel). In den folgenden Stunden arbeitet er mit Ton, den er von der Schule her kennt. Dabei zeigt er wenig Phantasie, wiederholt, was er dort schon machte und erwartet von mir das gleiche. Dabei sowie in den Würfelspielen in den darauffolgenden Stunden ist einzig und allein wichtig, wer es besser kann oder wer gewinnt. Ein Spiel interessiert ihn nur solange, als er gewinnt. Leistungen jeder Art verweigert er sofort. Es zeigt sich, dass Michael ein zutiefst verunsichertes und entmutigtes Kind ist. In den ersten Therapiestunden wird deshalb versucht, ihm gewisse Erfolgserlebnisse zu ermöglichen. M. ist jedoch äusserst selbstkritisch und kann seine wirklichen Leistungen sehr gut beurteilen. Wenn ihm etwas gelingt, ist er grosszügig und liebevoll, er öffnet sich dann zusehends, erzählt von früheren Erlebnissen bei der Ankunft in Deutschland, in der Schule, von Dingen, die er gerne tut usw. Probleme jedoch spricht er nicht an, und bei Misserfolgen steigt wohl neue Unsicherheit und Angst in ihm hoch, die sein kleines Gesicht wieder fassadenhaft und verschlossen werden lassen. In diesen ersten Stunden bleibt er kontrolliert, selbst aggressive Spiele (Türme umfahren mit Autos u.ä.) arten nicht aus. Von mir gesetzte Grenzen akzeptiert er ohne Widerrede.

Nach einiger Zeit wurden trotz des anfänglichen Widerstandes mit den Eltern einige Gespräche geführt. Wir versuchten vermehrt, die Probleme auch aus ihrer Sicht zu sehen, ihnen eine gewisse Entlastung zu geben und vor allem, bei ihnen mehr Verständnis für Michael zu wecken. Leider blieb die Mutter bei ihrer vorgefassten Meinung, dass Michael «sich nie ändern werde». Die Eltern hatten von sich aus Kontakt zu einem Heim aufgenommen und zogen in Betracht, Michael während der Woche dorthin zu geben, wo er auch die Schule besuchen könnte. Dieser Plan wurde unsererseits unterstützt, weil dadurch eine gewisse Entspannung für die Familie möglich gewesen wäre; eine begleitende Psychotherapie hätte vom Heim aus stattfinden können. Um das zu vermeiden — gleichsam als letzter Versuch — wollte der Vater, der eher gegen diesen Plan war, einige Zeit halbtags arbeiten, um Michael besser betreuen zu können.

Nach 18 Therapiestunden wird die Therapie plötzlich von seiten der Eltern abgebrochen. Die Mutter hatte ein Buch gelesen über eine neue medikamentöse Therapie von hyperaktiven Kindern. Sie fährt darauf mit Michael nach München; dieser wird in der Folge von einem Arzt mit Stimulantien behandelt. Die Mutter erzählt, er habe sich darauf sofort beruhigt, in der Familie und in der Schule gehe es seitdem viel besser, und er werde nun von der Waldorfschule in die normale Volksschule wechseln. Eine Spieltherapie halte der betreffende Arzt für nicht wünschenswert, hingegen erhalte Michael einen zusätzlichen Stützunterricht. Von einer Heimeinweisung war nicht mehr die Rede. Damit brach der Kontakt zu Michael und seiner Familie ab. Zu einer angesetzten, letzten Therapiestunde erschien er nicht mehr.

Die katamnestische Befragung der Mutter ergab zwei Jahre später, dass der Münchner Arzt die Behandlung von Michael bald als hoffnungslos aufgegeben hätte und Michael sich seit 1 $^1/_2$ Jahren in einem Heim befinde. Dort gehe es schlecht und recht, die Probleme seien eigentlich die gleichen geblieben. Übers Wochenende komme er nach Hause, sei dann lieb und anhänglich. Sie, die Mutter, habe in der Zwischenzeit einiges gelernt, zum Beispiel dass sie ihn mit ihren Erwartungen überfordert habe, dass sie sich durch ihn abgelehnt gefühlt hätte und das nicht ertragen konnte. Nun sei sie in ihren Ansprüchen bescheidener geworden und könne ihn mehr akzeptieren, wie er sei. Sie betonte, dass sie und Michael sehr traurig wären über die Trennung und dass sie Pläne hätte, ihn wieder nach Hause zu nehmen und in die Sonderschule zu schicken.

Kommentar: Michaels Geschichte zeigt, wie schwierig die Adoption eines älteren Kindes aus der Dritten Welt sein kann, bei dem weder das Kind noch die Eltern intensiv vorbereitet wurden. Es gibt verschiedene Tatsachenberichte (DERICUM, 1976; KLINGENBERG, 1977; WESTPHAL, 1978) von Adoptiveltern, die zeigen, dass nur durch unendliche Geduld und konstante Zuwendung der Adoptiveltern solch frühkindliche Deprivationserlebnisse aufgearbeitet und das unabdingbare Vertrauen hergestellt werden kann. Michael muss, da er noch kein Vertrauen in die Sicherheit der Beziehung zu den Adoptiveltern hat, durch entsprechendes Verhalten unbewusst testen, ob sie ihn wirklich lieben und nicht wieder wegschicken. Diese Phase des Testens (vgl. «Der Zeitpunkt der Adoption») stellt unglaubliche Anforderungen an die Belastungsfähigkeit der Adoptiveltern, denn ein solches Verhalten des -kindes lässt sich nicht mit dem Bild einer glücklichen Familie in Einklang bringen. Da ist es begreiflich, dass einige Adoptiveltern die Zuversicht verlieren und davon überzeugt sind, dass ihr -kind einen schlechten Charakter hat und sich nie ändern wird. Durch eine solche Einstellung wird eine Integration in die Familie verunmöglicht. Bei Michaels Geschichte fällt auf, dass von einem gewissen Moment an Hilfe gesucht wurde, dass aber nie geduldig und ruhig abgewartet wurde, bis sich etwas bessern konnte. Immer wieder wurde eingegriffen und manipuliert, dabei brauchen Adoptiveltern eines so zutiefst verunsicherten Kindes, das von allen seinen Wurzeln abgeschnitten wurde, vor allem Zeit, Gelassenheit und sehr viel Liebe. Wo die eigene narzisstische Bedürftigkeit der Adoptiveltern auf kindliche Zuwendung angewiesen ist, ist der Misserfolg schon programmiert. Richtige Vorbereitung und kontinuierliche Begleitung wären da dringend nötig.

Cindy

Der Kontakt zu dieser Adoptivfamilie begann mit einem Telephongespräch, in dem der Adoptivvater wissen wollte, ob in unserer Klinik Hypnose durchgeführt werde. Als dies bejaht wurde, erschienen die Adoptiveltern mit Cindy zu einem ersten Termin. Das Erstgespräch ergab, dass auch dieses Adoptivkind bereits bei einem Psychologen in Behandlung war, den letzten Termin dort jedoch nicht mehr wahrnahm, da dieser — nach Meinung der Eltern — «mehr schaden als nützen könne».

Anlass zum Erstgespräch war die Meinung des Vaters, dass Cindy Probleme mit ihrer Umwelt habe, nur in der Gegenwart lebe und mit ihrer Einstellung «alles ist mir egal» nicht weiter komme. Auch ihre Schulleistungen entsprächen nicht ihrer — seiner Meinung nach überdurchschnittlichen — Begabung und zudem nässe sie zwei- bis viermal wöchentlich ein. Der Vater dachte, dass in Cindys Vergangenheit der Grund für ihre Probleme liegen und dass dieser in der Hypnose aufgezeigt und behandelt werden könnte. Er stellte zum Beispiel Zusammenhänge wie den folgenden her: Cindy liebt vielleicht Kuchen mit Rum deshalb nicht, weil ihre Mutter eine Alkoholikerin gewesen ist.

Die Familienanamnese: Die Adoptivmutter ist 42 Jahre alt, Besitzerin eines Wäschegeschäfts. Sie wirkt mütterlich, einfühlend, verständnisvoll, jedoch sehr zurückhaltend. Sie kann sich gegen ihren Mann, der sie unterbricht und selber meistens spricht, nur schwer durchsetzen.

Der Adoptivvater ist gleich alt, hat einen Hauptschulabschluss und ist im Aussendienst tätig. Er ist sehr kommunikativ, bemüht und scheint sich ständig Gedanken und Erklärungen über das Verhalten seiner Tochter zu machen.

Die Schwester Irene ist 13 Jahre alt und das zweite leibliche Kind ihrer Eltern. Ihr Vater schildert sie als weniger begabt als Cindy, jedoch sehr arbeitsam, so dass sie gute Schulerfolge habe. Auch sie besucht die Realschule. Sie werde von Cindy umworben, sei jedoch oft sehr ablehnend gegen diese, weswegen sie von den Eltern oft zurechtgewiesen werde. Im übrigen zankten und versöhnten sich die Schwestern, wie dies normal sei. Das erste Kind dieser Eltern war vier Jahre vor Irene geboren und starb mit sechs Jahren. Da die Eltern Irene nicht als Einzelkind aufwachsen lassen wollten, eine Schwangerschaft für die Mutter jedoch zu gefährlich gewesen wäre, entschlossen sie sich zur Adoption.

Persönliche Anamnese: Cindy wurde mit sechs Monaten adoptiert. Von ihrer leiblichen Mutter ist bekannt, dass sie selber ein uneheliches Kind war, später jedoch einen Stiefvater und drei Stiefgeschwister bekam und in einigermassen geordneten Verhältnissen aufwuchs. Mit 15 Jahren sei sie von zu Hause weggelaufen, sei herumgestreunt, habe nicht gearbeitet und hätte wechselnde Männerbekanntschaften gehabt. Cindys Vater ist unbekannt, vermutlich war er ein schwarzer Amerikaner, der in Deutschland seinen Militärdienst leistete. Über Schwangerschaft und Geburt ist nichts bekannt. Bis zum Alter von sechs Monaten war Cindy in einem

Kinderheim und hatte wechselnde Bezugspersonen. In ihrer Adoptivfamilie war sie stets ein angepasstes, problemloses Kind, das sich altersgemäss entwickelte. Auffallend war eine ausgesprochene Achtmonatsangst, die sie vor allem vor fremden Männern gehabt haben soll. Der Vater bringt diese Angst mit frühkindlichen Erlebnissen in Zusammenhang. Kindergartenbesuch (von drei bis sechs Jahren) und Einschulung ohne Probleme.

Weiter geben die Eltern an, dass Cindy Belastungen stets aus dem Wege gegangen sei und eine Babysprache benützt habe, um mehr Zuwendung zu bekommen. Momentan sei sie sehr schwankend in ihrem Verhalten und ihren Gefühlen. Sie habe wechselnde Freundinnen und ein gestörtes Verhältnis zum Geld (sie gebe stets mehr aus, als sie habe, deshalb bekomme sie kein Taschengeld mehr). Cindy sei sehr um Zuwendung in der Familie bemüht. Erhalte sie zu wenig, reagiere sie mit verschiedenen körperlichen Beschwerden. Sie nässe zwei- bis viermal pro Woche ein, müsse am Wochenende manchmal ihre Bettwäsche selber waschen, im übrigen werde sie gelobt für ein trockenes Bett, ein nasses finde keine Beachtung. Wenn sie einen schlechten Tag gehabt hätte, nässe sie eher ein, die Zusammenhänge seien den Eltern aber nicht immer klar. Der Adoptivvater beklagt sich zudem darüber, dass Cindy so angepasst sei, sie habe niemals eine eigene Meinung und zeige überhaupt keine Persönlichkeit.

Milieu: Cindy hat ein geordnetes, stabiles Elternhaus. Ihre Adoptiveltern scheinen sehr bemüht und haben klare Erwartungen an ihre Kinder. Sie behaupten beide mit Überzeugung, ihrerseits bestände kein Unterschied in den Gefühlen den beiden Töchtern gegenüber. Die Mutter ist Geschäftsfrau, hat jedoch genügend Zeit, ihrer Adoptivtochter bei den Aufgaben zu helfen, da «Cindy sonst überhaupt nichts tut».

Schule: Cindy besucht die fünfte Klasse der Realschule. Ihre Leistungen sind im Moment unterdurchschnittlich.

Freizeit: Cindy ist bei zahlreichen Freizeitaktivitäten engagiert: Pfadfinder, dreimal Flötenunterricht pro Woche, Tischtennis.

In der Testsituation verhält sich Cindy sehr kooperativ, ängstlich, nervös und angepasst. Von Zeit zu Zeit wischt sie sich die immer wieder nassen Hände an ihrer Hose ab. Jede Frage in Richtung Überforderung verneint sie.

Die Testergebnisse lassen auf eine durchschnittliche Intelligenz schliessen. Etwas auffallend ist eine leicht eingeschränkte Wahrnehmung für soziale Situationen. Konzentration und Leistungsmotivation sind schlecht, obschon die Arbeitshaltung befriedigend ist. Keine Hinweise auf eine cerebrale Störung. Die Neurotizismuswerte sind durchschnittlich bei einer ausgeprägten Introversion. In den projektiven Tests zeigt Cindy eine starke Betroffenheit durch ihre Adoption, ein mangelndes Zugehörigkeitsgefühl zur Familie, Angst, verlassen zu werden und sehr starke Rivalität zu ihrer Schwester. Auffällig ist, dass sie sich stark manipuliert fühlt durch ihren Vater, dem sie es nie recht machen zu können meint.

Organisch ist keine Ursache zu finden für Cindys Enuresis.

Bei einem zweiten Termin mit den Eltern und Cindy, wobei die Gespräche zunächst einzeln, dann gemeinsam geführt werden, werden die Testergebnisse erläutert. Es werden Vor- und Nachteile der Hypnose diskutiert und aufgezeigt, dass die Testergebnisse vielerlei Hinweise liefern, wo Ursachen für Cindys Schwierigkeiten liegen könnten, so dass es wohl angebrachter wäre, zunächst hier anzusetzen. Die verschiedenen Belastungen werden angesprochen: nahende Pubertät, Adoptionsproblematik, dadurch bestehende Verunsicherung, eine eventuelle Überforderung durch zu viele Aktivitäten usw. Die Eltern sehen das zwar ein, können sich allerdings nicht damit einverstanden erklären, Cindys Belastungen zu reduzieren, um dadurch eine gewisse Entspannung herbeizuführen. Sie meinen, Cindy brauche diesen ständigen Druck, sonst würde sie gar nichts tun und nur erbrachte Leistungen könnten ihr die nötige Selbstbestätigung geben. Zudem seien in der Zwischenzeit Cindys Schulleistungen besser geworden, und das Einnässen sei weniger häufig als früher. Die Familie wird nun für sechs Wochen entlassen und verspricht, ein von uns entwickeltes Therapieprogramm (BEN) durchzuführen, das Cindy helfen soll, von ihren Eltern vermehrte Zuwendung zu bekommen.

Zum nächsten Termin erscheint die ganze Familie. Die leibliche Tochter Irene sitzt zwischen Mutter und Vater, Cindy etwas abgerückt neben dem Vater. Zunächst wird über weitere Fortschritte berichtet:

ordentliches Schulzeugnis, keine Gefahr, nicht versetzt zu werden, besseres Verhältnis zur Schwester. Das Einnässen jedoch sei wieder häufiger geworden. Das Therapieprogramm wurde nach kurzer Zeit nicht mehr durchgeführt, da Cindy nicht mehr danach verlangt habe. Cindys zahlreiche Belastungen und die daraus resultierenden emotionalen Spannungen werden nochmals angesprochen. Es wird auf die Möglichkeit einer Therapie hingewiesen, die allerdings — der weiten Entfernung des Wohnorts der Familie wegen — nicht in unserer Klinik durchgeführt werden könnte. Dazu können die Eltern sich vorerst nicht entschliessen, sie zeigen verstärkte Tendenz, die Probleme zu bagatellisieren und meinen, dass sich alles wohl von selbst bessern werde mit der Zeit.

Kommentar: Das Beispiel Cindy zeigt, dass trotz offensichtlichem Bemühen der Adoptiveltern die Integration des -kindes in die Familie nicht ganz gelungen ist. Die Eltern empfinden ihr Adoptivkind zwar als voll dazugehörig, dieses selbst jedoch ist ausserordentlich verunsichert durch die Tatsache, dass es einmal im Stich gelassen worden ist. Die wechselnden Bezugspersonen im Kinderheim und die Adoption während der symbiotischen Phase haben die Bildung des Urvertrauens und die Identitätsentwicklung ungünstig beeinflusst. Unbewusst fühlt Cindy, dass ein solches Verlassenwerden jederzeit wieder passieren könnte. Die leibliche Schwester führt ihr zudem täglich vor Augen, dass da ein Unterschied zwischen den Kindern besteht, der durch das dunkle, so ganz andere Aussehen Cindys bestätigt wird. Unsicherheiten, Ängste und Überforderungen führen zu innerpsychischen Spannungen, die sich nicht nur, jedoch auch in der Enuresis zeigen. Aus dieser Unsicherheit heraus verlangt Cindy nach ständiger Zuwendung. Bleiben entsprechende Zeichen aus, wird sie «krank», um so liebevolle Beachtung zu finden. Gerade die Tatsache, dass für diese Eltern kein gefühlsmässiger Unterschied besteht in der Beziehung zu ihren Töchtern, verunmöglicht es ihnen, wirklich zu verstehen, was die Adoption für Cindy bedeutet. Dazu müssten von den Adoptiveltern mit Cindy Gespräche geführt werden über die Adoption und deren diesbezügliche Gefühle erforscht werden. Bei einem «Tun als ob» kein Unterschied bestünde, wird es Cindy verunmöglicht, diesbezügliche Ängste zu verarbeiten.

Die Persönlichkeiten von Cindy und ihrem Vater sind zudem sehr verschieden, vermutlich machen sich hier auch kulturelle Unterschiede bemerkbar. Der Vater glaubt zwar, seine Tochter zu akzeptieren, sie erfährt jedoch immer wieder, dass nur ihre Leistungen zählen und fühlt sich als Person nicht angenommen. Sie kann dadurch kein gesundes Selbstvertrauen entwickeln und, da sie sich immer nur anpasst, natürlich auch keine Persönlichkeit, wie ihr Vater dies wünscht. Cindy bemüht sich übermässig um soziale situative Anpassung und ist damit überfordert, wie ihr Verhalten in der Testsituation deutlich zeigt.

Dieser tüchtige, aktive, so sehr bemühte Vater hat Mühe, ein passives Kind, das sich nie anstrengen will, zu akzeptieren. Er überfordert Cindy ununterbrochen, sie entzieht sich diesen Ansprüchen durch unbewusste Verweigerung. Eigene positive Anlagen kann sie nicht entwickeln, da sie nicht gefragt sind in dieser Familie. Der Vater kann, weil er seinerseits Angst hat vor eventuellen ungünstigen Erbanlagen seiner Tochter, kein Vertrauen haben in ihre Entwicklung und muss deshalb alle ihm geläufigen Mittel einsetzen, um sie an für ihn wichtige Ziele zu bringen. Von daher ist es ihm unmöglich, den Druck etwas zurückzunehmen und Cindy selbst die Verantwortung für Hausaufgaben und Freizeitgestaltung zu überlassen.

Torsten

Anlass zur Erstvorstellung dieses Adoptivkindes war die Beobachtung einer Beratungslehrerin in Torstens Schule, der die Hyperaktivität und die Unruhe dieses Kindes aufgefallen waren. Die Stiefmutter, die Torsten begleitet, erzählt, dass Torsten, der jetzt elf Jahre alt ist und die fünfte Klasse Hauptschule besucht, in grösseren zeitlichen Abständen bereits in einer anderen Institution und bei einem privaten Psychologen vorgestellt worden sei. Sie beklagt sich vor allem über die Schulschwierigkeiten des Knaben; trotz Nachhilfeunterricht und ihrer Unterstützung bei den Aufgaben habe er schlechte Noten. Er sei unkonzentriert, unruhig, ablenkbar und lüge. Zu Hause gehe es nicht besonders gut, da er dort «wieder Dampf ablasse» und sich an seinen kleineren Geschwistern abreagiere. Sie selber hätte —

da er das älteste Kind der Familie sei — wenig Erfahrung und wäre dankbar für einen Rat. Obschon sie warmherzig sei, würden ihr oft die Nerven durchgehen, und sie schlage dann, obschon sie das nicht wolle. Der Vater habe selber eine schwere Jugend gehabt und sei deshalb besonders lieb mit den Kindern, da müsse immer sie die Strenge sein.

Die Familienanamnese ergibt, dass Torstens Adoptivvater (42) sich von seiner ersten Frau scheiden liess, als ihr gemeinsames Adoptivkind vier Jahre alt war. Die Adoptivmutter hätte zunächst ein vierzehntägliches Besuchsrecht wahrgenommen, habe sich dann jedoch wieder verheiratet und sich immer weniger um den Sohn gekümmert. Nun habe sie wieder ein Kind, und Torsten erhalte nur von Zeit zu Zeit eine Karte von ihr. Torstens Vater heiratete ein Jahr nach der Scheidung seine zweite Frau (40), mit der er unterdessen vier weitere Kinder hat. Für die Stiefmutter gehört Torsten ebenso zur Familie wie ihre eigenen Kinder, und sein Vater hängt besonders an ihm, obschon auch er in einem separaten Gespräch darüber klagt, wie schwierig es mit Torsten sei. Frau Z. erzählt, dass sich der Vater nach der Scheidung intensiv um seinen Adoptivsohn bemüht habe. Der Vater besitzt eine grosse Gärtnerei, wo sich Torsten an und für sich sehr wohl fühlt.

Persönliche Anamnese: Von Torstens leiblicher Mutter ist ein «Verdacht auf Epilepsie» bekannt. Sie hatte bereits ein uneheliches Kind und wurde von ihrem Freund sitzengelassen, so dass sie sich beim zweiten Kind zur Adoption entschloss. Torsten war eine Frühgeburt (8. Monat) und erlitt bei der Geburt eine Asphyxie. Er wurde künstlich beatmet, blieb zwei Monate im Krankenhaus und wurde im dritten Lebensmonat adoptiert. Seine Adoptiveltern hatten zwei leibliche Kinder, die beide im Säuglingsalter starben. Da Herr Z. unbedingt Kinder wollte, adoptierten sie — vor allem auf seinen Wunsch — ein Kind. Als Kleinkind war Torsten ein «Krampfkind» und erhielt Medikamente, die nach einer Untersuchung im Kinderneurologischen Zentrum abgesetzt wurden. Das EEG war o.B. Von frühkindlichen Krankheiten sind ausserdem eine «Mundfäulnis», eine «Polypenoperation» und «Ohrenerkrankungen» bekannt. Torsten entwickelte sich von Anfang an leicht verzögert, v.a. im Bereich der Motorik, und weigerte sich, feste Nahrung zu sich zu nehmen. Seine

Sprachentwicklung war altersgemäss, und er ist sprachlich sehr geschickt. Mit fünf Jahren, als seine Stiefmutter ins Haus kam, nässte und kotete er noch ein und lutschte am Daumen. Heute kaut er Finger- und Fussnägel. Er fremdelte und trotzte nicht und war Fremden gegenüber eher distanzlos. Aus dem Normalkindergarten musste Torsten herausgenommen werden, weil er so hektisch war und mit den anderen Kindern nicht auskommen konnte. Er besuchte dann einen Kindergarten für Verhaltensgestörte, wo er sich in einer kleinen Gruppe sehr wohl fühlte. (Die Mutter meint, dass er eine kleine Gruppe brauche, die habe er nun weder in der Schule noch zu Hause, wo mit den vielen kleinen Kindern ein grosser Betrieb herrsche.) Torsten bestand dann den Schultest und wurde mit sieben Jahren eingeschult. In der Schule gab es gleich Probleme, da Torsten Konzentrationsschwierigkeiten hatte, sich die Hausaufgaben nicht merkte und nicht aufpasste. Er müsse zu Hause ständig an die Aufgaben erinnert werden und sei in allem unzuverlässig.

Mit Torsten wurde mehrmals über seine Adoption gesprochen. Er interessierte sich dafür in keiner Weise, vergass alles gleich wieder, so «wie er alles sofort vergisst».

Milieu: In der Familie scheint eine liebevolle, herzliche Atmosphäre zu herrschen. Zeitweise reagieren die überforderten Eltern jedoch heftig, und Schläge sind keine Seltenheit. Torsten ist voll integriert in seine Stieffamilie; keiner stellt seine Zugehörigkeit in Frage.

Schule: Torsten besucht die fünfte Klasse, Orientierungsstufe. Seine Leistungen sind sehr schlecht.

Freizeit: Er hat Freunde und Freundinnen, die auch zu ihm nach Hause kommen. Er besucht einmal wöchentlich einen Sportverein.

In der Testsituation fällt zunächst die Schwierigkeit beim Lesen der Testinstruktion auf. Torsten liest wie ein Zweitklässler. Dagegen versteht er auf Anhieb, was gemeint ist. Bei der ersten Aufgabe ist er noch einigermassen kooperativ, steht dann auf, geht herum, kritisiert, fragt, wie lange das noch dauere usw. Er ist unruhig, zappelig, spricht sehr schnell, pausenlos, nestelt dauernd an sich herum, spielt Theater, grimassiert. Er hat auf alles eine Antwort, erzählt lange unlogische Geschichten. Jede Frage gibt er zunächst als Frage zurück. Er gibt vor, Dinge zu können, die er nicht kann, nur um gelobt zu werden. Er ist zunehmend unmotiviert, versucht den

Untersucher in Spielchen zu ziehen, singt ein paar Töne, zieht plötzlich eine Wasserpistole und ruft «Hände hoch». Schliesslich provoziert er noch stärker, offensichtlich mit der Absicht, den Untersucher zu zwingen, autoritär zu werden. Beim Szenotest kommt ihm während des Bauens fortwährend etwas Neues in den Sinn, so dass die Szene ständig wechselt und kein Plan ausgeführt wird. Die Testsituation ist so schwierig, dass der Untersucher bemerkt: «Es ist sehr mühsam und anstrengend, Torsten an eine Arbeit zu bringen und dann ihn daran zu halten. Erstaunlich, dass er noch nie eine Klasse wiederholen musste. Wie schaffen das die Lehrer? Wie schafft das die Mutter mit vier weiteren, kleineren Kindern?»

Die Testergebnisse fallen entsprechend schlecht aus: Er erzielt weit unterdurchschnittliche Ergebnisse in verschiedenen Intelligenztests. Beeinträchtigt ist vor allem das abstrakt-logische Denken und das räumliche Vorstellungsvermögen, ganz schlecht die visuell-motorische Koordination. Es sind auch deutliche Hinweise auf eine minimale cerebrale Dysfunktion vorhanden. Auch wegen der hier zum Ausdruck kommenden grapho-, visuo- und feinmotorischen Teilfunktionsstörungen ist Torsten zusätzlich in wesentlichen Teilmerkmalen seiner Intelligenz beeinträchtigt. Es handelt sich bei diesen «Minderleistungen» um sehr geringfügige Dysfunktionen, die neuropädiatrisch nicht weiter verifiziert werden konnten (EEG o.B.). Konzentration und Leistungsmotivation sind sehr schlecht. Torsten ist leicht ansprechbar, schnell zu begeistern, kurzzeitig hoch konzentriert. Diese hohe Anstrengungsbereitschaft sinkt aber bei etwas längerer Belastung schnell auf sehr niedrige Werte ab. Vor allem «Leistungsgüte» und «Ausdauer» werden vernachlässigt.

Torsten ist viel weniger als Kinder vergleichbaren Alters aufgabenorientiert. Nur sehr konkrete, lebenspraktische, einfache, von ihm zudem schnell zu bewältigende Aufgaben haben für ihn «Aufforderungscharakter» und werden adäquat bewältigt. Bei komplexeren Aufgaben ist er wenig motiviert. Er versucht auszuweichen, ist — auch bei persönlicher Ansprache — nicht mehr zu erreichen. Von diesem Teilbefund aus wird verständlich, dass er in der Schulsituation noch weniger motiviert ist und zum Beispiel in Clownerien oder Störverhalten ausweicht.

Die skizzierten Verhaltensweisen und Einstellungen lassen sich auch psychodiagnostisch belegen. Sie können unter den Leitsymptomen Stimmungslabilität, reduzierte Versuchungs- und Versagungstoleranz, Distanzverkürzung, erhöhte Angst- und Aggressionsbereitschaft zusammengefasst werden. Torsten kann soziale Situationen kaum adäquat differenzieren oder emotional-intuitiv angemessen erleben. Er zeigt insgesamt überdurchschnittlich hohe neurotische Einstellungen, das heisst Tendenzen, problem- und situationsunangemessen zu reagieren.

In einem zweiten Gespräch mit beiden Eltern werden die schlechten Testergebnisse vorsichtig angesprochen. Torsten ist in der Normalschule weit überfordert. Auch wenn die Begabung für den Schul- und Lebenserfolg kein hinreichendes Prognosekriterium darstellt, ist sie für eine erfolgreiche Mitarbeit in der Schule doch unerlässlich notwendig. Da seine Intelligenzkapazität etwas höher ausgeprägt ist und da er bezüglich lebenspraktischer und eher leistungsspezifischer Teildimensionen der Begabung bessere Ergebnisse erzielt, wird verständlich, dass er während der ersten Grundschulzeit diesbezüglich unauffällig blieb und niemals eine Klasse wiederholen musste. In der gegenwärtig besuchten Hauptschule ist er aber eindeutig überfordert und reagiert darauf mit den bekannten Verhaltensstörungen. Die Möglichkeit einer Einweisung in die Sonderschule wird angesprochen, von den Eltern jedoch zunächst abgelehnt, da sie befürchten, dass Torstens Berufsaussichten dadurch eingeschränkt würden. Die Eltern brauchen Zeit, um die Verhaltensweisen ihres Sohnes als Teilleistungsbehinderung annehmen zu können und nicht als Verhaltensstörungen zu interpretieren. In weiteren begleitenden Gesprächen gelingt es ihnen langsam, sich mit der Diskrepanz zwischen ihren früheren Erziehungs- und Lebenszielen für Torsten und der sich jetzt abzeichnenden schulischen und sozialen Situation abzufinden. Dass dies für die sehr bemühten und engagierten Eltern schwierig war, ist verständlich. Die Empfehlung, Torsten in eine Sonderschule für Lernbehinderte wechseln zu lassen, wird von der Hausärztin und der Beratungslehrerin unterstützt. Nach dem Wegfall der offensichtlichen und eklatanten schulischen Überforderung sollen Therapieprogramme zur Steuerung der beklagten Verhaltensweisen entwickelt werden. Katamnese: Nach Wegfall der schulischen Überforderung besserte sich das Gesamtverhalten Torstens. Er hatte schon bald schulische Erfolgserlebnisse, weil er in der jetzt besuchten Klasse «... zu den Besten gehört» (so die Mutter wörtlich, die inzwischen ein weiteres gesundes Mädchen geboren hat). In der Schule wird weitgehend auf «Selbstregulation» abgestellt. Seit einiger Zeit nimmt Torsten an einer ambulanten therapeutischen Kinderspielgruppe teil.

Kommentar: Die Risikoschwangerschaft seiner leiblichen Mutter führte in Torstens Fall zu einer Frühgeburt. Die Asphyxie während der Geburt und die anschliessend nötige künstliche Beatmung deuten auf eine Hirnschädigung hin. Eine solche — wenn auch leichte — Beeinträchtigung kann verantwortlich sein für zahlreiche erzieherische Schwierigkeiten, die im Laufe seiner Entwicklung auftraten. Die Deprivationssituation dieser ersten wichtigen Monate wirkte zusätzlich verstärkend. Hyperaktivität, Konzentrations-schwierigkeiten und Reizüberempfindlichkeit sind typische Manifestationen einer solchen frühkindlichen Hirnschädigung und stellen für das betroffene Kind und seine Eltern eine besondere Herausforderung dar. Die therapeutische Begleitung dieser Eltern musste vor allem darin bestehen, dass sie über Torstens Problematik ausführlich orientiert und von ihren Schuldgefühlen entlastet wurden. Für Torsten war es wichtig, dass eine für ihn günstige, möglichst ruhige und reizarme Umgebung gestaltet wurde und dass vor allem die schulische Überforderung abgebaut werden konnte. Die Tatsache der Adoption tritt in Torstens Fall neben diesen Schwierigkeiten in den Hintergrund. Ungünstig ausgewirkt hat sich bei dieser Adoption, dass sie nicht von beiden Adoptiveltern getragen wurde. Der Kinderwunsch der Adoptivmutter fehlte (Hinweise sind nebst der Bemerkung des Adoptivvaters, dass die Adoption vor allem auf sein Bestreben hin geschah, dass die Adoptivmutter ihr Kind dem Vater überliess und auch, dass die leiblichen Kinder aus dieser Ehe kurz nach der Geburt starben, während beide Eltern in ihren Ehen mit anderen Partnern gesunde leibliche Kinder haben), und es gelang ihr nicht, eine tiefe Beziehung zu ihrem Adoptivkind herzustellen. Glücklicherweise war der Adoptivvater in der Lage, dieses schwierige und anstrengende Kind ganz anzunehmen und zu lieben und fand in seiner zweiten Frau eine besonders mütterliche und liebevolle Stiefmutter für seinen Adoptivsohn.

Werner

Anlass zum Erstkontakt waren Werners Verhaltensauffälligkeiten, die sich in letzter Zeit verstärkt hatten und seine Enuresis diurna, unter der er selber mehr und mehr litt. Werner ist zu diesem Zeitpunkt neun Jahre alt und besucht die dritte Klasse Grundschule. Als Hauptproblem schildert die Mutter, dass Werner nur unter Druck arbeite, sonst überhaupt nichts tun würde. Gutes Zureden nütze nichts, erst bei Androhung von Höchststrafen fange er zu arbeiten an. Er würde sogar nichts essen und sich nicht waschen ohne Zwang. Er habe noch heute Essprobleme, esse nur kalt. Vor allem Neuen habe er Angst. Er kaue auch an seinen Nägeln.

Familienanamnese: Die Adoptivmutter hatte ein leibliches Kind mit Potter-Syndrom verloren und entschloss sich nach einer aktualgenetischen Beratung zur Adoption. Werner ist das erste Adoptivkind seiner Mutter aus ihrer ersten Ehe und wurde im achten Ehejahr adoptiert. Ein zweites Kind, Marianne, zwei Jahre jünger als Werner, wurde kurz nach ihm adoptiert. Der Adoptivvater, ein Chemiker, ist Alkoholiker und hat nach der Scheidung, die zwei Jahre nach der Adoption ausgesprochen wurde, keinen Kontakt mehr zur Familie, bezahlt jedoch regelmässig Unterhalt. Die Adoptivmutter (34) ist seit der Scheidung wieder als Musiklehrerin berufstätig, lebt seit einiger Zeit mit einem zwölf Jahre jüngeren Lebenspartner zusammen, der Zeichenlehrer ist. Sie haben seit kurzem ein gemeinsames leibliches Kind, Andrea.

Persönliche Anamnese: Die leiblichen Eltern sind unbekannt. Über Schwangerschaft, Geburt und die ersten Lebensmonate ist nichts bekannt. Werners leibliche Mutter lieferte ihn im Alter von sechs Monaten mit einem Brief im Kinderheim ab und kümmerte sich in der Folge nicht mehr um ihn. Nach seiner Aufnahme ins Kinderheim zeigte er eine starke allergische Reaktion. Mit 15 Monaten wurde er ohne ihre Einwilligung zur Adoption freigegeben.

Werner zeigte von Anfang an starke Verhaltensauffälligkeiten, die mindestens teilweise auf frühkindliche Deprivationserlebnisse zurückzuführen sein dürften. Er fremdelte nicht und zeigte kein Trotzverhalten. Mit zwei Jahren trank er nur aus der Flasche und ass keinen Brei. Er hat noch heute Essprobleme und ist untergewichtig. Erst mit drei Jahren wurde entdeckt, dass seine Hörfähigkeit nur 40 % betrug. Nach einer Polypenoperation verbesserte sich das rasch. Seine Sprachentwicklung war ebenfalls gestört; nach einer Sprachbehandlung ist er heute sprachlich sehr geschickt. Er konnte nicht spielen, sass nur apathisch herum. Als Kind war er häufig krank, hat sich körperlich jedoch altersgemäss entwickelt. Fein- und grobmotorisch ist er noch heute ungeschickt und zeigt einen übermässigen Bewegungsdrang. Tagsüber war er niemals trocken, kotete zeitweise auch ein. Es wurden deshalb verschiedene Therapieversuche unternommen, die nicht sehr erfolgreich waren. Zu Hause bei der Mutter sei Werner trocken. In der Familie sei er auch lieb und hilfsbereit, mit seiner Schwester Marianne komme er jedoch nicht aus.

Werner besuchte dann einen Halbtageskindergarten «nicht so gerne». Von der Schule wurde er ein Jahr zurückgestellt und erst mit sieben Jahren eingeschult. Im Moment besucht er eine weiter entfernte Grundschule, da in seiner ersten Schule «alles gescheitert sei». Der dortige Rektor hatte ihn öffentlich auf dem Pausenplatz auf seinen Adoptionsstatus angesprochen, Werner, diesbezüglich sehr empfindlich, wollte daraufhin diese Schule nicht mehr besuchen.

Milieu: Werners Adoptivmutter scheint eine ungeheuer tüchtige und leistungsfähige Frau zu sein. Um neben der Betreuung zweier schwieriger älterer Kinder und eines Säuglings noch berufstätig zu sein, muss ihr Haushalt ausserordentlich gut organisiert sein. Die Zeit der Kinder ist ebenso klar geplant wie die ihre, sie ist voll ausgefüllt. Zum Adoptivvater haben die Kinder keinerlei Kontakt mehr und akzeptieren den jetzigen Lebensgefährten der Mutter als «Vater», obschon er noch sehr jung ist. Dieser betont, dass er seinerseits eine gute Beziehung zu den Kindern habe, wenn auch die Bindung zu seiner leiblichen Tochter noch etwas enger sei. Nachdem er nun seit vier Jahren in der Familie lebt und eine gemeinsame, leibliche

Tochter vorhanden ist, dürfte sich diese neuentstandene Familie stabilisiert haben.

Schule: Werner besucht die dritte Klasse der Grundschule. Mit grosser Anstrengung seinerseits und dem nötigen Druck seitens der Mutter schafft er durchschnittliche Leistungen. Er hat Schwierigkeiten mit dem Lernen, mit dem Lehrer und in der Kindergruppe.

Freizeit: Werner besucht neben der Schule einen Kinderchor (einmal pro Woche 1 $\frac{1}{2}$ Std.), das Ballet (einmal wöchentlich 1 Std.), Musiklektionen für drei Instrumente (je einmal wöchentlich $\frac{1}{2}$ bis 1 Std.), Nachhilfeunterricht (zweimal wöchentlich 1 Std.). Dazu muss er täglich je eine halbe Stunde auf seinen drei Musikinstrumenten üben, wobei seine Mutter das Üben kontrolliert. Kontakt zu Freunden besteht neben der Schule keiner. Samstags und sonntags hat er frei.

In der Testsituation verhält sich Werner recht angepasst. Er kommentiert seine Entscheidungen beziehungsweise Handlungen ständig mit einem an den Versuchsleiter gewandten, freundlich-angepassten Tonfall. Sein etwas unruhiges motorisches Verhalten fällt auf. In den projektiven Tests zeigt er wenig Phantasie. Angefangene Sätze kann er nur zu einem kleinen Teil vollenden. Er wird dabei sehr ernst und nachdenklich, arbeitet konzentriert und gibt trotzdem nach einer halben Stunde erfolglos auf. Dem Untersucher fällt ein blauer Fleck über Werners Auge auf. Auf seine Nachfrage erzählt Werner ohne jede Emotion, dass er von seiner Mutter geschlagen worden sei. Erst nach einem längeren Gespräch darüber, wird ihm bewusst, dass diese Ohrfeige schmerzhaft für ihn war.

Testergebnisse: In den verschiedenen Intelligenztests erzielt Werner ein knapp durchschnittliches Resultat mit grossen Schwankungen in den einzelnen Bereichen. Die cerebrale Psychodiagnostik ergibt keinen Hinweis auf eine cerebrale Störung. Leistungsverhalten und Motivation sind durchschnittlich, ebenfalls die Neurotizismuswerte bei starker Extraversion. Die projektiven Tests ergeben, dass Werner oft wenig Lust und Motivation zur Beschäftigung hat, unter dem Druck der Mutter jedoch tut, was diese erwartet. Er zeigt überangepasstes Verhalten und starke expansive Hemmungen, latente Ängste, insgesamt erhebliche innerpsychische Konflikte. Solche Konflikte machen Leistungseinbrüche und motivationale

Beeinträchtigungen verständlich, und sein intellektuelles Leistungsniveau dürfte dadurch herabgesetzt sein.

Therapie: Da es sich bei dieser Familie um eine intakte Familie handelt, bei der Mutter und Stiefvater motiviert zur Mitarbeit sind, soll eine Familientherapie durchgeführt werden. Auch die Schwester Marianne, ebenfalls ein Adoptivkind, hat gewisse Probleme, so dass es günstig sein könnte, sie in eine Therapie miteinzubeziehen.

Therapieverlauf: Mit Werner und seiner Schwester Marianne wird eine Spieltherapie durchgeführt. Die Kinder arbeiten teilweise zusammen, teilweise getrennt mit je einer Therapeutin. Parallel werden Gespräche mit den Eltern geführt. In den ersten Therapiestunden ist ein gemeinsames konstruktives Spiel unmöglich. Beide Kinder zeigen starke Rivalität und feindseliges Verhalten. Bei regelmässigen Therapiestunden werden die Probleme zu Hause und in der Schule mit der Zeit weniger gravierend, und in der Therapie zeigen die Kinder vermehrt kooperatives Verhalten. Die Mutter soll durch Einblick in den Ablauf der Therapie als Ko-Therapeutin gewonnen werden. Sie zeigt jedoch wenig Verständnis für die Probleme ihrer Kinder, erwartet Ratschläge, die sie aber nur soweit befolgt, als sie ihr selbst nicht im Wege stehen. Ihre Bedürfnisse haben gegenüber denjenigen ihrer Kinder stets Priorität. Nach den langen Sommerferien wird vorläufig kein neuer Termin wahrgenommen.

Noch vorher wurde durch ein psychologisches Gutachten erreicht, dass Werner nach Beendigung der Grundschulzeit die Integrierte Gesamtschule besuchen kann. In der Hoffnung auf weitere Steigerungen der schulischen Leistungsfähigkeit, die vor allem auch von der Spieltherapie erhofft wurde, war der Wechsel in ein intrainstitutionell durchlässiges Schulsystem wünschbar, um Werner alle Möglichkeiten offenzuhalten.

Kommentar: Auch Werner konnte wohl vor allem auf Grund frühkindlicher Deprivationserlebnisse kein Ur- und Selbstvertrauen aufbauen. Seine Verhaltensauffälligkeiten waren von Anfang an dermassen gravierend, dass sich seine Adoptivmutter, die damals nicht berufstätig war, durch dieses Kind stark überfordert fühlte. Sie erhielt zunächst keinerlei Hilfe und schreibt auch das Scheitern ihrer Ehe mindestens teilweise dieser schwierigen Situation zu. Eine junge, unerfahrene Adoptivmutter kann sich ein solches Verhalten ihres Kindes nicht erklären und wird oft die Schuld bei sich selber suchen. Aus einem Gefühl der Verunsicherung heraus wird sie zunächst passiv abwarten und erst wenn die Situation unerträglich geworden ist, professionelle Hilfe suchen. Durch Unterstützung und Hilfe von Anfang an, könnte in solchen Adoptionsverhältnissen viel verbessert werden.

Die meisten Verhaltensauffälligkeiten Werners konnten nicht abgebaut werden, denn auch hier ging die tüchtige und leistungsorientierte Adoptivmutter gegen Werners Apathie und Lustlosigkeit mit Leistungsforderungen an, die sie mit entsprechendem Druck durchzusetzen suchte. Bestimmt dachte sie aufgrund ihrer eigenen Sozialisation und Lebenserfahrung, ihrem Kind dadurch etwas Gutes zu tun. Statt bedingungslosen Angenommenwerdens erlebte dieses Kind ständige Überforderungen und Erwartungen, denen es nur mit äusserster Anstrengung zu genügen vermochte. Die Forderungen der Mutter sind weitgehend internalisiert, Werner selber will all seine Instrumente spielen, weil er dafür bewundert wird. Er hat gelernt, dass Selbstbewusstsein nur über Leistung und Anerkennung von aussen zu beziehen ist. Die ständige Überforderung erzeugt jedoch Aggressionen und Ängste, und aus den innerpsychischen Spannungen resultieren neue Verhaltensstörungen. Werner ist so voll auf Leistung gedrillt, dass ihm keine Musse bleibt, um Phantasie und Kreativität im spielerischen Tun zu entwickeln, und auch im sozialen Bereich kann er keine Fortschritte machen, da keine Zeit für gemeinsame Unternehmungen mit Freunden bleibt.

Roland

Zum Abschluss soll ein Pflegekind vorgestellt werden. Es wurde nicht adoptiert. Das wechselhafte Schicksal dieses Kindes, das ihm ein «Anwachsen» in einer Familie verunmöglichte, stellt auf seine Art ein Plädoyer für die Adoption dar.

Anlass für die Vorstellung in unserer Klinik war die Fragestellung, was mit dem fast 15jährigen Roland weiter geschehen sollte. Seine jetzige Pflegefamilie wollte ihn nicht länger betreuen, gleichzeitig die Beziehung zu ihm aber nicht ganz abbrechen.

Persönliche Anamnese: Roland wurde 1973 in Berlin geboren. Schwangerschaft und Geburt seien komplikationslos verlaufen. Seine leibliche Mutter war zum Zeitpunkt der Geburt 15 Jahre alt, und die als Vater angegebene Person verweigerte die Vaterschaftsanerkennung. In den ersten zwei Jahren war Roland in einer Kinderkrippe untergebracht, in den folgenden Jahren befand er sich wechselweise bei Freunden und Bekannten der Mutter in Betreuung. Als er vier Jahre alt war, wurde er von seiner Mutter zur Pflege in eine Familie gegeben, der aber vom Jugendamt die Pflegeerlaubnis «wegen fehlender Voraussetzung» nicht erteilt wurde. Anlässlich einer ärztlichen Untersuchung im Juni 1977 fiel bei Roland eine verzögerte Sprachentwicklung auf. Mangels Besserung wurde er der kinder- und jugendpsychiatrischen Beratungsstelle des Gesundheitsamtes Schöneberg vorgestellt. In einem Bericht wurde Roland als besonders «in seiner geistig-seelischen Entwicklung ... retardiert» beschrieben.

Im gleichen Monat wurde das Kind mit dem Einverständnis der Mutter an eine Pflegefamilie vermittelt. Eine Unterbringung Rolands im Kindergarten misslang, weil er sich dort nicht integrieren konnte. Er fand anschliessend Aufnahme im Waldorf-Kindergarten, der auch von der dortigen Kinderklinik empfohlen wurde. Ärztliche Diagnose der Klinik: «Allgemeiner Entwicklungsrückstand bei leichter bis mittelgradiger Hörstörung, Hirnschaden?»

Nachdem sich seine Pflegefamilie mit der Erziehung überfordert fühlte, wurde der Knabe im Juli 1979 nach anfänglichem Widerstand der leiblichen Mutter in eine Nachbarsfamilie vermittelt. Die vorherige Pflegefamilie zog nach Portugal.

Nach zwei Ohrenoperationen 1979 erfolgte eine logopädische Behandlung.

Nach «anfänglich positiver Entwicklung» nahm die neue Pflegefamilie im April 1981 ein eineinhalbjähriges Mädchen in Pflege, auf das Rolands Reaktion positiv gewesen sei. Im Februar 1982 liess sich die Familie «wegen erneuter erheblicher Probleme» vom Jugendamt beraten. Sie hätten sich kaum noch in der Lage gesehen, den Jungen «emotional anzunehmen». Er provoziere sie, zeige zunehmende Essgier, kote ein und erbreche.

Eine kurzzeitige Beratung in einer Erziehungsberatungsstelle, wonach in einem Bericht festgestellt wurde, dass Rolands Integration in die Familie noch nicht vollkommen gelungen sei, brachte die Familie vom Vorhaben ab, das Pflegschaftsverhältnis aufzugeben. Im Juli 1983 wurde Roland im Kinderneurologischen Zentrum in M. wegen «erheblicher Störungen in seinem Verhalten» angemeldet, wobei die Pflegeeltern «... in letzter Zeit ... häufiger Verhaltensweisen beobachten, die auf organische Ursachen hindeuten könnten». Im Oktober 1983 spitzte sich die Situation zu; die Pflegefamilie hatte sich «in der Zwischenzeit entschlossen, sich baldmöglichst von Roland zu trennen», weil sie sich dem Erziehungsanspruch des Kindes nicht mehr gewachsen fühle.

Aus einem Schulbericht (10/83) ging hervor, dass Rolands Verhalten während des Unterrichts insgesamt gut sei, dass jedoch keiner seiner Mitschüler neben ihm sitzen wolle, da er ihnen Gegenstände wegnähme, sie verstecke und andere Kinder durch handgreifliche Berührungen ablenke. Er bemühe sich, gut mitzuarbeiten, arbeite durchweg langsam und müsse bezüglich seiner Hausaufgaben ständig auf Durchführung beziehungsweise Vollständigkeit und Korrektheit kontrolliert werden.

Am 20.10.83 wurde der mittlerweile zehnjährige Roland in das Kinderneurologische Zentrum Mainz eingewiesen, wobei ihm nicht mitgeteilt wurde, dass er nicht mehr zu seinen Pflegeeltern zurückkehren werde.

Die Untersuchungsergebnisse Rolands ergaben: «Verhaltensauffälligkeiten aufgrund starker psychischer Irritiertheit nach mehrfachem Verlust der Bezugspersonen und Wechselbetreuung bei Pflegekind. Ausschluss einer organischen Ursache, somatische Manifestation psychogener Konflikte, Hyperopie bds. und Astigmatismus rechts, angeborene Taubheit rechts.»

Jetzige Familie: Im Herbst 1983 wurde Roland von der Familie G. zur Pflege aufgenommen. Zum gegenwärtigen Zeitpunkt steht diese Familie mit dem Jugendamt in M. in Verbindung, um für Roland eine andere Unterbringungsmöglichkeit zu bekommen. Dabei betonen die Pflegeeltern, dass sie Roland nicht einfach «loswerden» wollten. Die Familie wünscht, dass Roland in einem nicht zu weit entfernten Heim unterkommen könne, um zum Beispiel in den Ferien die Familie besuchen zu können. Die Dauerpflegschaft sei aber nach dem festen Willen der Pflegeeltern aufzugeben, weil man immer

wieder an Rolands Verhalten Anstoss nehmen müsse, insgesamt «...
weil er sich nicht einfügt und unsere Familie belastet und überlastet».

Rolands Pflegeeltern haben fünf leibliche Kinder und ein weiteres Pflegekind; vier der leiblichen Kinder leben noch in der Familie. Der Pflegevater (47) ist Polizist, die Pflegemutter (45) Hausfrau.

Roland stellt die Beziehung zu den Pflegeeltern ambivalent dar. Einerseits äussert er, dass es ihm in der Familie gut gehe und er sich freue, dort zu sein. Es wird jedoch auch deutlich, dass auch das Gegenteil zutrifft (zu Hause fühle er sich «ganz komisch»; seine Mutter glaubt, dass er «von morgens bis abends lügen würde»; manchmal hat er das Gefühl, «dass ihn keiner will»; er traut sich oft nicht, die Wahrheit zu sagen, «weil ich Angst habe, dass dann wieder ein Donnerwetter kommt»). Insgesamt zeigt Roland im Verhältnis zu seinen Pflegeeltern ein sehr resignatives Verhalten. Er wünsche sich sehr zu wissen, wo er hingehöre, aber er sei «ja machtlos» und könne nie etwas tun, um irgendwo für längere Zeit zu bleiben. Hinzu kommt das dominierende Gefühl der eigenen Mitverschuldung wegen seiner Lügen und kleinerer Diebstähle. Es gelang ihm offensichtlich nicht, zu seinen Pflegeeltern ein adäquates Vertrauensverhältnis aufzubauen, da er das elterliche Erziehungsverhalten primär als anordnend, kontrollierend und bestrafend erlebt.

Über das Verhältnis zu seinen «Geschwistern» berichtet Roland, dass er mit den jüngeren gut zurecht komme, zu der älteren Schwester habe er ein gespanntes Verhältnis.

Seine bisherige Kindheit sieht Roland als wenig positiv. Er habe «nie lange irgendwo bleiben» können und die Erfahrung gemacht, auch für Dinge bestraft zu werden, die er nicht getan habe.

Im Gespräch gibt sich Roland einsichtig. Er räumt ein, dass er sich durch seine «Lügen» (Verleugnen von Hausaufgaben) und seine Unredlichkeiten, die er — bis auf eine Ausnahme — nur gegenüber seinen Pflegeeltern und Geschwistern gezeigt habe, selbst in schwierige Situationen gebracht hätte. Warum er ihnen ab und zu etwas weggenommen habe, wisse er nicht. Dass er durch Lügen in Schwierigkeiten gerät und fürchtet, die ihm gegenüber oft geäusserte Androhung, ihn wieder wegzugeben, könnte wahrgemacht werden, helfe ihm nicht, sich zu ändern, obwohl er es gerne wolle. Er fühle sich oft «ganz komisch». Für Situationen, in denen er ein ehrliches Verhalten seiner Mutter gegenüber zeigen sollte (z.B. das Vergessen von Hausaufgaben unaufgefordert zu berichten), schildert er typische Angstsymptome, wie zum Beispiel starkes Zittern, negatives und unklares Denken. Danach komme es wieder zu seinem ursprünglichen «unehrlichen» Verhalten mit nachfolgend negativen Konsequenzen auf Seiten der Pflegeeltern.

Schule: Zur Schule geht Roland «nicht sehr gerne», seine Leistungen sind zur Zeit ausreichend. Nach der Schulzeit möchte er gerne eine Bäckerlehre machen.

Testsituation: Roland zeigt sich als gefügiger, wenig expansiver Proband, der alle Anweisungen widerspruchsfrei befolgt und grosse Schwierigkeiten hat, Kritik oder problematische Sachverhalte zu äussern. Erst wenn er über einen längeren Zeitraum hinweg erfahren hat, dass er vertrauen kann, wird er etwas offener.

Testergebnisse: Rolands Gesamtintelligenz liegt im unteren Durchschnittsbereich bei einer signifikant höheren Intelligenzkapazität. In Belastungssituationen, zum Beispiel unter Zeitdruck, zeigt er sich besonders unsicher.

In intelligenzunabhängigen Leistungssituationen zeigt er unterdurchschnittliche Ergebnisse, wobei Leistungsverlauf und -güte überdurchschnittlich sind. Seine primäre Motivation ist gering, er ist zudem misserfolgsorientiert und erlebt sich in hohem Masse als fremdbestimmt.

Im emotionalen Bereich zeigt Roland einen starken Wunsch nach Harmonie und Anerkennung, verbunden mit Selbstvorwürfen nach Reflektion empfundener oder tatsächlich erlittener Bestrafungen. Er beschreibt sich in psychologischen Tests als im sozialen Bereich leicht verletzbar, gibt gleichzeitig an, Freude an der Gesellschaft anderer zu haben und äussert sowohl den Wunsch als auch die Fähigkeit, Freunde zu finden und in Kontakt mit anderen Menschen zu treten. Seine Fähigkeit, Gefühle zu äussern, ist eingeschränkt. Egoistische Strebungen kann er überwiegend nur durchbruchsartig und heimlich verwirklichen. Die daraus resultierenden Schuldgefühle verstärken ihrerseits Hemmung und Instabilität seines Verhaltens. Lerntheoretisch hat Roland erlebt, dass er nur akzeptiert wird, wenn er sich an den jeweiligen sozialen Kontext anpasst, und neigt von daher zu einer übertriebenen situativen sozialen Anpassung.

Da die Pflegefamilie sich nicht — wie bis anhin häufig geschehen — ganz von Roland trennen will, sondern ihn für Wochenenden und Ferienurlaube weiter bei sich aufnehmen möchte, wird vorgeschlagen, für Roland eine geeignete Institution zu finden, die ihn aufnehmen könnte. Dabei soll versucht werden, die zwischen Roland und seiner Pflegefamilie bestehenden Kommunikationsstörungen abzubauen, zukünftig zu erwartende Zuspitzungen (Pubertät, Ablösungskrise) konstruktiv anzugehen und bei entsprechender Therapie des Knaben und familientherapeutischer Begleitung der Familie auch die Leitproblematik (Deprivation und ihre Folgen) weiter durchzuarbeiten. Roland könnte so erfahren, dass Trennung nicht unbedingt mit Zurückweisung und Kontaktabbruch verbunden sein muss.

Der Wunsch der leiblichen Mutter, die sich in der Zwischenzeit wieder gemeldet hat, intensiveren persönlichen Kontakt zu Roland zu haben, ist zwar verständlich, jedoch den Bedürfnissen Rolands unterzuordnen.

Therapie: In der kurzen Zeit des Kontakts mit der Untersucherin wurde versucht, zu Roland ein Vertrauensverhältnis aufzubauen. Das Angebot zu einer besonderen Vertrautheit aufgrund der speziellen Verschwiegenheit nahm er zwar an, schenkte ihm jedoch keinen Glauben. Darin zeigt sich ein deprivationsbedingtes Grundmotiv seines Erlebens und Verhaltens.

Katamnese: In der Zwischenzeit wurde Roland in einem rheinland-pfälzischen Kinderheim untergebracht. Dort ist zunächst eine Kontaktkarenz zu seiner Pflegefamilie vereinbart, die er aber — mittelfristig gesehen — zu Wochenenden und Ferien besuchen kann. Die Kontaktversuche der leiblichen Mutter wurden von der Pflegefamilie abgeblockt. In einem Nachgespräch (Wochen nach der Heimaufnahme) wurde eine Fülle von Schwierigkeiten der Pflege-familie, vor allem der Mutter, sichtbar, die nun ihrerseits um eine Therapie bat.

Kommentar: Roland wurde nicht adoptiert, weil seine Mutter sich dazu nicht entschliessen konnte. Er wurde von einem Ort zum anderen gereicht, ein zunächst leicht zu betreuendes Kleinkind, später — aufgrund dieser nicht adäquaten Betreuungssituation mit ständig wechselnden Bezugspersonen, mangelnder Stimulierung und dadurch nicht entstehendem Urvertrauen — ein immer schwierigeres Kind, das seine Betreuer schliesslich so überforderte, dass im Alter von 15 Jahren nur noch eine Heimunterbringung in Frage kommt. Seine unterdurchschnittlichen Intelligenzleistungen sind weder durch eine mangelhafte Intelligenzanlage noch hirnorganisch zu erklären, sondern sind die Folge dieser evidenten Deprivationsschäden (frühkindliche soziale, sensorische, emotionale Versorgungsmängel, häufiger Wechsel der Bezugspersonen). Die in Richtung einer Pseudodebilität wirksam werdenden Deprivationsfolgen konnten in keinem familiären und schulischen Kontext kompensiert werden. Roland verfügt von daher nur über begrenzte Möglichkeiten, Probleme zu lösen. Er hat nur geringe sprachliche Kenntnisse, eine reduzierte Aufmerksamkeit, Merk- und Beobachtungsfähigkeit. Er ist oft von Angst «überschwemmt». Eine beschränkte intellektuelle Einsichtsfähigkeit verstärkt zudem Tendenzen zu inadäquatem Verhalten. Dazu kommt eine — aus Lebensgeschichte und konkreter familiärer und schulischer Situation verständliche — in seinem konkreten Verhalten gezeigte Tendenz zu Überanpassung und Vorsicht, die einen Grossteil seiner primären Interessen überdeckt. Roland passt sich derart an, weil er geliebt werden möchte. Aus der Dynamik seiner Sozialisation wird verständlich, dass er — zur unbewussten Erprobung der Liebesbeteuerungen seiner Umgebung — gerade die Normen bricht (brechen muss), die von den jeweiligen Sozialpartnern als zentral und kernhaft erlebt werden. Roland ist zudem derart in soziale Konflikte verstrickt, dass er einerseits wenig Eigeninteresse aufbringt und andererseits der (von ihm als erdrückend empfundenen) Fremdbestimmung und Kontrolle entkommen möchte. Psychoanalytisch gesehen kann Roland «es-hafte Bedürfnisse» und «ich-hafte Strebungen» zu wenig in Kongruenz bringen. Beide Bereiche seines Verhaltens und Erlebens werden zu stark und zu linear von «Über-Ich-Impulsen» beherrscht. Eigene Impulse versucht er zu unterdrücken. Wenn diese durchbruchsartig trotz aller Abwehr zum Vorschein kommen, werden sie als sozial unanständig, als unberechtigt (auch von ihm selbst) sofort kritisiert und wieder zu unterdrücken versucht. Solche binnenpsychologische Konflikte müssen zu weiteren Energieabzügen in bezug auf die Erledigung konkreter Lebensaufgaben führen.

Bei Roland wurde leider die Chance vertan, ihm durch die Schaffung eines stabilen Eltern-Kind-Verhältnisses in der Adoption die Möglichkeit zu geben, sich seinen Anlagen gemäss gesund und problemlos zu entwickeln.

Was die Familiendynamik anbetrifft, zeigt sich auch hier, dass oft zusätzlich eigene Schwierigkeiten der Eltern auf ein Adoptiv- oder Pflegekind projiziert werden. Solche Projektionen und die andauernde Beschäftigung mit den Verhaltensauffälligkeiten des Kindes ersparen den Eltern die Auseinandersetzung mit der eigenen Problematik. Daraus folgert wiederum, dass die Pflege- und Adoptivfamilien vor Aufnahme eines Kindes umfassend untersucht und dann begleitet werden müssten.

Schlussfolgerungen und Anregungen für die Praxis

Aus dem Vorangegangenen ergeben sich verschiedene Schluss-folgerungen. Sie sind zum Teil nicht neu, viele auch un-bestritten, und dennoch sind sie bis heute kaum verwirklicht und in die Praxis umgesetzt. Dies mag einerseits an der Trägheit der Struktur von Institutionen liegen, andererseits an scheinbar fehlenden Ressourcen. Es ist oft nicht unmittelbar einsichtig, dass Investitionen im präventiven Bereich helfen, eventuelle spätere, viel höhere Aufwendungen einzusparen. Oftmals fühlt sich auch keiner der Verantwortlichen aufgerufen oder zuständig, Änderungen, die sich aus der Theorie ergeben, einzuführen.

So seien die Ergebnisse der theoretischen Adoptionsforschung hier zusammengefasst in der Hoffnung, dass sie gewisse Anregungen und Denkanstösse für den praktischen Bereich zu geben vermögen:

1. Adoptionsvermittlung soll zum Wohle der beteiligten Adoptiv-kinder und -eltern geschehen. Der professionelle Vermittler ist sich dabei stets bewusst, dass er nicht Schicksal spielen soll, sondern in gemeinsamem Suchen mit den Beteiligten die für alle beste Lösung finden muss. Dabei soll er auch für unorthodoxe Anliegen und für das Unplanbare offen sein.

2. Für die Adoptionsvermittlung sollte nicht eine einzelne Person, sondern ein Team von Fachleuten (Sozialarbeiter, Psychologen, Ärzte, Pädagogen usw.) zuständig sein. Dieses Team übernimmt nicht nur die Auslese von Adoptiveltern, sondern alle im Folgenden aufgeführten Aufgaben der Vermittlungsstelle. Jedes Mitglied des Teams verfügt über eine gewisse Lebenserfahrung, vor allem über Selbsterfahrung und ist mit dem Grundwissen über die Adoption vertraut. Gespräche mit zukünftigen Adoptiveltern würden von verschiedenen Personen des Teams geführt, anschliessend würde im Team über die Eignung entschieden. Dadurch würde sich das Machtgefälle zwischen Vermittler und Adoptiveltern verringern; diese müssten sich weniger ausgelie-fert fühlen.

3. Bei der Auslese von Adoptiveltern soll weniger auf äussere Verhältnisse als auf Kommunikationsfähigkeit, Bewältigungs-

strategien und Entwicklungsmöglichkeiten geachtet werden. Auch unbewusste Motivationen sollen mit Hilfe geeigneter Mittel untersucht werden.

4. Adoptionen dürfen nicht mehr von Amtsvormündern vorgenommen werden, sofern sie dafür nicht speziell ausgebildet sind und über ein entsprechendes Team verfügen.

5. Schwierige (ältere und/oder behinderte) Kinder und Drittweltkinder brauchen besonders geeignete und erfahrene Adoptiveltern. Adoptiveltern sollen diesbezüglich aufgeklärt und es soll vermehrt Öffentlichkeitsarbeit in diesem Bereich geleistet werden.

6. Auch in der Schweiz sollen Projekte zur Spätadoption von Heimkindern initiiert werden. Modelle und Vorbereitungsprogramme sollen aufgrund der Erfahrungen anderer Länder (v.a. BRD und USA) diskutiert, eventuell modifiziert und angewendet werden.

7. Adoptionsbewerber sollen während der Wartezeit an kleinen Vorbereitungsgruppen teilnehmen, die von einem entsprechend ausgebildeten Mitglied des Vermittlerteams geleitet werden. Sie haben dabei Gelegenheit, sich mit ihrer eigenen Problematik (Sterilität) und mit Fragen der Adoption auseinanderzusetzen. Es wäre wünschenswert, dass ungeeignete Bewerber aufgrund solcher Selbsterfahrungen zur Einsicht gelangen und dass auch andere interessierte Adoptiveltern von sich aus und mit Hilfe der Gruppe alternative Lebensperspektiven entwickeln könnten. Professionelle des Teams sollen schon in dieser Phase als Helfer und nicht als Prüfer empfunden werden.

8. Nach Beendigung der Vorbereitungsgruppe sollen Bewerber, die von einer Adoption absehen, falls nötig weiter betreut oder es sollen ihnen anderweitige Hilfen aufgezeigt werden.

9. Leibliche Mütter, die während ihrer Schwangerschaft an eine Adoption denken, sollen während dieser Zeit intensiv begleitet werden. Sie sollen die Möglichkeit bekommen, sich in Gesprächen mit einem Mitglied des Teams mit ihren Gefühlen auseinanderzusetzen. Es soll versucht werden, weitere Bezugspersonen (Vater des Kindes, Eltern usw.) einzubeziehen, um schon jetzt ein soziales Netzwerk aufzubauen. Alternativen zu einer Adoption

sollen gesucht und diskutiert und bei der Rekrutierung verfügbarer Hilfen soll geholfen werden. Falls sich eine Schwangere darauf gegen die Adoption entscheidet, soll eine solche Risikofamilie weiterbegleitet und durch Familienhilfe unterstützt werden.

10. Falls sich die leibliche Mutter dennoch für die Adoption entscheidet, soll sie gleich nach der Geburt von ihrem Kind getrennt und auf eine andere Abteilung der Klinik verlegt werden. Während des Wochenbettes und in der darauffolgenden Zeit soll sie weiter von einem Mitglied des Teams betreut werden, das ihr hilft, ihre Trauer zu verarbeiten und neue Schritte in Angriff zu nehmen.

11. Das Adoptivkind soll schon in der Klinik von seinen zukünftigen Adoptiveltern gepflegt und anschliessend nach Hause genommen werden, um einen Wechsel der Bezugspersonen zu vermeiden.

12. Nach Verstreichen der gesetzlichen Frist soll die Adoption definitiv werden. Mit dem Verzicht auf eine Probezeit wird die Frühadoption der normalen Familiengründung angeglichen. Bei auftretenden Schwierigkeiten soll nicht ein Adoptionsabbruch drohen, sondern Hilfe einsetzen.

13. In dieser Zeit soll der Beziehungsaufbau zwischen Adoptiveltern und -kind gefördert werden. Die Nachbetreuung durch ein Mitglied des Teams setzt damit ein und wird regelmässig weitergeführt (Besuche, Telefonkontakt, ständige Verfügbarkeit, besonders am Anfang). Die in der Zwischenzeit entstandene Beziehung bewirkt, dass eine solche Art der Betreuung nicht als Kontrolle, sondern als Hilfe empfunden werden kann. Sie soll kontinuierlich über Jahre hinweg weitergehen und nicht der Initiative der Adoptiveltern überlassen werden.

14. Bei Spätadoptionen sollen von der Vermittlungsstelle spezielle Vorbereitungsprogramme für interessierte Adoptiveltern und zukünftige Adoptivkinder entwickelt werden. Auch dabei kann auf im Ausland gemachte Erfahrungen zurückgegriffen werden. Die Nachbetreuung wird prinzipiell gleich gehandhabt wie bei der Frühadoption.

15. Von der Vermittlungsstelle sollen Selbsthilfegruppen für Adoptiveltern organisiert werden. Sie sollen vor allem die Möglichkeit bieten, sich mit Problemen im Zusammenhang mit der Adoption

(z.B. Aufklärung des Adoptivkindes, Deprivationsfolgen, Kontakt zu den leiblichen Eltern usw.) und damit verbundenen Gefühlen auseinanderzusetzen.

16. Es sollen ebenfalls Gruppen für jugendliche Adoptierte angeboten werden. Diese sollten mindestens zu Beginn von einem Fachmann geleitet werden, der dafür besorgt ist, dass eine Rückmeldung an die betreffenden Adoptiveltern erfolgt. Es könnten für diesen Bereich die verschiedenen, im Ausland angewandten Modelle geprüft und auf die hiesigen Verhältnisse übertragen werden.

17. Von den Vermittlungsstellen soll ein- oder zweimal jährlich ein geselliges Treffen für alle Adoptiveltern und ihre Kinder organisiert werden.

18. Ein gewisser Kontakt zwischen leiblichen Eltern und Adoptiveltern sollte von Anfang an ermöglicht und gefördert werden. Wie intensiv er sein soll, hängt von den Beteiligten ab. Es sollte aber selbstverständlich sein, dass die abgebende Mutter einen Brief an ihr Kind hinterlässt und dass sie in all den Jahren wenigstens einmal jährlich einen kurzen Bericht von den Adoptiveltern über ihr Kind bekommt. Wenn die Anonymität gewährleistet bleiben soll, kann die Vermittlungsstelle als Kontaktstelle fungieren.

19. Jedes Adoptivkind hat das Recht, Informationen über seine leiblichen Eltern zu bekommen. Wenn es sie persönlich kennenlernen möchte, ist ihm das im Alter von 18 Jahren zu ermöglichen. Vermittlungsstellen sollen dabei jede erdenkliche Hilfe leisten.

Zusammenfassung

In dieser Arbeit wird versucht, die Adoption ganzheitlich darzustellen. Schwerpunkte sind dabei die Theoriebildung, die Entwicklung des Adoptivkindes unter besonderer Berücksichtigung der Identitätsproblematik und die Möglichkeiten präventiven und psychotherapeutischen Handelns.

Die Adoption stellt sich als eine — bewährte und gute — Notlösung im Interesse vernachlässigter Kinder dar. Ihre Handhabung hängt stark von geschichtlichen und kulturellen Umständen ab. Die Bedingungen und die spezielle Problematik des Adoptivkindes, der leiblichen Eltern und der Adoptiveltern werden erörtert und zueinander in Beziehung gesetzt. Die Praxis der heutigen Adoptionsvermittlung wird untersucht unter Berücksichtigung der verschiedenen Umstände bei Früh-, Spät-, und transkulturellen Adoptionen. Wie die Adoptiveltern mit dem Adoptivstatus ihres Kindes und daraus sich ergebenden Implikationen umgehen, ist von zentraler Bedeutung. In einer Synthese wird versucht, die wichtigsten Faktoren der Adoption in einen Zusammenhang zu bringen. Forschungsergebnisse über den Erfolg von Adoptionen und über Persönlichkeitsunterschiede von adoptierten und nichtadoptierten Kindern werden dargestellt und diskutiert.

Darauf wird gezeigt, wie sich unglückliche Umstände und Belastungen während Schwangerschaft und Geburt ungünstig auf die Bildung des Urvertrauens und auf die spätere Identitätsbildung beim Adoptivkind auswirken können. Frühkindliche Deprivationsschäden erschweren oft den Beziehungsaufbau in der Adoptivfamilie. Es ist wichtig, dass Adoptiveltern adäquat auf die Bedürfnisse ihres -kindes eingehen und nicht eigene ungelöste Konflikte projizieren. Die Entwicklung der Elternfähigkeit soll einhergehen mit der Entwicklung des Adoptivkindes. Dieses muss oft frühere Entwicklungsstufen nachholen. Es wird auf die spezielle Schwierigkeit der Autonomieentwicklung, des Ödipuskomplexes und dann der Identitätsbildung während der Pubertät hingewiesen. Dabei werden mögliche pathologische Entwicklungen aufgezeigt. Bisherige Forschungsergebnisse werden zusammengefasst und kritisch beurteilt.

Anschliessend werden präventive und psychotherapeutische Modelle vorgestellt und diskutiert, und es wird auf Besonderheiten der Therapie mit der Adoptivfamilie hingewiesen. Ergänzend werden die Bedeutung einer integrativen Diagnostik und die Wichtigkeit von Therapiezielen betont, die eine differentielle Therapie ermöglichen.

Im praktischen Teil werden verschiedene Beispiele beschrieben, die der Veranschaulichung dienen. Abschliessend werden aus der Untersuchung abgeleitete Schlussfolgerungen gezogen und Anregungen für die Adoptionspraxis gegeben, die sich vermehrt auf wissenschaftliche Erkenntnisse stützen und die Vielfältigkeit menschlicher Erscheinungsformen berücksichtigen soll.

Nachwort

Zur näheren Beschäftigung mit dem Thema der Adoption brachte mich der Vorschlag von Professor Herzka, eine Arbeit zur Psychotherapie des Adoptivkindes zu schreiben. Ich hatte zwar kurz zuvor einen eindrücklichen Bericht über leibliche Mütter, die ihr Kind zur Adoption freigegeben hatten, gelesen, der mich lange beschäftigt und bewegt hatte, und ich erlebte in der nächsten Verwandtschaft, wie ein älteres Kind aus der Dritten Welt adoptiert wurde und sich unerwartet problemlos in die Familie integrierte; im übrigen war ich völlig unbelastet durch Erfahrungen und Emotionen in diesem Bereich. Die fehlende persönliche Betroffenheit empfand ich zunächst als Mangel. Erst im Laufe meiner jahrelangen Auseinandersetzung mit dem Thema wurde mir zusehends klarer, dass gerade darin meine Chance lag, den Anteil, die Schwierigkeiten, die Möglichkeiten der verschiedenen, an jeder Adoption beteiligten Personen erkennen und besser gewichten zu können.

Mein Zugang zur Adoption war also zunächst ein theoretischer. Erst durch meine Arbeit als klinische Psychologin in der Universitäts-Kinderklinik in Mainz kam für mich der wichtige praktische Erfahrungshintergrund dazu. Ich kann meinen Kollegen dort — vorab Dr. phil. E. Einsiedel — nicht genug dankbar sein, dass sie mir den Zugang zu Adoptionsfamilien, zur diagnostischen und therapeutischen Arbeit mit ihnen, ermöglichten und mir stets interessierte, kritische und anregende Gesprächspartner waren. Durch den Kontakt zu den Adoptivfamilien begann die Theorie für mich zu leben und wurde oft auch relativiert. So danke ich diesen Familien, dass sie mir Einblick in ihre Schicksale gewährten, in die Schwierigkeiten und Chancen, die eine Adoptionssituation darstellt.

Anregungen und Erfahrungsberichte aus der Praxis habe ich in Gesprächen mit Adoptionssachverständigen in der BRD, Dr. phil. W. Huth, Frankfurt, Dipl. Psych. P. Pfeiffer (Landesamt für Jugend und Soziales, Mainz), Dipl. Psych. H. Stapelmann (Terre des Hommes, Mainz) und in der Schweiz, P. Keller-Thoma und F. Bosshardt bekommen. Sie alle gaben mir wichtige Hinweise und Einblicke in Praxisgebiete, die ich aus eigener Erfahrung nicht kannte und für die ich sehr dankbar bin.

Danken möchte ich auch für die wohlwollende und unterstützende Begleitung, die ich durch Prof. Dr. med. H.S. Herzka und Dr. phil. W. Reukauf erfahren habe, sowie für die sorgfältige Betreuung dieser Arbeit durch Frau J. Rösli, Leiterin des Pro Juventute Verlags, und die Lektorin, Frau R. Hottinger.

Anschliessend an «Fachausdrücke/Fremdwörter» findet sich das Literaturverzeichnis, das nebst der zitierten Literatur Titel aufweist, welche dem interessierten Leser eine vertiefte Auseinandersetzung mit der Thematik ermöglichen.

Fachausdrücke/Fremdwörter

Adipositas	Fettsucht, Fettleibigkeit
Ambitendenz, Ambivalenz	Doppelgerichtetheit
anale Phase	nach FREUD die zweite psychosexuelle Entwicklungsphase zwischen dem 2. und 4. Lebensjahr
Anamnese	Vorgeschichte einer Krankheit
Asphyxie	Atemstillstand infolge Sauerstoffverarmung des Bluts
Astigmatismus	Sehstörung infolge krankhafter Veränderung der Hornhautkrümmung
Borderline-Syndrom	Krankheit, die Elemente der Neurose wie der Psychose enthält
cerebral	zum Gehirn gehörig
Dekathexis	Entfernung psychischer Energie von einer bestimmten Person, Sache, Idee
Deprivation	Mangel, Verlust
Differenzierungsphase	kindliche Entwicklungsphase zwischen dem 6. und 12. Monat nach MAHLER
dissoziativ	ausfallend, zerfallend
Dyade	Zweiheit, Paarverhältnis
EEG	Elektroenzephalogramm, Aufzeichnung des Verlaufs der Hirnaktionsströme
empathisch	einfühlend
Enuresis	unwillkürliches Harnlassen, Bettnässen
diurna	tagsüber
nocturna	nachts
EQ	Entwicklungsquotient, Beziehung zwischen Entwicklungsalter und Lebensalter
Filiationsregel	Regel über die Abstammung einer Person von einer andern
homo patiens	der leidende Mensch

Hyperopie	Übersichtigkeit
Ich-Kohärenz	Bewusstsein des Individuums von einer Einheit seiner selbst
idiosynkratisch	sich wesentlich von anderen Menschen unterscheidend
Interdependenz	gegenseitige Abhängigkeit
interdependenziell	voneinander abhängig
Internalisierung	Verinnerlichung. Vorgang des Sich-zu-eigen-Machens fremder Auffassungen, Werte, Normen
Intro-/Extraversion	Einstellungstypen (C.G. JUNG), mehr eigenen innerseelischen Vorgängen oder mehr der Aussenwelt zugewendet
Irreversibilität	Unumkehrbarkeit
IQ	Intelligenzquotient. Mass für die intellektuelle Leistungsfähigkeit einer Person
Katamnese	abschliessender Bericht bei der Krankenbehandlung
katamnestisch	eine Behandlung abschliessend
kognitiv	erkenntnismässig
Kohärenz/kohärent	Zusammenhang, zusammenhängend
Korrelation	Wechselbeziehung, Zusammenhang
Lateralität	die Dominanz einer Körperseite
Libido, libidinös	allen psychischen Äusserungen zugrundeliegende psychische Energie
Matching, matchen	Zuordnung, zuordnen
MCD	Minimal cerebral dysfunction, leichte Hirnfunktionstörung
mentale Repräsentanz	Vorstellung
Migration	Wanderung von Individuen oder Gruppen
monokausal	auf nur einen Grund zurückgehend
multimodal	auf viele Arten und Weisen
Mutterimago	Urbild der Mutter

narzisstische Verletzung	Verletzung des Ich durch einen plötzlichen Verlust in der äusseren oder inneren Realität
Neuropädiatrie	nervenärztliches Teilgebiet der Kinderheilkunde
Neurotizismus	emotionale Stabilität/Labilität, testdiagnostisch messbare Persönlichkeitseigenschaft
normale autistische Phase	nach MAHLER 1. bis 2. Lebensmonat
ödipale Phase	letztes psychosexuelles Entwicklungsstadium (FREUD) zwischen dem 4. und 6. Lebensjahr
orale Phase	erste frühkindliche Entwicklungsphase (FREUD) im 1. Lebensjahr
perinatal	der Zeitraum kurz vor, während und nach der Entbindung
phallische Phase	s. ödipale Phase
Potter-Syndrom	schwere Missbildung, Ursache noch unbekannt
Prädisposition	Anlage, Empfänglichkeit für bestimmte Krankheiten
pränatal	vor der Geburt, der Geburt vorausgehend
Primärprozess	Bezeichnung der Psychoanalyse für es-hafte (triebhafte) Vorgänge
Promiskuität	Geschlechtsverkehr mit verschiedenen, häufig wechselnden Partnern
Pseudodebilität	aufgrund emotionaler Konflikte bestehende Beeinträchtigung der intellektuellen Leistung
Psychopathologie	die Lehre von den Krankheiten der Seele
Relevanz	Wichtigkeit, Erheblichkeit
Sekundärprozess	Bezeichnung der Psychoanalyse für ich-hafte (bewusste) Vorgänge
stringent	bündig, zwingend, streng

Sublimation	einen Trieb in eine kulturelle Leistung umsetzen
Supervision	Beratung und Beaufsichtigung durch Fachleute bezogen auf konkrete Fälle
symbiotische Phase	nach MAHLER die Zeit zwischen dem 4. und 6. Lebensmonat
Synthese	Zusammenfügung, Verknüpfung einzelner Teile zu einem Ganzen
ubiquitär	überall verbreitet
Übungsphase	nach MAHLER die Zeit zwischen dem 10. und 18. Monat
Wiederannäherungsphase	nach MAHLER die Zeit zwischen dem 15. und 24. Monat

Literaturverzeichnis

ABELIN, E.L.: Role of the father in the separation-individuation process. In: MC DEVITT, J.B.; SETTLAGE, C.F..: Separation-Individuation Essays, New York, Int. Univ. Press, 1971.

ADOPTIONSVERMITTLUNGSSTELLE des Jugendamtes Frankfurt am Main (Hrsg.): Projekt Spätadoption, Frankfurt a.M. 1982.

ALLOR M.T.: Working with adoptive families. In: Home Health Nurse, Vol. 1 (2), 1983, S. 28-31.

AMADIO, C.; DEUTSCH, S.L.: Open adoption: Allowing adopted children to «stay in touch» with blood relatives. In: Journal of Family Law 1983-1984, Vol. 22 (1), S. 59-93.

ASELMEIER-IHRIG, M.: Das Selbstverständnis der Adoptivfamilie. In: Unsere Jugend, 1984, 36, S. 238-241.

ASELMEIER-IHRIG, M.; OSSWALD, M.: Wir wollen ein Kind adoptieren... In: Unsere Jugend, 1984, 36, S. 234-237.

AUMEND, S.A.; BARRETTI, M.C..: Searching and nonsearching adoptees. In: Adoption and Fostering, 1983, Vol. 7 (2), S. 37- 42.

AUMEND, S.A.; BARRETTI, M.C.: Self-concept and attitudes toward adoption: A comparison of searching and nonsearching adult adoptees. In: Child Welfare, 1984, Vol. 63 (3), S. 251-259.

AUSTAD, C.C.; SIMMONS, T.L.: Symptoms of adopted children presenting to a large mental health clinic. In: Child Psychiatry and Human Development, Vol. 9 (1), Fall 1978.

BACH, R.P.: Gekaufte Kinder. Babyhandel mit der Dritten Welt. Rororo Taschenbuch, Reinbek bei Hamburg 1986.

BACHMANN, C.: Vom Sinn der Unfruchtbarkeit und vom Stress der übermächtig ersehnten Kinder. In: Tagesanzeiger-Magazin, Nr. 9, 28.2.1987, S. 16-23.

BADINTER, E.: Die Mutterliebe. Geschichte eines Gefühls vom 17. Jhd. bis heute. Piper, München 1981.

BALL, B.J.: Identification problems of adopted children. Thesis, Smith College School for Social Work, Chicago 1964.

BARNES M.J.: The working-through process in dealing with anxiety around adoption. In: Americ. J. of Orthopsychiatry, 1953, 23, S. 605-620.

BARWINSKI, R.: Die Beschreibung der Stufen des Loslösungs- und Individuationsprozesses nach Mahler et al. Inst. für klin. Psychologie, Zürich 1983.

BELLUCCI, M.T.: Treatment of latency-age adopted children and parents. In: Social Casework, May 1975, S. 297-301.

BERGER, M.; HODGES, J.: Some thoughts on the question of when to tell the child that he is adopted. In: J. of Child Psychotherapy, 1982, Vol. 8 (1), S. 67-87.

BIBRING, G.L.: Some considerations of the psychological processes in pregnancy. In: Study of the Child, 1959, S. 113-121.

BIBRING, G.L.; DWYER, T.F.; HUNTINGTON, D.S.; VALENSTEIN, A.F.: A study of the psychological processes in pregnancy and of the earliest mother-child relationship. In: The psychoanalytical study of the child, 16, 1961.

BIRCHER, A.: Das Adoptionssyndrom. Eine Vergleichsstudie von 80 Adoptivkindern mit 80 Nichtadoptivkindern. Diss., Zürich 1981.

BLANCK, G.; BLANCK, R.: Angewandte Ich-Psychologie. Klett- Cotta, Stuttgart 1981.

BLOS, P.: Adoleszenz. Eine psychoanalytische Interpretation. 3. Aufl. Klett-Cotta, Stuttgart 1983.

BLOTCKY, M.J.; LOONEY, J.G.;KEITH, D.G.: Treatment of the adopted adolescent: Involvement of the biologic mother. In: J. of the American Academy of Child Psychiatry, 21, 3, 1982, S. 281-285.

BLUM, H.P.: Adoptive parents generating conflict and generational continuity. In: Psychoanalytical Study of the Child, 1983, Vol. 38, 5, S. 141-163.

BOHMAN, M.: A comparative study of adopted children, foster children and children in their biological environment born after undesired pregnancies. In: Acta Paediatrica Scand. (suppl.), 221, 1971.

BOHMAN, M.: Adoptivkinder und ihre Familien. Vandenhoek und Ruprecht, Göttingen 1980.

BOHMAN, M.; VON KNORRING, A.L.: Psychiatric illness among adults adopted as infant. In: Acta Psychiatrica Scand., 1979 (Jul.), Vol. 60 (1), S. 106-112.

BOHMAN, M.; SIGVARDSSON, S.: A prospective longitudinal study of children registered for adoption. A 15-year follow-up. In: Acta Psych. Scand. 61 (1980), S. 339-355.

BOHMAN, M.; CLONINGER, C.R.; SIGVARDSSON, S.; VON KNORRING, A.L.: Predispositions to petty criminality in Swedish adoptees. In: Arch. of General Psychiatry, 1982 (Nov.), Vol. 39 (11), S. 1242-1253.

BOHMAN, M.; SIGVARDSSON, S.: Adoption als Präventionsinstrument — Neuere Ergebnisse der Adoptionsforschung. In: REMSCHMIDT, H. (Hrsg.): Psychotherapie mit Kindern, Jugendlichen und Familien. Bd. 2, Enke, Stuttgart 1984.

BOURGEOIS, M.: Psychiatric aspects of adoption. In: Annales medico-psychologiques, 1975 (June), Vol. 2 (1), S. 73-103.

BOWLBY, J.: Mutterliebe und kindliche Entwicklung. Reinhardt, München, 1972 (Orig.ausgabe 1953).

BOWLBY, J.: Mütterliche Zuwendung und geistige Gesundheit. Reinhardt, München 1973.

BOYNE, J.: A mental health note in adoption of school-age children. In: Child Welfare, New York, 1978 (Mar.), Vol. 57 (3), S. 196-199.

BRINICH, P.M.: Some potential effects of adoption on self and object representations. In: Psychoanalytical study of the child, 1980, Vol. 35, S. 107-133.

BRINICH, P.M.; BRINICH, E.B.: Adoption and adaptation: Ein Bericht aus den USA/Kalifornien. In: Praxis der Kinderpsychologie und Kinderpsychiatrie, 1983 (Jan.) Vol. 32 (1), S. 21-26.

BRODZINSKY, D.M.: New perspectives on adoption revelation. In: Adoption and Fostering, 1984, Vol. 8 (2), S. 27-32.

BRODZINSKY, D.M.; SCHECHTER, D.E.; BRAFF, A.M.; SINGER, L.M.: Psychological and academic adjustment in adopted children. In: J. of Consulting and Clinical Psychology, 1984, Vol. 52, 4, S. 582-590.

BUBER, M.: Das dialogische Prinzip. Die Frage an den Einzelnen. Elemente des Zwischenmenschlichen. Zur Geschichte des dialogischen Prinzips. Lambert Schneider, 5. Aufl., Heidelberg 1984 (Erstauflage 1953).

BUNDESAMT, statistisches, Wiesbaden: BIB Mitteilungen (1985): Daten zur aktuellen demographischen Entwicklung.

CADORET, R.J.: Psychopathology in adopted-away offspring of biologic parents with antisocial behaviour. In: Arch. of Gen. Psychiatry, Vol. 35 (Feb.), 1978, S. 176-184.

CADORET, R.J.; CAIN, C.: Sex differences in predictors of antisocial behaviour in adoptees. In: Arch. of Gen. Psychiatry, 1980 (Oct.), Vol. 37 (10), S. 1171-1175.

CANTIS DE CARLINA, D.S.; GERPE DE GHILIONE, M.: A model for information on adoption. In: Acta psiquiat. psicol. Americ. lat., 1974.

CASIMIR, E.: Adoption — von der Kehrseite gesehen. In: Unsere Jugend, 1972, 24, S. 462-468.

CHEMA, R.; FARLEY, L.; OAKLEY, F.H.; O'BRIEN, M.: Adoptive placement of the older child. In: Child Welfare, 1970, 49, S. 450-458.

CLEMENT, J.; ANDRE, G.; GRUSELLE, G.; JUILLET, P.: On Adoption: a comparative study made in a selection centre. In: Annales médico-psychologiques 1979 (Dec.), Vol. 137 (10), S. 990-1000.

CLIFTON, P.M.; RANSOM, J.W.: An approach to working with the «placed child». In: Child Psychiatry and Human Development, 1975 (Win.), Vol. 6 (2), S. 107-117.

CLOTHIER, F.: The psychology of the adopted child. In: Mental Hygiene, 27 (Apr.), 1943, S. 222-230.

COLON, F.: Family ties and child placement. In: Family Process, 1978 (Sep.), Vol. 17 (3), S. 289-312.

CORDELL, A.S.; CICELY; S.N.; KRYMOW, V.P.: Group counseling for children at older ages. In: Child Welfare, 1985, S. 113-124.

COTTEREAU, M.-J.: First results of an inquiry on the direct consequences of adoption. In: Annales medico-psychol., 1979 (Sep.), Vol. 137 (6-7), S. 641-655.

COYLE, N.; LYLE, I.: The risks in adoption. In: Residential and Group Care and Treatment, 1983, Vol. 2 (1-2), S. 17-27.

DAVIDSON D.: An adolescent in search of her identity. In: J. of Analytical Psychology, 1985, 30, S. 339-346.

DERICUM, C.: Fritz und Flori. Tagebuch einer Adoption. List, München 1976.

DEUTSCH, H.: Psychologie der Frau. Bd. 2, Huber, Bern 1954.

DEYKIN, E.Y.: The postadoption experience of surrendering parents. In: American J. of Orthopsychiatry, 54 (2), April 1984, S. 271-281.

DORSCH: Psychologisches Wörterbuch. 10. Aufl., Huber, Bern 1982.

DÜHRSSEN, A.: Psychotherapie bei Kindern und Jugendlichen. Verlag für Med. Psychologie, Göttingen 1960.

DÜHRSSEN, A.: Katamnestische Untersuchungen bei 150 Kindern und Jugendlichen nach analytischer Psychotherapie. In: Praxis der K.psychologie und K.psychiatrie, 12. Jg., 1964, Heft 7, S. 241-255.

DUKETTE, R.: Discussions of thoughts regarding the etiology of psychological difficulties in adopted children. In: Child Welfare, 41, 1962, S. 66-71.

EBERTZ, B.: Adoption als Identitätsproblem. Zur Bewältigung der Trennung von biologischer Herkunft und sozialer Zugehörigkeit. Lambertus, Freiburg 1987.

EIDUSON, B.T.; LIVERMORE, J.B.: Complications in therapy with adopted children. In: Americ. J. of Orthopsychiatry, 1953, 23, S. 795-802.

EINSIEDEL, E.: Störungen im Kindesalter. Hogrefe, Göttingen - Toronto - Zürich 1983.

ERIKSON, E.H.: Identität und Lebenszyklus. Suhrkamp, Frankfurt a.M. 1966 (Orig.ausgabe 1959).

ERIKSON, E.H.: Jugend und Krise. Ullstein, Berlin - Wien 1981.

ERNST, C.: «Künstliche Zeugung» und Psychologie. In: NZZ, Nr. 30, 6.2.1988, S. 25.

ERNST, C.; VON LUCKNER, N.: Stellt die Frühkindheit die Weichen? Enke, Stuttgart 1985.

FARBER, S.: Sex differences in the expression of adoption ideas. Observations of adoptees from birth to latency. In: Amerc. J. of Orthopsychiatry, 47 (4), Oct. 1977, S. 639-650.

FEDER, L.: Adoption trauma: Ödipus myth — clinical reality. In: J. of Psychoanalysis, 1974, 55, S. 491-493.

FEDERN, E.: Anteil der Ich-Störungen in der Pubertätskrise. In: LEMPP, R. (Hrsg.): Adoleszenz. Huber, Bern 1981.

FORSYTHE, B.J.; MARSHALL, T.W.: A group model for adoption studies for special-needs children. In: Child Welfare, 1984 (Jan.), Vol. 63 (1). S. 56-61.

FRAIBERG, S.: A therapeutic approach to reactive ego-disturbances in children in placement. In: Americ. J. of Orthopsychiatry, 1962, 32, S. 18-31.

FRANK, G.: Treatment needs of children in foster care. In: Americ. J. of Orthopsychiatry, 50 (2), April 1980, S. 256-263.

FRANK, J.K.; FLYNN, L.M.: Group therapy for adopted adolescents and their families. In: Child Today, 1983, Vol. 12 (2), S. 11-13.

FREUD, A.: Adolescence. In: Psychoanal. Study of the child, 13, 1958, S. 255-278.

FREUD, A.: Das Ich und die Abwehrmechanismen, Kindler, München 1964.

FREUD, A.; BURLINGHAM, D.: Heimatlose Kinder. Fischer, Frankfurt a.M. 1971 (Orig.ausgabe 1949).

FREUD, S.: Der Familienroman des Neurotikers. In: Ges. Werke, Bd. 7, Frankfurt a.M. 1966.

FRISK, M.: Identity problems and confused conceptions of the genetic ego in adopted children during adolescence. In: Acta Paedopsychiatrica 31, 1964, S. 6-12.

GEMEINSAME ZENTRALE ADOPTIONSSTELLE, HAMBURG: Offene Adoption — Eine mögliche Hilfe für Abgebende, Anzunehmende und Annehmende. Kommentar zu einer Fortbildungsveranstaltung der GZA im April 1987 in Reinbek bei Hamburg.

GERBER, U.: Ja — zum angenommenen Kind. (Orientierungshilfen für Adoptiv- und Pflegeeltern). Quell Verlag, Stuttgart 1973.

GIENANTH L. von: Adoption. Benziger, Zürich 1974.

GILL, M.M.: Adoption of older children: the problems faces. In: Social Casework, May 1978, S. 272-278.

GOLDSTEIN, J.; SOLNIT, A.J.; FREUD, A.: Jenseits des Kindeswohls. Suhrkamp, Frankfurt a.M. 1984.

GOODMAN, J.; SILBERSTEIN, M.R.; MANDELL, W.: Adopted children brought to child psychiatric clinics. In: Arch. of Gen. Psychiatry, 9, 1963, S. 451-456.

GOODRIDGE, C.: Special techniques in the group adoptive study for children with special needs. In: Child Welfare, 1975, 54, S. 35-39.

GOODWIN, J.; CAUTHORNE, C.G.; RADA, R.T.: Cinderella Syndrome: Children who simulate neglect. In: Americ. J. of Psychiatry 137, 10 (Oct.), 1980.

GOODY, J.: Adoption in cross-cultural perspective. In: Comm. Studies and Soc. History, 11, 1969, S. 55-78.

GOOFMAN, E.: Stigma. Über Techniken der Bewältigung beschädigter Identität. Suhrkamp, Frankfurt a.M. 1975 (Orig.ausgabe 1963).

GRAUPE, S.R.: Ergebnisse und Probleme der quantitativen Erforschung traditioneller Psychotherapieverfahren. In: STROTZKA, H. (Hrsg.): Psychotherapie: Grundlagen, Verfahren, Indikationen. 2. Aufl., Urban & Schwarzenberg, Wien 1978.

GURMAN, A.S. (Ed.): The adopted child in family therapy. In: Research and Clinical Exchange, Fall 1982.

HAAG, G.: Fremdes Kind wird eigenes Kind. München 1971.

HARBAUER, H.; LEMPP, R.; NISSEN, G.; STRUNK, P.: Lehrbuch der speziellen Kinder- und Jugendpsychiatrie. Springer, Berlin 1971.

HARDY-BROWN, K.; PLOMIN, R.; GREENHALGH, J.; JAX, K.: Selective placement of adopted children: prevalence and effects. In: J. of Child Psychology and Psychiatry and Allied Disciplines 1980 (Apr.), Vol. 21 (2), S. 143-152.

HARTMANN, H.; KRIS, E.; LOEWENSTEIN, R.M.: Anmerkungen zur Entwicklung der psychischen Struktur. In: The Psychoanalytical Study of the Child II (1946), S. 11-38.

HASSENSTEIN, B.: Verhaltensbiologie des Kindes. München 1973.

HASSENSTEIN, B.: Faktische Elternschaft: Ein neuer Begriff der Familiendynamik und seine Bedeutung. In: Familiendynamik, 1977, 2, S. 104-125.

HAUSSER, K.: Identitätsentwicklung, Harper and Row, New York 1983.

HEGNAUER, C.: Entwicklungstendenzen im Adoptionsrecht. In: Familiendynamik, 1977, 2, S. 166-177.

HERZKA, H.S.: Das Adoptionssyndrom. In: Helv. paediatr. Acta, 32, 1977, S. 103-106.

HERZKA, H.S.: Kinderpsychopathologie. Schwabe, Basel 1981.

HERZKA H.S.: Das Kind von der Geburt bis zur Schule. 6. Aufl. Schwabe, Basel 1981.

HERZKA, H.S.: Jugendliche. Bilddokumente, Informierende Texte, Bibliographie. Schwabe, Basel 1985.

HERZKA, H.S.: Pathogenese zwischen Individuation und psychosozialer Ökologie. In: Praxis der K.psychologie und K.psychiatrie, 37. Jg., 5, 1988.

HOCKEY, A.; BAIN J.: The place of genetic counseling in adoption. In: Australian and New Zealand J. of Development Disabilities, 1982 (Dec.), Vol. 8 (4), S. 197-203.

HODGES, J.: Two clinical questions: Adopted children in psychoanalytic treatment. In: J. of Child Psychotherapy, 1984, Vol. 10, S. 47-56.

HOFFMANN-RIEM, C.: Die Verarbeitung bedrohter Normalität in der Adoption. In: MATTHES, J. (Hrsg.): Lebenswelt und soziale Probleme. Frankfurt/New York 1981.

HOFFMANN-RIEM, C.: Das adoptierte Kind. Familienleben mit doppelter Elternschaft. Wilh.Fink Verlag, München 1985.

HUMPHREY, M.; OUNSTED, C.: Adoptive families referred for psychiatric advice. In: Brit. J. of Psychiatry, 1963, 109, S. 599-608.

HUNT, J.M.: Psychological developement: Early experience. Ann. Rev. Psychol. 30, 1979, S. 103-143.

HUTH W.: Bedingungen eines günstigen Verlaufs von Adoptionen. In: Sozialpädagogik, 1977, 2, S. 64-71.

HUTH, W.: Psychische Störungen bei Adoptivkindern — Eine Übersicht über den Stand der klinischen Forschung. In: Zeitschrift für Klin. Psychologie und Psychotherapie, 1978, Vol. 26 (3), S. 256-270.

HUTH, W.: Adoption und Identität. In: Wege zum Menschen, 1980, 32, S. 49-67.

HUTH, W.: Adoption und Familiendynamik. Fachbuchhandlung für Psychologie, Frankfurt a.M. 1982.

JACKSON, L: Unsuccessful adoptions: a study of 40 cases who attended a child guidance clinic. In: Brit. J. of med. Psychology, 1968, 41, S. 389.

JACOB, M.; LUTZ, G.: Wir haben ein Kind angenommen. Quell Verlag, Stuttgart 1977.

JÄNSCH, G.; HOCH-BOTT, M.; WASSERMANN, R.: Die Vermittlung älterer Kinder in Adoptiv- und Pflegefamilien. In: Unsere Jugend, 10, 1985, S. 383-388.

JÄNSCH, G.; NUTZINGER, C.: Ob meine leibliche Mutter noch an mich denkt? In: Unsere Jugend, 1986, 38, S. 471-475.

JERNBERG, A.M.: Untersuchung und Therapie der pränatalen Mutter-Kind-Beziehung. In: Praxis der K.psychologie und K.psychiatrie, 37, 5, 1988, S. 161-167.

JEWETT, C.L.: Adopting the older child. The Harvard Common Press, Harvard, Massachusetts 1978.

JUNG (Hrsg.): Terre des Hommes — Hilfe für Kinder in Not, Reinbek b. Hamburg, 1985.

JUNG, C.G.: Die Bedeutung des Vaters für das Schicksal des Einzelnen. In: JB der Psychoanalyse, 1909, S. 155-173.

JUNGMANN, J.: Forschungsergebnisse zur Entwicklung von Adoptivkindern. In: Zeitschrift für Kinder- und Jugendpsychiatrie, 8 (1980), S. 184-219.

JUNGMANN, J.: Adoption unter Vorbehalt? - Zur psychischen Problematik von Adoptivkindern. In: Praxis der K.psychologie und K.psychiatrie, 29 (1980), S. 225-230.

JUNGMANN, J.: Die Entwicklung von Adoptivkindern. In: REMSCHMIDT, H. (Hrsg.): Psychotherapie bei Kindern, Jugendlichen und Familien. 2. Bd. Enke, Stuttgart 1984.

KADUSHIN, A.: A study of adoptive parents of hard to place children. In: Social Casework, 43 (1962), S. 227-233.

KADUSHIN, A.; SEIDL, F.W.: Adoption failure: A social work postmortem. In: Social Work, 16 (Jul.), 1971, S. 32-38.

KALFF, D.: Sandspiel. Seine therapeutische Wirkung auf die Psyche. Rentsch Verlag, Erlenbach 1979.

KATZ, L.: Older child adoptive placement: A time of family crisis. In: Child Welfare, 1977 (Mar.), Vol. 56 (3), S. 165-171.

KAYE, S.: Self-image formation in adopted children: the environment within. In: J. of Contemporary Psychotherapy, Vol. 13 (2), Fall/Winter 1982.

KEILSON, H.: Sequentielle Traumatisierung bei Kindern. Enke, Stuttgart 1979.

KELLER-THOMA, P.: Adoption aus der Sicht des Adoptivkindes. Dipl.arbeit am IAP, Zürich 1985.

KENT, K.; RICHIE, J.L.: Adoption as an issue in casework with adoptive parents. In: J. of the Americ. Academy of Child Psychiatry, 1976 (Sum.), Vol. 15 (39), S. 510-522.

KINZINGER, W.: Chance und Möglichkeiten der Vermittlung von Risikokindern zu Adoptiv- und Pflegefamilien. In: Unsere Jugend, 10, 1985, 37. Jg.

KIRK, D.: Shared fate. Free Press, New York 1964.

KIRK, D.; JONASSOHN, K.; FISH, A.D.: Are adopted children especially vulnerable to stress? In: Arch. of Gen. Psychiatry, 14, 1966, S. 291.

KLAUS, M.H.; KENNEL, J.H.: Mutter-Kind-Bindung. Über die Folgen einer frühen Trennung. Kösel, München 1983 (Orig.ausg. 1976).

KLINGENBERG, D.: Wong, kleiner Bruder aus Korea. Orell Füssli, Zürich 1977.

KLOSINSKI, G.: Jugendkrise: Spiegelbild unserer Gesellschaftskrise? In: LEMPP, R. (Hrsg.): Adoleszenz. Huber, Bern 1981.

KNORRING, A.L. von; BOHMAN, M.; SIGVARDSSON, S.: Early life experiences and psychiatric disorders: An adoptee study. In: Acta Psychiatrica Scand. 1982 (Apr.), Vol. 65 (4), S. 283-291.

KOWAL, K.A.; SCHILLING, K.M.: Adoption through the eyes of adult adoptees. In: Americ. J. of Orthopsychiatry 55 (3), July 1985.

KRAMER, D.: The adopted child in family therapy. In: Americ. J. of Family Therapy 1982 (Fall) Vol. 10 (3), S. 70-73.

KRAUS, J.: Adjustment of adopted children and demographic profile of adoptive parents. In: Austr. and N.Z. J. Psychiatry, 1978 (Sep.), Vol. 12 (3), S. 181-187.

LAKO (Schweizer Landeskonferenz für Sozialwesen) (Hrsg.): Mustersammlung zum Adoptions- und Kindesrecht. Schulthess, Zürich 1984.

LANDOLF, K.: Sanders Beschreibung der kindlichen Ontogenese interpersonaler Beziehungen: Ein epigenetisches Interaktions-Modell. Institut für klin. Psychologie, Zürich 1982.

LANGEROVA, E.: Keeping the anonymity of adoption from the pedopsychiatric point of view. In: Ceskoslovenska Psychiatrie 1979, Vol. 75 (5), S. 307-310.

LAQUEUR, H.P.: Mechanisms of change in multiple family therapy. In: SAGER, C.J.; KAPLAN; SINGER, H. (Hrsg.): Group and family therapy. New York 1972.

LAWTON, J.J.; GROSS, S.Z.: Review of psychiatric literature on adopted children. In: Arch. of Gen. Psychiatry, 11, 1964 (Dec.), S. 635-644.

LEMPP, R.: Eine Pathologie der psychischen Entwicklung. Huber, Bern 1967.

LEMPP, R.: Adoleszenz. Huber, Bern 1981.

LEMPP, R.: Ein Kind in Pflege geben. In: und Kinder, Informationsblätter des Marie Meierhofer Instituts, Zürich Juli 1985.

LEMPP, R. (Hrsg.): Reifung und Ablösung. Huber, Bern 1987.

LEWIS, H.: The psychiatric aspects of adoption. In: HOWELLS, J.G. (Ed.): Modern perspectives in child psychiatry. Edinburgh/London 1965, S. 428-450.

LEYNES, C.: Keep or adopt: A study of factors influencing pregnant adolescents plans for their babies. In: Child Psychiatry and Human Development 1980 (Win.), Vol. 11 (2), S. 105-112.

LIFTON B.J.: Zweimal geboren. Memoiren einer Adoptivtochter. Klett, Stuttgart 1981 (Orig.ausg. 1975).

LIFTON, B.J.: Adoption. Klett-Cotta, Stuttgart 1982.

LINDHOLM, B.W.; TOULIATOS, J.: Psychological adjustment of adopted and nonadopted children. In: Psychological Reports 1980 (Feb.), Vol. 46 (1), S. 307-310.

LOEHLIN, J.C.; WILLERMAN, L.; HORN, J.M.: Personality resemblances between unwed mothers and their adopted-away offspring. In: J. of Personality and Social Psychology, 1982 (Jun.), Vol. 42 (6), S. 1089-1099.

LOEHLIN, J.C.; WILLERMAN, L.; HORN, J.M.: Personality resemblances in adoptive families when the children are late-adolescents or adult. In: J. Personality and Soc.Psychology, 1985 (Feb.), Vol. 48 (2), S. 376-392.

LOWEN, A.: Narzissmus. Kösel, München 1984.

LUEDERITZ, A.: Adoption. cf Müller, Karlsruhe 1972.

LUESCHER, K.; WEHRSPANN, M.: Identitätszuschreibung als familiale Leistung. In: Schweiz. Zeitschrift für Psychologie und ihre Anwendungen, 44, S. 197-219.

LYLE, I.; COYLE, N.; MOONEY, S.: Psychotherapy with children to be adopted: two cases. In: Residential Group Care and Treatment, 1983, Vol. 2 (1-2), S. 73-100.

MACASKILL, C.: Post-adoption support: is it essential? In: Adoption and Fostering, 1985, Vol. 9 (1), S. 45-49.

MACFARLANE, A.: The psychology of childbirth. Cambridge 1977.

MACKIE, A.J.: Families of adopted adolescents. In: Adolescence, 1982 (Jun.), Vol. 5 (2), S. 167-178.

MAHLER, M.S.; PINE, F.; BERGMAN, A.: Die psychische Geburt des Menschen. Fischer TB, Frankfurt a.M. 1978.

MARQUIS, K.S.; DETWEILER, R.A.: Does adopted mean different? An attributional analysis. In: J. of Personality and Soc. Psychology, 48, 1985, 4, S. 1054-1066.

MASUR, R.: Sozialarbeit in einer sozialpädiatrischen Institution. In: Hellbrügge, TH.: Klinische Sozialpädiatrie, Springer, Berlin 1981.

MASUR, R.: Welche Kinder warten auf Adoption und der Weg zuihnen. In: Dokumentation der Fachtagung Adoption und Dauerpflege — Kinder mit zwei Eltern. Hrsg.: Landesverband der Pflege- und Adoptiveltern in Bayern e.V., 1989.

MC COY, J.: Identity as a factor in the adoption placement of the older child. In: Child Welfare, 1961, 40, S. 14-18.

MENARA, D.: Psychotherapeutische Behandlung von Adoptivkindernmit frühkindlichem Deprivationssyndrom. In: BIERMANN, G.: Handbuch der Kinderpsychotherapie, Bd. 3, Ernst Reinhardt, Basel 1976.

MENLOVE, F.L.: Aggressive symptoms in emotionally disturbed adopted children. In: Child Development, 36, 1965, S. 519-532.

MENTZOS, S.: Neurotische Konfliktverarbeitung. Einführung in die psychoanalytische Neurosenlehre unter Berücksichtigung neuer Perspektiven. Fischer TB, Frankfurt a.M. 1984.

MESTER, H.: Psychiatrische Probleme der Adoption. In: U.H. PETERS (Hrsg.): Psychologie des 20. Jh., Kindler, Zürich 1980.

MEYER, H.: Betrachtungen zur Adoption. In: Praxis der Kinderpsychologie, 15, Juli 1966, Heft 5, S. 184-188.

MILLER, A.: Das Drama des begabten Kindes und die Suche nach dem wahren Selbst. Suhrkamp, Frankfurt a.M. 1979.

MORRISON, J.R.; STEWART, M.A.: The psychiatric status of the legal families of adopted hyperactive children. In: Arch. Gen. Psychiatry, 28, 1973, S. 888-889.

MORTON, T.D.: Training curriculum for workers in adoption of children with special needs. In: Adoption and Fostering 1984, 8 (2), S. 33-38.

MÜLLER, H.J. (Hrsg.): Reproduktionsmedizin und Gentechnologie. Schweizer Experten informieren. Schwabe, Basel 1987.

MUSICK, J.S.; HANDLER, A.; WADDILL, K.D.: Teens and adoption: A pregnancy resolution alternative? In: Child Today, 1984, Nov./ Dec., Vol. 13 (6), S. 24-29.

NAPP-PETERS, A.: Adoption — das alleinstehende Kind und seine Familien. Luchterhand, Neuwied 1978.

NEILSON, J.: Placing older children in adoptive homes. In: Children Today, Nov./Dec. 1972, S. 7-13.

NICHTERN, S.: The pursuit of the fantasy family: Generational aspects. In: Univ. of Chicago, 1983, S. 27-34.

NOACK, H.J.: Der Fall «Baby M.» und die Zukunft der Zeugung. In: Spiegel Nr. 15, April 1987, S. 250-264.

NORVELL, M.; GUY, R.F.: A comparison of self-concept in adopted and nonadopted adolescents. In: Adolescence, Vol. XII, 47, Fall 1977, S. 443-448.

OFFORD, D.R.; APONTE, J.F.; LEXINGTON, K.; CROSS, C.A.: Presenting symptomatology of adopted children. In: Arch. Gen. Psychiatry, Vol. 20 (Jan.), 1969.

PANNOR, R.; NERLOVE, E.: Fostering understanding between adolescents and adoptive parents through group experiences. In: Child Welfare 1977, Vol. 56 (8), S. 537-545.

PANNOR, R.; BARAN, A.; SOROSKY, A.D.: Birth parents who reliquished babies for adoption revisited. In: Family Process 1978 (Sep.), Vol. 17 (3), S. 329-337.

PANNOR, R.; BARAN, A.: Open adoption as standard practice. In: Child Welfare 1984 (May-Jun.), Vol. 63 (3), S. 245-250.

PECHSTEIN, J.: Kinderärztliche Erwartungen an ein verbessertes Adoptionswesen. In: Unsere Jugend 1972, 24.

PECHSTEIN J.; SIEBENHOFER, E.; WEITSCH, D.: Verlorene Kinder? Kösel, München 1972.

PETRI, H.; THIEME, E.: Katamnesen zur analytischen Psychotherapie im Kindes- und Jugendalter. In: BIERMANN, G. (Hrsg.): Handbuch der Kinderpsychotherapie, Bd. 4, Reinhardt, München 1981.

PETZOLD, H. (Hrsg.): Methodenintegration in der Psychotherapie. Junfermann, Paderborn 1982.

PFEIFFER, P.: Zur Ausführung von § 78 JWG: Ein psychologisches Arbeitsmodell. In: Zentralblatt für Jugendrecht und Jugendwohlfahrt, Jg. 67, Juli 1980, S. 325-329.

PFEIFFER, P.; PFEIFFER-SCHRAMM, M.; SCHELLER, R.: Zur Psychologie der Adoption. Ein Strukturmodell psychologischer Intervention im Adoptionsprozess. In: Zeitschrift für Entwicklungspsychologie und Pädiatrische Psychologie, 1980, Bd. XII, 3, S. 217-232.

PFEIFFER, P.; PFEIFFER-SCHRAMM, M.: Psychologische Entscheidungsmuster in der Adoptionsvermittlung. In: Nachrichtendienst für öffentliche und private Fürsorge, Frankfurt a.M., Dez. 1981, 12, 61. Jg.

PFEIFFER, P.: Psychologische Ablaufmechanismen bei der Aufnahme eines verhaltensauffälligen Kindes. In: Unsere Jugend, 10, 1985, 37. Jg.

PIAGET, J.: Ges. Werke, Studienausgabe in 10 Bänden, Klett-Cotta, Stuttgart 1975.

POWERS, D.: A special focus program of preparing for permanence: A proposal. In: Res. Group Care and Treatment 1983, Vol. 2 (1-2), S. 191-200.

POWERS, D.; POWELL, J.: A role for residential treatment in preparation for adoption. In: Residential and Group Care and Treatment, 1983, Vol. 2 (1-2), S. 31-44.

PSCHYREMBEL: Klinisches Wörterbuch. 255. Aufl., De Gruyter, Berlin - New York 1986.

QUEKELBERGHE, R. van: Systematik der Psychotherapie. Urban & Schwarzenberg, Wien 1979.

RAYNOR, L.: The adopted child comes of age. Nat. Inst. for Soc. Work. Soc. Services library, London 1980.

REMSCHMIDT, H.; SCHMIDT, M: Therapieevaluation in der Kinder- und Jugendpsychiatrie. Enke, Stuttgart 1986.

RESNICK, M.D.: Studying adolescents mothers decision making about adoption and parenting., In: Social Work, 1984 (Jan./Feb.), Vol. 29 (1), S. 5-10.

REUKAUF, W.: Kinderpsychotherapien. Schulenbildung, Schulenstreit, Integration. Schwabe, Basel 1984.

RHODE-DACHSER, C.: Das Borderline-Syndrom. Huber, Bern 1979.

RICHTER, H.E.: Eltern, Kind, Neurose. Die Rolle des Kindes in der Familie. Rororo TB, Reinbek b. Hamburg 1969.

ROCKE, B.; LAMPRECHT, I.: Der Anspruch des ungeborenen Kindes auf Leben — Adoption contra Schwangerschaftsabbruch. In: Unsere Jugend, 1986, 38.

RUTTER, M.: Maternal deprivations reassessed. Penquin Books, Harmondsworth 1972.

RUTTER, M.: Bindung und Trennung in der frühen Kindheit. Forschungsergebnisse zur Mutterdeprivation. Juventa, München 1978.

SAMACHER, R.: Family history of the abandonned or adopted child. In: Bulletin de Psychologie 1978-79, Vol. 32 (3-7), S. 379-382.

SANDER, L.W.: Issues in early mother-child interaction. In: REXFORD, E.; SANDER, L.W.; SHAPIRO, T. (Eds.): Infant psychiatry: A new synthesis. Yale Univ. Press, New Haven 1976, S. 127-147.

SCHAFFER, H.R.: The growth of sociability, Penquin Books, Harmondsworth 1971.

SCHECHTER, M.D.: Observations on adopted children. In: Arch. Gen. Psychiatry, 3, 1960, S. 21-32.

SCHECHTER, M.D.: Psychoanalytical theory as it relates to adoption. Held at the meeting of the American Psychoanalytical Association, New York, Dec. 1966.

SCHECHTER, M.D.; CARLSON, P.V.; SIMMONS, J.Q.; WORK, H.H: Emotional problems in the adoptee. In: Arch. Gen. Psychiatry, 10, 1964, S. 37-46.

SCHINK, H.D.: Kleine Schule für Adoptiv- und Pflegeeltern. Reinhardt, Basel 1976.

SCHMID, U.: Adoptiveltern und Kinder «in guter Hoffnung». In: Unsere Jugend, 1982, 32.

SCHMIDBAUER, W.: Die hilflosen Helfer. Rowohlt, Reinbek b. Hamburg 1977.

SCHNEIDER, S.; RIMMER, E.: Adoptive parents hostility toward their adopted children. In: Children and Youth Services Review 1984, Vol. 6 (4), S. 345-352, New York.

SCHREINER, H.: Zur pädagogischen Situation von fremdrassigen Adoptivkindern. R.G. Fischer, Frankfurt 1984.

SCHWARTZ, L.L.: Adoption custody and family therapy. In: The American J. of Family Therapy, Vol. 12, 4, 1984, S. 51-58.

SENIOR, N.; HIMADI, E.: Emotionally disturbed adopted, inpatient adolescents. In: Child Psychiatry and Human Development, Vol. 15 (3), Spring 1985.

SHARRAR, M.L.: Some helpful techniques in placing the older child for adoption. In: Child Welfare, 1970, 49, S. 459-463.

SHERICK, I.: Adoption and disturbed narcissism: A case illustration of a latency boy. In: Amerc. J. of Psychoanalytical Ass., 1983, Vol. 31 (2), S. 487-513.

SICHEL, D.: Adoption schwieriger und behinderter Kinder. Verlag der schweizerischen Zentralstelle für Heilpädagogik, Luzern 1987.

SLUCKIN, W.; MARTIN, H.; SLUCKIN, A.: Mutterliebe — auf den ersten Blick? Huber, Bern 1986 (Orig.ausg. 1983).

SMALL, J.W.: The crisis in adoption. In: International Journal of Social Psychiatry 1984, Spring, Vol. 30 (1-2), S. 129-142.

SMITH, D.W.; SHERWEN, L.N.: The bonding process of mothers and adopted children. In: Topics on clinical nursing, 1984, Oct., Vol. 6 (3), S. 38-48.

SOBOL, M.P.; CARDIFF, J.: A socialpsychological investigation of adult adoptees search for their birth parents. In: Family Relations: J. of Applied Family and Child Studies, 1983, (Oct.), Vol. 32 (4), S. 477-483.

SOROSKY, A.D.; BARAN, A.; PANNOR, R.: The adoption triangle. (dt: Zueinander kommen — miteinander leben. Eltern und Kinder erzählen, 1982). Garden City, New York 1979.

SOROSKY, A.D.; BARAN, A.; PANNOR, R.: Adoption. Rowohlt, Reinbek b. Hamburg 1982.

SPECHT, F.: Adoptivkinder in der Pubertät. In: Jahrbuch der Jugendpsychiatrie, 1967, S. 77-83.

SPIEL, W.: Psychohygienische Probleme der Adoption. In: KREVELEN, H. von (Hrsg.): Kinderpsychiatrie und Prävention, Huber, Bern 1964.

SPIEL, W.: Therapie in der Kinder- und Jugendpsychiatrie. Thieme, Stuttgart 1976.

SPITZ, R.A.: Nein und Ja. Die Ursprünge der menschlichen Kommunikation. Beiheft zu Psyche, Klett, Stuttgart 1959.

SPITZ, R.A.: Vom Säugling zum Kleinkind. Naturgeschichte der Mutter-Kind-Beziehung im 1. Lebensjahr. 8. Aufl. Klett-Cotta, Stuttgart 1985.

SPOTNITZ, H.: Constructive emotional interchange in adolescence. In: SAGER; KAPLAN; SINGER (ed.): Progress in Group and Family Therapy. New York 1972, S. 737-746.

STAUBER, M.: Somatik der sterilen Ehe: Psycho-Grosse-Verlag, Berlin 1979.

STONE, F.H.: Adoption and identity. In: Child Psychiatry and Human Development 2, 1972. S. 120-128.

STRAKER, A.; ALTMANN, R.: Psychological factors differentiating unwed mothers keeping their babies from those placing them for adoption. In: South African J. of Psychology 1979, Vol. 9 (1-2), S. 55-60.

SWEENEY, D.; GASBORRO, D.F.; GLUCK, M.R.: A description study of adopted children seen in a child guidance center. In: Child Welfare, 1963, 42, S. 345-352.

SWIENTEK, C.: Ich habe mein Kind fortgegeben. Rororo aktuell, Reinbek bei Hamburg 1982.

SWIENTEK, C.: Wir haben dich adoptiert. Econ, Düsseldorf 1986 a.

SWIENTEK, C.: Die abgebende Mutter im Adoptionsverfahren. B. Kleine Verlag, Bielefeld 1986 b.

TALEN, M.R.; LEHR, M.L.: A structure and developmental analysis of symptomatic adopted children and their families. In: J. Marital and Family Therapy 1984, Vol. 10 (4), S. 385-391.

THEILE, U.: Genetische Fragen im Zusammenhang mit Adoptiv- und Pflegekindervermittlung. In: Unsere Jugend, 10, 1985, 37. Jg.

TIZARD, B.: Adoption: A second chance. Open Books, London 1977.

TOUSSIENG, P.W.: Thoughts regarding the etiology of psychological difficulties in adopted children. In: Child Welfare, 1962, 71, S. 59-65.

TRISELIOTIS, J.: In search of origins. The experience of adopted people. Routledge and Kegan Paul, London 1973.

TRISELIOTIS, J.: Identity and security in adoption and long-term fostering. In: Adoption and Fostering 1983, Vol. 7 (1), S. 22-31.

UNGER, J.: Unterschiede von adoptierten und nichtadoptierten Kindern. Diss., Zürich 1984.

UNSERE JUGEND (Zeitschrift für Jugendhilfe in Wissenschaft und Praxis): Heft 10, 24, 1972: Sonderheft Adoption. Reinhardt, München - Basel.

UNITED NATIONS RESOLUTIONS (Hrsg.: Djonovick, D.J.): Series 1, Resolutions adopted by the General Assembly, Vol. VII, 1958-1960, Resolutions 1386 and 1387, S. 195 f., Oceana Publications Inc., New York 1974.

VODAK, P.; MATEJCEK, Z.: Langfristige Ergebnisse bei der Adoptionsvermittlung. In: Recht der Jugend 17, 1969, S. 225-230.

WAGNER, C.: Ich nehme dich in meine Arme. Erfahrungen einer Adoptivmutter. Grünewald, Mainz 1982.

WAGNEROVA, A.K.: Wir adoptieren ein Kind. Herder TB, Freiburg 1981.

WEIDLICH, H.: Herr Knilch und Fräulein Schwester. Agentur des Rauhen Hauses, Hamburg 1965.

WEISS, A.: Parent-child relationships of adopted adolescents in a psychiatric hospital. In: Adolescence, Vol. 19 (73), Spring 1984.

WEITZEL, W.: From residential treatment to adoption: a permanency planning service. In: Child Welfare, 1984 (Jul./Aug.), Vol. 63 (4), S. 361-365.

WELLEK A.: Die Polarität im Aufbau des Charakters. System der Charakterkunde. Huber, Bern 1966.

WESTPHAL, J.: Und keiner wollte ihn haben. Droemer-Knaur, München 1978.

WEYER, M.: Die Adoption fremdländischer Kinder. Quell Verlag, Stuttgart 1979.

WEYER, M: Adoption gelungen? — Erfahrungsberichte über die Integration fremdländischer Kinder. Quell Verlag, Stuttgart 1985.

WHITE, K.: An adoption placement with a difference. In: N.Z. Nursing Journal 1984, Vol. 77 (9), S. 3-5.

WIEDER, H.: On when and wether to disclose about adoption. In: J. Americ. Psychoanalytical Ass., Vol. 26 (4), 1978, S. 793-811.

WIEHE, V.R.: Attitudinal change as a function of the adoptive study. In: Smith College Studies in Social Work, 1976 (Mar.), Vol. 46 (2), S. 127-136.

WINNICOTT, D.W.: Primäre Mütterlichkeit. In: Psyche, XIV (1960), S. 393-399.

WITMER, H.L.; HERZOG, E.; WEINHEIM, E.A.; SULLIVAN, M.: Independent adoptions. Russel Sage Foundation, New York 1963.

WOHMANN, G.: Paulinchen war allein zu Haus. Luchterhand, Neuwied 1974.

YARROW, L.J.; KLEIN, R.P.: Environmental discontinuity associated with transition from foster to adoption home. In: Int. J. of Behavioral Development, 1980 (Sep.), Vol. 3 (3), S. 311-322.

ZAUNER, J.: Stufen der Adoleszenz-Modifikationen des therapeutischen Zuganges. In: Lempp, R.: Adoleszenz, Huber, Bern 1981.

ZURNIEDEN, M.: Adoption und Adoptionsvermittlung. 3. Aufl. Heymann, Köln 1963.

ZWIMPFER, D.M.: Indications of adoption breakdown. In: Social Casework, 1983 (Mar.), S. 169-177.